Barbara Hughes

Frau mit Profil

Das biblische Bild der Frau

Für meine Töchter
Holly, Heather, Tricia, Kristin
und meine Enkeltöchter.

Jesus Christus ist der Herr

Barbara Hughes

FRAU MIT PROFIL

Das **biblische Bild** der Frau

Über die Autorin

Barbara Hughes hat ihren Mann Kent während seiner 40-jährigen Dienstzeit als Pastor tatkräftig unterstützt und vier Kinder aufgezogen. Sie ist in Amerika eine bekannte Leiterin von Frauengruppen und hat gemeinsam mit ihrem Mann einige Bücher geschrieben. Zu dem vorliegenden Buch *Frau mit Profil* gibt es das passende Gegenstück *Mann mit Profil* von Kent Hughes.

Hughes, Barbara
Frau mit Profil
Das biblische Bild der Frau

Best.-Nr. 271110
ISBN 978-3-86353-110-2

Titel des amerikanischen Originals:
Disciplines of a Godly Woman

Published by Crossway Books, a publishing ministry of Good News Publishers
Wheaton, Illinois 60187, U.S.A.
This edition published by arrangement with Good News Publishers.

Wenn nicht anders angegeben, wurde folgende Bibelübersetzung verwendet:
Elberfelder Bibel 2006, © 2006 by SCM R.Brockhaus in der
SCM Verlagsgruppe GmbH Witten/Holzgerlingen. (ELB)
Außerdem wurden verwendet:
Schlachter-Übersetzung, © 2000, CLV, Bielefeld (SLT)
NeÜ, © 2010 Karl-Heinz Vanheiden und Christliche Verlagsgesellschaft (NeÜ)

7. Auflage 2026

Am Güterbahnhof 26 | 35683 Dillenburg
info@cv-dillenburg.de

Übersetzung: Irmgard Grunwald, Pulheim
Satz und Umschlaggestaltung: Christliche Verlagsgesellschaft mbH
Druck: CPI Books GmbH, Leck
Printed in Germany

Wenn Sie Rechtschreib- oder Zeichensetzungsfehler entdeckt haben, können Sie uns gern kontaktieren: info@cv-dillenburg.de

Inhalt

Danksagung

Ich möchte den Frauen aus meiner Gemeinde, der *College Church* danken, deren Glaube und gelebtes Evangelium mich nun mehr als zwanzig Jahre lang angespornt haben; außerdem danke ich unseren australischen Freunden Lois Hagger, Peter und Christine Jensen, Philipp und Helen Jensen, John und Moya Woodhouse und John Chapman, deren Lehren einen großen Einfluss auf mein Leben hatten – sie dienen tapfer und treu dem Evangelium. Weiterhin danke ich Annette LaPlaca und Lila Bishop, meinen Verlegern, deren Bereitwilligkeit und Geduld zum Entstehen des Buches beigetragen haben. Mein Dank gilt auch meinem Bruder Wil und seiner lieben Frau Lorraine, die mich immer wieder ermutigt haben »dranzubleiben«. Lane und Ebeth Dennis danke ich für ihr ausdauerndes Engagement im christlichen Verlagswesen und für ihre liebevolle Freundschaft, sowie meinem Mann Kent. Die Kapitel 4, 5, 6, 10, 15 und 16 entstanden in Anlehnung an sein Buch *Mann mit Profil*, und darüber hinaus sind viele seiner Worte der Lehre in den Seiten dieses Buchs verwoben. Sein Leben bestätigt die Wahrheit seiner Lehren.

Einleitung

1

Ein Leben in Gottesfurcht

»Übe dich in der Gottesfurcht!«
(1Tim 4,7; SLT)

Als wir gerade zwei Jahre verheiratet waren, fiel mir zufällig die Gebetsliste meines Mannes in die Hände. Während ich seinen stets aufgeräumten Schreibtisch abstaubte, sprang mir mein eigener Name ins Auge – ganz oben auf der Liste. Neben meinem Namen standen die Buchstaben D und O. Sofort wurde ich neugierig. Wofür standen diese Buchstaben? Dankbar und offen? Demütig und objektiv? Damenhaft und originell?

Ich hatte keine Ahnung, woran er wohl dachte – und wofür er in Bezug auf meine Person betete. Nach einigen Tagen brachte ich den Mut auf, ihn zu fragen. Ohne zu zögern antwortete er: »Disziplin und Organisation natürlich!«

Der Mund blieb mir offenstehen, ich wurde ganz rot und schrie unwillkürlich auf. Mein Mann war verwirrt von meiner Reaktion.

Er dachte: *Weiß sie denn nicht, dass sie auf diesen Gebieten Hilfe braucht? Will sie nicht, dass man ihr hilft, disziplinierter und organisierter zu leben?*

Soll ich Ihnen etwas verraten? Zu dieser Zeit war es mir überhaupt nicht bewusst, dass ich mit diesen Lebensbereichen Schwierigkeiten hatte. Und soll ich Ihnen noch etwas verraten? Nach 37 Jahren – auch wenn ich in der Zwischenzeit schon einige Fortschritte gemacht habe – betet Kent noch immer für D und O im Leben seiner Ehefrau!

Wir haben festgestellt, dass Disziplin für mich nicht genau das Gleiche bedeutet wie für Kent. Zunächst einmal sind unsere Persönlichkeiten unterschiedlich. Mein Ehemann ist ein Morgenmensch, und ich werde erst bei den Abendnachrichten so richtig wach. Für ihn ist Struktur etwas sehr Vernünftiges – ein gut geführter Kalender, keine unerwartete Unterbrechung. Ich habe nichts gegen Unterbrechungen und bin begeistert von einem überraschenden Besuch.

Aber ich habe gemerkt, dass meine spontane Persönlichkeit mir zwar eine flexible Planung erleichtert, dass aber Spontaneität für mich keine Entschuldigung sein darf, die Bedeutung der Disziplin zu übersehen. Und Disziplin ist wichtig für mein geistliches Leben. Sie ist tatsächlich der Weg, auf dem die gute Nachricht von Jesus Christus jedem einzelnen Tag meines Lebens Bedeutung verleiht.

Vielleicht erscheint Ihnen das Wort *Disziplin* jetzt ein wenig zu stark – ein Wort voller Herausforderung und vielleicht voller Pflicht. Aber seien Sie bereit zu entdecken, dass Disziplin Ihr Rettungsanker sein kann; Sie können lernen, sich Disziplin zu eigen zu machen und Gott dafür zu danken, während Sie in ihm wachsen.

Das fromme Training

Vor Jahren, ich war Anfang 30 und eine viel beschäftigte und schlappe Mutter von vier Kindern, beschlossen meine Freundin und ich, wieder besser in Form zu kommen und ein bisschen zu trainieren. Wir zogen uns ein Paar ausgelaufene alte Tennisschuhe, verschossene T-Shirts und Shorts an und wetzten los, eine Runde um den Block. Als wir gerade bis zur ersten Ecke gekommen waren, stellten wir mit Entsetzen fest, dass wir von dieser Anstrengung schon fast in Ohnmacht fielen. Aber wir gaben nicht auf. Jeden Morgen versuchten wir es aufs Neue. An dem Tag, an dem wir es schafften, eine halbe Meile zu laufen, waren wir so glücklich, dass wir unseren Erfolg mit Donuts feierten! Das morgendliche Training dehnte sich mit der Zeit auf drei Meilen aus, später auf fünf – und es endete immer mit einem Preis, einem Donut! Wir wurden fit, aber wir nahmen es nicht allzu ernst. Wir begriffen, dass das Training in manchen Disziplinen wichtiger ist als in anderen.

Der Apostel Paulus verbindet diesen Gedanken vom notwendigen Training oder der notwendigen Disziplin mit dem geistlichen Leben. In 1. Timotheus 4,7 schreibt er: *»Übe dich in der Gottesfurcht!«* (SLT).

Das Wort für »üben« leitet sich von einem sehr alten griechischen Wort ab, das man in dem Wort *Gymnasium* wiederfindet, ursprünglich war dies die Bezeichnung für eine Sportstätte. In neutestamentlichen Zeiten bezeichnete es körperliche Übungen und Training im Allgemeinen. In gewissem Sinne sagt Paulus hier: »Trainiert, um gottesfürchtig zu werden.« Er fordert also geistliches Training.

Dieses geistliche Training erachtete Paulus für noch wesentlich wichtiger als das morgendliche Joggen durch die Stadt. Er sagt weiter: *»Denn die leibliche Übung nützt wenig, die Gottesfurcht aber ist für alles nützlich, da sie die Verheißung für dieses und für das zukünftige Leben hat.«*

Inzwischen bin ich fast 60 – und stolze Oma von 16 Enkeln. Ich jogge nicht mehr, ich benutze allerdings noch regelmäßig einige Fitnessgeräte in unserem Keller, um meine gelegentlichen Energieschübe in geregelte Bahnen zu lenken. Je älter ich werde, desto besser verstehe ich Paulus' Prioritäten beim Training: *»Deshalb ermatten wir nicht, sondern wenn auch unser äußerer Mensch aufgerieben wird, so wird doch der innere Tag für Tag erneuert«* (2Kor 4,16).

Wie die griechischen Athleten, die sogar ihre Kleidung ablegten, um jede zusätzliche Belastung zu vermeiden, müssen wir christlichen Frauen jede Verbindung, Gewohnheit und Neigung loswerden, die die Gottesfurcht behindern. Auch der Schreiber des Hebräerbriefs fordert uns auf, alle Belastungen abzuwerfen: *»Deshalb lasst nun auch uns, da wir eine so große Wolke von Zeugen um uns haben, jede Bürde und die uns so leicht umstrickende Sünde ablegen und mit Ausdauer laufen den vor uns liegenden Wettlauf«* (Hebr 12,1).

Im Laufe der Jahre gab es einige Gewohnheiten und manchen Zeitvertreib, die ich ablegen musste. Zum Beispiel war es mir früher unmöglich, einen Tag zu beginnen, ehe ich nicht die Morgenzeitung gelesen hatte. Schließlich merkte ich, dass ich ständig zuerst zur Haustür ging, um die Zeitung zu holen, bevor ich Gottes Wort aufschlug. Eine Zeitung – das sieht nach einem einfachen Problem aus, aber ich merkte, dass ich mein Abo kündigen musste, um eine bessere Gewohnheit ausbilden zu können. Ich hatte außerdem einige falsche Vorstellungen, die geändert und durch die Wahrheit von Gottes Wort und Wesen ersetzt werden mussten. Ich musste eine ganze Menge totes Gewicht abladen.

Was zieht Sie heute runter? Diese Dinge müssen verschwinden. Wenn Sie einmal Hindernisse weggeräumt haben, dann verlangt Ihr Trainingsplan auch, dass Sie Ihre Energie auf die Gottesfurcht richten. *»Ich zerschlage meinen Leib und knechte ihn, damit ich nicht, nachdem ich anderen gepredigt, selbst verwerflich werde«*, schreibt Paulus (1Kor 9,27). Erinnern Sie sich an Paulus' Aufforderung, sich in der Gottesfurcht zu *»üben«*? Nur einige Sätze später kommt er noch einmal auf seine Anweisung zurück und schreibt, dass wir *»dafür arbeiten und kämpfen«* sollen (1Tim 4,10). Im Griechischen bedeutet das Wort »arbeiten« »anstrengende Mühe«, und »kämpfen« kann man im Deutschen mit »sich abquälen« wiedergeben.

Mit anderen Worten: Paulus verspricht keineswegs ein bequemes, schonendes Training. Geistliches Training erfordert ein ernsthaftes Engagement; ohne Fleiß keinen Preis. Wenn Sportler trainieren, unterziehen sie sich stundenlangem diszipliniertem Training und vielen Mühen – um das Ziel zu erreichen, den Preis zu gewinnen. Viele Frauen verstehen dies leicht im Hinblick auf körperliches Training, wenn sie sich bereits vorgenommen haben, ihren Körper zu trainieren und viele Stunden in einer Sporthalle zu verbringen, um den äußerlichen Preis einer schlanken Figur zu erringen. Aber selbst diese Frauen könnten Schwierigkeiten damit haben, die gleiche Disziplin für das Training ihrer schlappen Seele aufzubringen.

Müssen wir wirklich?

Warum sollten wir christlichen Frauen unsere Aufmerksamkeit der Disziplin zum Training der Gottesfurcht widmen? Erstens, weil in unserer heutigen Welt und in unseren heutigen Gemeinden ein diszipliniertes christliches Leben die Ausnahme und nicht mehr die

Regel ist. Manche Leute mögen vielleicht eine Entschuldigung finden und sagen: »Das war doch schon immer so.« Das stimmt aber nicht. Viele Zeitabschnitte der Kirchengeschichte waren gekennzeichnet von der erstaunlichen Disziplin der Gläubigen. Wir können eine Menge Gründe suchen, warum Christen heute die Disziplin nicht aufbringen, die zur Gottesfurcht führt. Vielleicht ist die Belehrung nicht ernsthaft genug. Vielleicht ist es die Bequemlichkeit der einzelnen Gläubigen. Aber ein Grund in unserer heutigen Kultur ist sicher die Furcht vor Gesetzlichkeit.

Lassen Sie uns den Tatsachen ins Auge sehen: Viele von uns halten geistliche Disziplin für so etwas wie »nach den Buchstaben des Gesetzes leben« oder für eine Reihe von drakonischen Regeln, nach denen unmöglich jemand leben kann. Solche Gesetzlichkeit scheint uns ein Weg zu Frustration und geistlichem Tod zu sein.

Aber zwischen wahrer Disziplin und Gesetzlichkeit ist ein himmelweiter Unterschied – Gott sei Dank! Der Unterschied liegt in der Motivation: Gesetzlichkeit stellt sich selbst in den Mittelpunkt; Disziplin stellt Gott in den Mittelpunkt. Das gesetzlich eingestellte Herz sagt: »Ich will diese Sache tun, um vor Gott gut dazustehen.« Das diszipliniert eingestellte Herz sagt: »Ich will diese Sache tun, weil ich Gott liebe und ihm gefallen möchte.« Das wahre Herzstück der Disziplin ist Beziehung – eine Beziehung zu Gott. John Wesleys Worte drücken diese Beziehung sehr schön aus:

> Oh Gott, fülle meine Seele mit einer so völligen Liebe zu dir, dass ich nichts lieben kann, es sei denn um deinetwillen und in Unterordnung unter deine Liebe! Gib mir die Gnade, deine Weisheit täglich zu studieren, sodass ich dich immer mehr liebe, je mehr ich dich kennenlerne! Schaffe in mir einen eifrigen Gehorsam gegenüber all deinen Geboten, eine freudige Geduld angesichts deiner Züchtigung und ein dankbares Hinnehmen deiner Verfügungen! Lass es die einzige Aufgabe meines Lebens sein, dich zu verherrlichen durch jedes Wort meiner Zunge, durch jedes Werk

meiner Hände, durch das Bekennen deiner Wahrheit; sodass ich alle Menschen anleite, soweit es an mir liegt, dich zu verehren und dich zu lieben![1]

Paulus kannte den Unterschied zwischen der Motivation durch Gesetzlichkeit und der Motivation durch Disziplin, und er bekämpfte die Gesetzlichkeit quer durch Kleinasien; er wich nicht ein bisschen zurück. Nun ruft er uns zu: »*Übe dich in der Gottesfurcht!*«

Welche Gründe gibt es noch, weshalb sich christliche Frauen mit der Frage der Disziplin beschäftigen sollen, um die es in diesem Buch geht? Wir müssen den Gedanken aufgreifen, dass Disziplin ein Schlüsselbegriff des authentischen Lebens in Gottesfurcht ist – über diesen Gedanken stolpern wir, und zwar heftig. Als Christ zu leben bedeutet, den eigenen Willen dem Willen Gottes unterzuordnen, und Unterordnung ist eine Sache, die in große Bedrängnis geraten ist. Die Verwirrung ist groß: es geht um Rechte und Grenzen, Rollenverständnis und Autorität. Diese Verwirrung verkompliziert unser Denken über Gott und bewirkt Straßensperren in unserem geistlichen Wachstum. Das einzige Heilmittel besteht in einer korrekten theologischen Lehre über Gott, um alle Bereiche unseres Lebens zur Unterordnung unter seinen Willen zu bringen. Daher ist jedes Thema, das in diesem Buch angesprochen wird, eingebettet in die Bedingungen dieser Hingabe.

Ich habe das Wort Gottes als Maßstab genommen, und damit hat Gott manchmal zart und manchmal heftig Dinge aus meinem Leben weggemeißelt, damit es ein gehaltvolles Leben wird. Gott ist immer noch nicht fertig mit mir. An jedem neuen Tag wird mir bewusster, dass die Zeit kurz ist, und es bleibt noch so viel in mir zu tun. Ich öffne Ihnen mein Herz und meine Gedanken in der Hoffnung, dass sie Ihnen helfen, Ihr eigenes Leben in der Nachfolge und in der Gottesfurcht fleißig einzuüben, und dass Sie sich Gottes Plan für Ihr Leben unterordnen.

Denkanstöße

- Was ist geistliche Disziplin und warum ist sie so wichtig? Was hält Sie für gewöhnlich davon ab, geistliche Disziplin zu üben (siehe Röm 3,9-18)? Was kann das Fehlen geistlicher Disziplin in Ihrem Leben verursachen?
- Denken Sie über 1. Timotheus 4,7-8 nach. (»Übe dich in der Gottesfurcht!«) Was ist die wörtliche Bedeutung von *üben?* Was sagt diese Definition darüber aus, wie man geistliche Disziplin erreichen kann?
- Was sagt Hebräer 12,1 über den Wettlauf eines Christen? Was hält Sie in Ihrem Leben mit Gott zurück? Warum halten Sie an diesen Dingen fest?
- Ist geistliche Disziplin kostspielig? Lesen Sie 1. Korinther 9,25-27. Was würde Sie mehr Disziplin kosten? Sind Sie bereit, den Preis zu zahlen?
- Wie unterscheidet sich die Motivation der Gesetzlichkeit von der Motivation der Disziplin?

Wesen

2

Das Evangelium

Die Quelle der Gottesfurcht

»Ich tue euch aber (...) das Evangelium kund, (...) durch das ihr auch errettet werdet (...): dass Christus für unsere Sünden gestorben ist nach den Schriften.«
(1Kor 15,2-3)

Ich bin von ganzem Herzen evangelistisch eingestellt. Ich liebe es, mit Menschen zu tun zu haben, die keine Ahnung von der biblischen Botschaft haben. Es ist unglaublich spannend zu beobachten, wie in den Augen eines Ungläubigen ein Licht aufgeht und er plötzlich anfängt, die Wahrheit zu begreifen, und ich bin immer enttäuscht, wenn dieser Mensch sich dann für jedes Gespräch und jede Diskussion verschließt. Warum bin ich so begeistert vom Evangelium? Weil es Gottes Plan der Liebe für diese Welt und für die Menschheit enthüllt – für Männer, Frauen und Kinder. Es ist eine gute Nachricht – die beste Nachricht, die man jemals bekommen kann. Wenn ein Mensch die Liebe Gottes in Jesus Christus versteht, dann ergibt das Leben endlich Sinn.

Erinnern Sie sich an den Augenblick, in dem Sie zum ersten Mal das Evangelium verstanden? Jeden Tag wird die gute Nachricht des Evangeliums irgendjemandem in Ihrer Umgebung nahegebracht. Vor sieben Jahren erreichte Gott mit seiner guten Nachricht eine junge Frau, die regelmäßig Kent und mir bei *Starbucks* den Kaffee servierte. Mein Mann und ich gingen gern in diesen Laden – nicht nur wegen des großartigen Cappuccinos, sondern auch weil Stacy hinter der Theke stand. Sie ist eine rothaarige, lebhafte Frau, ein Typ wie die Schauspielerin Meg Ryan, und bei ihr war das Bestellen einer Tasse Kaffee schon ein Erlebnis. Schon vor dem Koffein geht es einem besser, wenn Stacy die Bestellung aufgenommen hat.

Sie machte immer so einen fröhlichen Eindruck, und deshalb hätten wir nie erwartet, dass sie gerade in einer verheerenden Scheidung mit Sorgerechtsstreitigkeiten steckte. Aber es gab jemanden, der davon wusste – eine ehemalige Nachbarin, eine Christin, die nun in einer weit entfernten Stadt wohnte. Sie machte sich Sorgen um Stacy und ermutigte sie, in unsere Gemeinde zu kommen.

Einige Wochen später kam Stacy zum ersten Mal in unsere Gemeinde, allein und unsicher. Als mein Mann zu Beginn des Gottesdienstes auf das Podest kam, musste Stacy zweimal hinsehen: Was machte dieser »nette Mann«, der immer mit seiner Frau zu *Starbucks* kommt, auf dem Podest? Als dieser »nette Mann« aufstand, um zu beten und zu predigen, hörte sie zu, wie sie noch nie zuvor zugehört hatte.

Am nächsten Morgen begrüßte Stacy uns mit noch mehr Begeisterung als sonst. Sie erzählte uns, wie überrascht sie war, dass mein Mann Pastor ist. Sie bat uns um ein Treffen, weil sie einige Fragen zur Bibel hatte. Wir waren überglücklich.

Stacys frühere Nachbarin rief an und berichtete uns, dass sie für uns betete. Schon lange bevor wir Stacy kennengelernt hatten, hatte Gott bereits in ihrem Leben gewirkt und sie vorbereitet. Sie war bereit, die gute Nachricht des Evangeliums zu hören und Jesus Christus als ihren Retter anzunehmen. Und das tat sie.

Nach ihrer Bekehrung begann Stacy ein neues Leben. Der Glaube an die gute Botschaft des Evangeliums ist zum Mittelpunkt ihres Lebens geworden. Sie studiert eifrig Gottes Wort. Ihre Fähigkeiten in der Kindererziehung spiegeln den Herzenswunsch wider, ihren Kindern eine Hilfe beim Wachstum in der Gottesfurcht zu sein. Neben ihrem Engagement in der Familie ist Stacy ihr Dienst an Teenagern besonders wichtig. Im Evangelium fand sie das Leben selbst.

Aber nicht jeder, der bekennt, Christ zu sein, schätzt das Evangelium mit dem gleichen Enthusiasmus und der gleichen

Beharrlichkeit. Für manche ist das Christsein nur ein Teil ihres geschäftigen Lebens. Sie haben zu tun, gehen vielleicht am Dienstagmorgen zu einer Selbsthilfegruppe beim CVJM, haben ihr Trainingsprogramm – ach ja, und dann auch noch das geistliche Leben. Andere sehen ihre Erfahrungen mit dem Christsein als etwas, auf das sie zurückblicken – »der Tag, an dem ich das Bekehrungsgebet sprach« oder »mein Leben übergab« oder »in die Gemeinde kam«.

Für manche ist Christsein eine Fahrkarte in den Himmel. Sie möchten die Sicherheit, dass alles in Ordnung ist, wenn sie sterben, aber sie wollen im Moment noch nicht mit allzu großem Ernst an die Sache herangehen.

In manchen Familien gehört das Christsein einfach zum normalen Leben dazu. Sie genießen die angenehme Atmosphäre in der Gemeinde, die gute moralische Erziehung der Kinder, das gemeinsame Essen in der Gemeinde, zu dem jeder etwas beisteuert, die Frauentreffen.

Alle diese Ansätze und Sichtweisen des Evangeliums sind nicht das Wahre; keiner davon sieht das Evangelium so, wie die Bibel es schildert. Das Evangelium von Jesus Christus ist unerbittlich, wenn es darum geht, jeden Bereich unseres Herzens und unseres Lebens umzuwandeln. Das Evangelium ist allumfassend. Es ist tatsächlich die einzige Quelle der Gottesfurcht. Sie können suchen, wo immer Sie wollen, und bestenfalls finden Sie nicht mehr als eine Selbsterneuerung; schlimmstenfalls finden Sie Götzendienst.

Wollen Sie eine Frau sein, die in Gottesfurcht lebt? Wenn wir die Absicht haben, die vielen, vielen Bereiche im Leben einer Frau zu behandeln, die vom Evangelium geformt und belehrt werden, dann müssen wir wissen, was dieses Evangelium ist, und wir müssen daran glauben. Dann müssen wir, so wie unsere Freundin Stacy, dazu bereit sein, das Evangelium zum Mittelpunkt unseres Lebens zu machen.

Was ist das Evangelium?

Vor Kurzem traf sich eine gemischte Frauengruppe aus unserer Gemeinde (junge und alte, verheiratete und alleinstehende, verwitwete und geschiedene), um sich damit auseinanderzusetzen, wie der Glaube an das Evangelium unseren Lebensstil beeinflusst. Beim ersten Treffen bat ich jede Frau, eine deutliche Antwort auf die Frage »Was ist das Evangelium?« aufzuschreiben.

Eine einfache Frage, oder? Die Antwort sollte uns so leicht von den Lippen gehen wie das Alphabet. Irrtum! All diese wiedergeborenen, gottesfürchtigen Frauen fanden es schwierig, eine deutliche, knappe Definition für »Evangelium« zu geben. Wir waren ganz betreten. Einige Frauen lieferten seitenlange Beschreibungen, wie man Christ wird. Andere beschrieben, wie man Zeugnis geben kann. Wieder andere listeten die Vorteile des Evangeliums auf. Das Evangelium selbst ging in diesen nebulösen Worten verloren.

Wenn man Leute fragt, woher sie wissen, dass sie Christen sind, dann antworten sie häufig: »Weil ich den Herrn angenommen habe«, oder: »Weil ich gebetet habe«, oder: »Weil ich nach vorn gegangen bin.« Haben Sie all diese »Ichs« bemerkt? Alle diese Antworten stellen in den Vordergrund, was der Mensch getan hat. Das ist die Wurzel der allgemeinen Verwirrung um das Evangelium. Das Evangelium handelt davon, was Gott getan hat!

Das Christentum ist die einzige »Religion«, in der man sich das Heil nicht verdienen kann. Als Christ weiß man, dass unsere Errettung nur durch das vollbracht wurde, was Gott allein getan hat, nicht durch das, was wir getan haben. Dies ist die Wahrheit, die Jesus vom Kreuz herab rief: *»Es ist vollbracht!«* (Joh 19,30).

Gottes Evangelium

Das Evangelium gehört zu Gott. Es ist sein Evangelium.[2] Von vorne bis hinten ist die Bibel Gottes Evangelium. Es war seine Idee und sein Plan. *»Die Schrift aber, voraussehend, dass Gott die Nationen* *aus Glauben rechtfertigen werde, verkündigte dem Abraham die gute Botschaft voraus: ›In dir werden gesegnet werden alle Nationen‹«* (Gal 3,8).

Die Bibel beginnt schon im 1. Buch Mose mit der Enthüllung von Gottes Plan: dass er uns wiederherstellen will zu Menschen, wie sie ursprünglich geschaffen wurden – geschaffen in seinem Bild, die freudig unter seiner liebenden Herrschaft und seinem Segen leben. Doch auch wenn wir durch das Evangelium errettet werden, geht es »nicht in erster Linie um den Menschen und seine Bedürfnisse, selbst wenn diese nicht unwichtig oder damit verknüpft sind.«[3] So gut es klingt, ein Evangelium, das den Menschen in den Mittelpunkt stellt, ist nicht das Evangelium Gottes. Ein Evangelium, das in erster Linie auf die Bedürfnisse des Menschen, seine Schuld oder seine Gefühle, seine Wünsche oder Ansprüche eingeht, ist nicht das Evangelium Gottes. Das Evangelium Gottes ist die erstaunliche Botschaft von dem, was sein Sohn Jesus Christus am Kreuz vollbracht hat. Es geht darum, was Gott getan hat.

Christus gekreuzigt ... gemäß der Schrift

Jesus Christus ist die zentrale Figur im Evangelium Gottes. Unsere Frauengruppe ist zu dem Schluss gekommen, dass Paulus' Erklärung des Evangeliums in 1. Korinther 15,1-4 der grundlegende Text dazu ist: *»Ich tue euch aber, Brüder, das Evangelium kund, das ich euch verkündigt habe, das ihr auch angenommen habt, in dem ihr auch steht, durch das ihr auch gerettet werdet, wenn ihr festhaltet, mit welcher Rede ich es euch verkündigt habe, es sei denn, dass ihr vergeblich zum Glauben gekommen seid. Denn ich habe euch vor allem überliefert, was ich auch empfangen habe:* ***dass Christus für unsere Sünden gestorben ist nach den Schriften; und dass er begraben wurde und dass er auferweckt worden ist am dritten Tag nach den Schriften«*** (Hervorhebung durch die Autorin).

Paulus macht es einfach: Jesus Christus starb für unsere Sünden und wurde von den Toten auferweckt. Dann fügt er – zweimal! – einen äußerst wichtigen, aber oft übersehenen Ausdruck hinzu: *»nach den Schriften«.* Mit anderen Worten: Das Alte Testament ist die Quelle und die Bestätigung dieses Evangeliums und des Christus.

Paulus verweist auf die Schriften des Alten Testaments und erklärt damit, dass Jesus Christus nicht in ein Vakuum gekommen ist, das keine Verbindung zu Vergangenheit oder Zukunft hätte. Er kam vielmehr als Höhepunkt und Erfüllung von Gottes großem Plan in der Geschichte, wie er im Alten Testament bereits enthüllt wurde. Darum verkündet Paulus: *»Denn so viele Verheißungen Gottes es gibt, in ihm ist das Ja«* (2Kor 1,20). Jesus Christus ist das prophetische »Ja« zu jeder Verheißung der Erlösung in der Bibel vom 1. Buch Mose bis zur Offenbarung. Der erste Hinweis auf diese Wahrheit wurde bereits im Garten Eden enthüllt, wo Gott versprach, dass ein Nachkomme der Frau den Kopf Satans zertreten würde (1Mo 3,15).

Jesus Christus selbst bezieht sich auch auf die Schriften des Alten Testaments, um nach seiner Auferstehung den niedergeschlagenen Jüngern auf der Straße nach Emmaus das Evangelium zu erklären. Er tadelt sie mit den Worten: *»Ihr Unverständigen und im Herzen zu träge, an alles zu glauben, was die Propheten geredet haben! Musste nicht der Christus dies leiden und in seine Herrlichkeit hineingehen? Und von Mose und von allen Propheten anfangend, erklärte er ihnen in allen Schriften das, was ihn betraf«* (Lk 24,25-27).

Was muss das für eine Bibelstunde gewesen sein! Jesus Christus ging systematisch mit ihnen durch das ganze Alte Testament und erklärte seinen Tod und seine Auferstehung als Erfüllung der prophetischen Verheißungen.

Petrus betont in gleicher Weise den entscheidenden Punkt bezüglich der Stellung des Christus im Mittelpunkt der Wahrheit der Heiligen Schrift: *»Im Hinblick auf diese Rettung suchten und forschten Propheten, die über die an euch erwiesene Gnade weissagten. Sie forschten, auf welche oder auf was für eine Zeit der Geist Christi, der in ihnen war, hindeutete, als er die auf Christus zukommenden Leiden und die Herrlichkeiten danach vorher bezeugte.*

Ihnen wurde es offenbart, dass sie nicht sich selbst, ***sondern euch*** *dienten im Blick auf das, was euch jetzt verkündet worden ist durch die, welche euch das Evangelium verkündigt haben im Heiligen Geist, der vom Himmel gesandt ist, in welche Dinge Engel hineinzuschauen begehren«* (1Petr 1,10-12; Hervorhebung durch die Autorin). Haben Sie das gesehen? Die Propheten des Alten Testaments haben uns gedient. Ihnen und mir!

Jesaja, Jeremia, Daniel, David und all die anderen Propheten schrieben ihre Bücher, damit wir, die wir diesseits des Kreuzes leben, Jesus als den Christus erkennen können, den einzigen wahren Messias, der allein die Worte des Lebens hat – das Evangelium. Sie schrieben zu unserem Nutzen. Stellen Sie sich das vor: *»Denn alles, was früher geschrieben ist, ist* ***zu unserer Belehrung*** *geschrieben, damit wir durch das Ausharren und durch die Ermunterung der Schriften die Hoffnung haben«* (Röm 15,4; Hervorhebung durch die Autorin).

Warum betone ich das so sehr? Ganz einfach, wie Paulus schon sagte: Wenn wir an irgendein anderes Evangelium glauben, *dann ist unser Glaube vergeblich.* Zu einer Zeit, in der alles (einschließlich Theologie) von der öffentlichen Meinung entschieden wird, ist es doch so einfach, an ein anderes Evangelium zu glauben. Wir biegen uns einfach unseren Gott so zurecht, wie wir ihn gerne haben möchten, und weigern uns, ihn von der gesamten Heiligen Schrift bezeugen zu lassen.

Manche Leute kamen zu Jesus und fragten ihn: *»Was sollen wir tun, damit wir die Werke Gottes wirken? Jesus antwortete und sprach zu ihnen: Dies ist das Werk Gottes, dass ihr an den* ***glaubt****, den er gesandt hat«* (Joh 6,28-29; Hervorhebung durch die Autorin). Unsere Aufgabe ist es zu glauben. Aber wir müssen an diesen Jesus glauben – den Christus, den Gott in den Heiligen Schriften enthüllt hat und nicht an einen nach unseren eigenen Vorstellungen. Hier muss ich fragen: An welches Evangelium glauben Sie? Ist Ihr Jesus ein Messias nach Ihren eigenen Vorstellungen oder der verheißene

Messias, wie die Bibel ihn beschreibt? Der Jesus der Bibel ist vollkommen wunderbar. Und sein Evangelium ist der einzige Weg zur Gottesfurcht.

»... wenn du mit deinem Mund Jesus als Herrn bekennen und in deinem Herzen glauben wirst, dass Gott ihn aus den Toten auferweckt hat, du gerettet werden wirst. Denn mit dem Herzen wird geglaubt zur Gerechtigkeit, und mit dem Mund wird bekannt zum Heil. Denn die Schrift sagt: ›Jeder, der an ihn glaubt, wird nicht zuschanden werden‹« (Röm 10,9-11).

Es ist möglich, dass Sie das Evangelium bislang noch nicht vollständig verstanden haben. Um sicher zu gehen, dass Sie es richtig verstehen, habe ich am Ende dieses Kapitels »Zwei Arten zu leben« beigefügt. Das ist die deutlichste Erklärung des Evangeliums, die heutzutage erhältlich ist. Wenn Sie sich in Bezug auf Ihren geistlichen Zustand nicht sicher sind, dann arbeiten Sie diese Erläuterung am besten jetzt durch – bevor Sie weiterlesen.

Gute Nachrichten

William Tyndale, der Märtyrer, dem wir die erste englische Bibel verdanken, schrieb einmal, dass der Begriff Evangelium abgeleitet ist von einem Wort, das so viel bedeutet wie »eine gute, fröhliche, glückliche und freudige Mär, die eines Menschen Herz glücklich macht und ihn dazu bringt, zu singen, zu tanzen und vor Freude zu hüpfen.«[4]

Eine junge Frau aus unserer Single-Gruppe in der Gemeinde entdeckte, wie viel Freude es macht, Christus im Licht des Alten Testaments zu entdecken. Michelle ist mit der Gemeinde aufgewachsen. Sie kannte alle »Sonntagsschulantworten«. Sie hatte gelernt, dass Jesus für ihre Sünden gestorben war, aber sie fand, dass sie eigentlich ein ganz guter Mensch war, der nur ab und zu einmal sündigte. Als sie erwachsen war, wurde sich Michelle nach und nach ihrer Sündhaftigkeit bewusst. Sie war gar nicht ein so guter Mensch, wie sie immer gedacht hatte.

Eines Sonntagabends, als der Pastor in der Predigt die Geschichte des Volkes Israel nachzeichnete, sprach er davon, wie Gott einen Bund mit Israel schloss, ihnen das Gesetz gab und Tieropfer als Buße für die Sünden des Volkes anordnete, wenn die Menschen ungehorsam waren. Der Pastor stellte die Frage: »Wie kann ein heiliger Gott bei einem sündigen Volk wohnen?«

Michelle erinnert sich: »Ich begann zu begreifen, dass ich mich aufgrund meiner Sünde nicht aus mir heraus einem Heiligen Gott nähern konnte.« An diesem Punkt erklärte der Pastor, dass Jesus Christus gekommen war, um das Gesetz und die Propheten zu erfüllen, und er zitierte 2. Korinther 5,21: *»Den, der Sünde nicht kannte, hat er für uns zur Sünde gemacht, damit wir Gottes Gerechtigkeit wurden in ihm.«*

An diesem Abend verstand Michelle zum ersten Mal, »dass ich nicht ein passiver Zuschauer bei Jesu Tod war. Ich hatte aktiv Anteil an seinem Tod. Meine Sünden waren die Nägel, die durch seine Hände und Füße geschlagen wurden, und die Dornen, die in sein Haupt gedrückt wurden. Nur durch Jesus kann ich gerechtfertigt werden. An diesem Sonntag wollte ich am liebsten aufs Dach klettern und rufen: Mir ist vergeben worden!«

»Nach den Schriften« verstand Michelle das Evangelium, so wie sie es nie zuvor verstanden hatte – und nun konnte es den zentralen Platz in ihrem Herzen, ihren Beziehungen und ihren Lebensentscheidungen einnehmen.

Das Evangelium ist alles

Sie sehen also, das Evangelium ist nicht einfach nur ein weiterer Punkt auf Ihrem Tagesplan oder auf Ihrem Küchenkalender. Das Evangelium formt alles an Ihnen. Das Training im Evangelium kann Gott nur gefallen, wenn es auf seine Weise geschieht. Darum geht es in diesem ganzen Buch. Als Frauen, die das Evangelium verstehen und annehmen, finden wir Gottes Wort so kraftvoll, dass es uns unmittelbar definiert, motiviert und zufriedenstellt.

Wenn wir wiedergeboren werden, beginnt das Leben, einen Sinn zu bekommen. Auf den Seiten der Heiligen Schrift finden wir die gesegnete Antwort auf die uralte Frage: Wer bin ich? Bereits auf den ersten Seiten der Bibel erfahren wir, dass wir im Bild Gottes geschaffen sind. Wir begreifen ebenso, dass wir als Frauen deutlich weiblich geschaffen sind als Gegenpol zum Männlichen. Das Wichtigste ist, dass wir entdecken: Wir sind Gott sehr wertvoll; das zeigt der Kreuzestod von Jesus Christus. Das Evangelium gibt uns also nicht nur Würde und Wertschätzung unserer Menschlichkeit, sondern es vermittelt auch Sinn und Zweck der Geschlechtsunterschiede.

Wir erfahren außerdem, dass wir Sünder sind. 1. Mose 3 berichtet von der gemeinsamen Entscheidung von Adam und Eva, sich gegen Gottes guten Plan aufzulehnen; dadurch brachten sie Sünde und Tod über die Menschheit (1Mo 3; Jes 53,6; Röm 3,23). Wir hören, dass wir von Gottes Zorn gegen alle Gottlosigkeit errettet werden können (Röm 6,23; Eph 2,3-9). Uns wird bewusst, dass wir Kinder Gottes und Mitglieder seiner Familie, der Gemeinde, werden können (Joh 1,12; 3.5-8; Mk 3,31-35). Schließlich sind wir Teilhaber mit allen Heiligen um des Evangeliums willen (Phil 1,1-6; 2,14-15.). Die Regeln, die wir in diesem Buch behandeln, verstehen sich auf der Grundlage dieser Wahrheiten.

Neben den Engeln, die nicht nach dem Bild Gottes geschaffen wurden, sind wir die einzigen Lebewesen im Universum, die Gottes Wort hören und darauf reagieren können. Das 1. Buch Mose zeigt uns, dass Gott als Erstes, nachdem er Adam und Eva geschaffen hatte, mit ihnen sprach. Sie und ich, wir können das Wort Gottes hören. Weil wir in seinem Bild geschaffen sind, haben unsere Seelen ein moralisches Sinnesorgan, das durch Gottes Gnade gehorsam auf sein Wort antworten kann. Liebe Frauen, Sie spiegeln das Bild Gottes wider, und Sie sind vielschichtige geistliche Wesen, die das Sprechen Gottes hören und durch seine Gnade darauf antworten können.

Liebe Schwestern in Christus, denken Sie daran! Im Evangelium brauchen wir keine Identitätskrise zu haben. Wir wissen, wer wir sind.

Das Evangelium motiviert uns

Das Evangelium ist motivierend; es gibt uns einen Sinn für unser Leben: *»Und alles, was ihr tut, im Wort oder im Werk, alles tut im Namen des Herrn Jesus, und sagt Gott, dem Vater, Dank durch ihn!«* (Kol 3,17).

Die Bibel zeigt uns, an welcher Stelle wir in Gottes Plan für die Welt hineinpassen, und beschreibt im Einzelnen, was wir mit unserem Leben anfangen können. Die Bibel ist das »Wie mach ich's richtig«-Handbuch für ein Leben nach den Regeln des Evangeliums. Während wir weitermachen, sehen wir uns das Werk an, das uns gegeben wurde in der Verbreitung der guten Nachricht, in der Teilhabe an der Familie Gottes, in der Verantwortung, sich um andere zu kümmern und den Armen und Hilflosen zu dienen. Das Evangelium unterrichtet uns in jedem Aspekt unseres Lebens als alleinstehende oder verheiratete Frau. Das Evangelium gibt allem, was wir tun, einen Sinn, denn als Frau des Evangeliums tun wir alles im Namen des Herrn Jesus. Wenn Sie sich später an nichts anderes mehr aus diesem Buch erinnern, dann behalten Sie doch im Gedächtnis, dass das Evangelium die Grundlage für alles ist, was Sie sind und tun!

Das Evangelium stellt uns zufrieden

Marie Antoinette ist bekannt für ihre herzlose Bemerkung angesichts des hungernden Volkes in Frankreich, das kein Brot hatte: »Dann sollen sie doch Kuchen essen.« Diese Königin, umgeben von üppiger Einrichtung, extravagant gekleidet, mit exotischem Essen im Überfluss und Dienern, die ihr jeden Wunsch von den Augen ablasen, äußerte außerdem verzweifelt: »Nichts trifft meinen Geschmack.« Es ist nicht erstaunlich, dass diese Frau keine Befriedigung durch materielle Besitztümer fand, aber es ist tatsächlich tragisch, wenn Menschen, die von sich selbst behaupten, an das Evangelium zu glauben, an anderen Stellen nach Befriedigung suchen. Als Frau eines Pastors habe ich schon oft gehört, wie gläubige Frauen mir ihre Sehnsucht nach Dingen anvertrauten, die sie nicht besaßen. In ihrer

Suche nach dem, was fehlt, beachten sie kaum oder behandeln sie sogar geringschätzig, was sie für selbstverständlich halten – dass sie Gott und seine gnädige Vorsorge für uns kennen dürfen und sie auf den Seiten der Bibel entdecken können.

Hier ist die Wahrheit der Bibel: »*Seine göttliche Kraft hat uns alles zum Leben und zur Gottesfurcht geschenkt (...)* ***durch die Erkenntnis dessen****, der uns berufen hat durch seine eigene Herrlichkeit und Tugend (...)*« (2Petr 1,3; Hervorhebung durch die Autorin). Gottes Fürsorge für seine Kinder ist erstaunlich. Wir haben alles, was wir brauchen. Glauben Sie das?

Zweifeln Sie nicht daran, dass das einfache Evangelium alles hat, was Sie brauchen, und noch mehr. Jesus sagte zu der Frau am Jakobsbrunnen: »*Jeden, der von diesem Wasser trinkt, wird wieder dürsten; wer aber von dem Wasser trinken wird, das ich ihm geben werde, den wird nicht dürsten in Ewigkeit*« (Joh 4,13-14). Und am letzten Tag des Laubhüttenfestes erklärte er, dass ER die Quelle aller Zufriedenheit ist: »*An dem letzten, dem großen Tag des Festes aber stand Jesus und rief und sprach: Wenn jemand dürstet, so komme er zu mir und trinke! Wer an mich glaubt, wie die Schrift gesagt hat, aus seinem Leibe werden Ströme lebendigen Wassers fließen*« (Joh 7,37-38).

Die beste Nachricht

Obwohl wir alle das edle Bild Gottes in uns tragen, bemerken wir, dass wir ständig zurückfallen in Egoismus, Neid, Gier, Auflehnung, Lust, Ausnutzung von Mitmenschen oder noch schlimmere Dinge. Aber gerade deshalb ist das Evangelium eine so gute Nachricht. Gerade jetzt, heute, kann jede von uns Gottes Wort hören und durch seine Gnade darauf antworten. Wir können die Gedanken Gottes denken, wie er sie uns offenbart hat. Wir können die Werke Gottes tun. Wir können ihm Freude machen – und uns über ihn freuen. Wir können genauso zufrieden sein, wie Jesus es war, durch ein Leben in Gehorsam gegenüber Gottes Wort und Gottes Willen.

Ich werde nie den Tag vor 15 Jahren vergessen, als eine junge Frau namens Carol zum zweiten Mal zur Bibelstunde kam, nachdem sie nur wenige Wochen zuvor Jesus Christus als Erlöser angenommen hatte. Mit einer ausgeliehenen Bibel in der Hand saß sie in einem Kreis von Frauen, die sich in der Bibel gut auskannten. Carol hörte still zu, als die Fragen zum Text beantwortet wurden.

In einer Gesprächspause sagte Carol mit großer Begeisterung: »Ich habe gestern Abend den wunderbarsten Vers gefunden!« Alle diese christlichen Frauen richteten ihre Aufmerksamkeit auf dieses »Baby« im Glauben. Langsam und ehrfürchtig begann sie zu lesen: *»So sehr ... hat Gott ... die Welt ... geliebt, ... dass er ... seinen eingeborenen ... Sohn gab, ... damit alle, ... die an ihn glauben, ... nicht ... verloren gehen, ... sondern ... das ewige Leben ... haben.«*

Die Stille im Raum war fühlbar. Sie las Johannes 3,16 – einen Vers, den viele Gläubige von Kindheit an auswendig und in Sekundenschnelle herunterrattern können –, so wie er gelesen werden sollte, als ob jedes Wort ein heiliger Schatz ist. Ringsum im Stuhlkreis gab es glänzende Augen, als Carols Ehrfurcht dem Evangelium gegenüber der Scham derer von uns herausstellte, deren Sinne für das Wunder des Evangeliums so abgestumpft waren.

Verlieren Sie nie das Wunder des Evangeliums aus den Augen! Denken Sie nie, dass Sie ihm entwachsen sind! Johannes 3,16 ist nicht nur eine wunderbare Zusammenfassung dessen, was Gott getan hat, sondern es ist die Grundlage für einen Lebensstil. Dieser Vers sollte der wahre Mittelpunkt unseres Lebens sein, der uns definiert, motiviert und zufriedenstellt. Das Evangelium ist die erste und wichtigste Lebensregel einer Frau, denn es ist die Quelle der Gottesfurcht.

Denkanstöße

- Wann haben Sie zum ersten Mal das Evangelium von Jesus Christus verstanden und angenommen? Welche unmittelbaren Auswirkungen hat dies auf Ihr Leben und Ihre Entscheidungen?

- Warum muss das Evangelium die größte Rolle in Ihrem Leben spielen? Ist es vom ersten Platz Ihrer Prioritätenliste abgerutscht? Wie rücken Sie es in Ihren Gedanken wieder an die erste Stelle?
- Wie wird ein Christ durch das Evangelium definiert (siehe 1Mo 1–3; Röm 3,23; Röm 6,23; Joh 1,12; Eph 4–5)?
- Wie wird ein Christ durch das Evangelium motiviert (Kol 3,17)?
- Wie lautet die wunderbare, zufriedenstellende Wahrheit des Evangeliums in 2. Petrus 1,3?
- Was, denken Sie, »brauchen« Sie für »Leben und Gottesfurcht«? Wie können Sie diese Verheißung für sich in Anspruch nehmen?

Zwei Arten zu leben: Ein kurzer Überblick über die Botschaft des Christentums[5]

Worum geht es beim Christentum? Was bedeutet es, ein Christ zu sein? Die meisten Menschen haben ihre eigenen Vorstellungen zu diesen Fragen, aber am Schluss sind Gottes Vorstellungen entscheidend. Was sagt ER darüber, worum es beim Christentum wirklich geht? Damit möchten wir uns in dieser kurzen Untersuchung beschäftigen: Gottes Definition des Christentums, wie er es in der Bibel beschreibt. Es sind sechs grundlegende Punkte.

1. Gott – der liebende Herrscher und Schöpfer

Gott ist der liebende Herrscher der Welt. Er hat sie erschaffen, und er hat uns erschaffen, um über die Welt zu herrschen und für sie zu sorgen – unter seiner Führung.

Suchen Sie Offenbarung 4,11 in einer Bibel (Sie befindet sich ganz am Ende der Bibel)! Lesen Sie den Vers, und versuchen Sie, die folgenden Fragen aufgrund dessen, was sie gelesen haben, zu beantworten.

a. Warum sollten wir Gott ehren und loben?
b. Gibt es irgendetwas in der Schöpfung, das nicht von Gottes Willen abhängig ist? Bitte erläutern Sie Ihre Antwort.
c. Mit welcher Haltung sollten wir einem solchen Gott begegnen?

2. Eine rebellische Menschheit

Wenn wir uns die Welt ansehen, dann stellen wir fest, dass viele Dinge nicht so sind, wie sie sein sollten. Das kommt daher, dass wir Gott als unseren Herrscher zurückweisen, indem wir versuchen, unser Leben ohne ihn zu führen. Aber haben wir unser Leben, unsere Gesellschaft und unsere Welt wirklich selbst im Griff? Belegen Sie Ihre Antwort mit Beispielen.

Nun lesen Sie Römer 3,10-13 in der Bibel.

a. Wie viele gerechte Menschen gibt es nach dieser Bibelstelle?

b. Wie viele Menschen fragen wirklich nach Gott?

c. Wie viele Menschen haben sich von Gottes liebender Herrschaft abgewandt?

Bitte beachten Sie: Manche Menschen lehnen sich ganz still gegen Gott auf, indem sie ihn einfach ignorieren. Andere rebellieren sichtbar, indem sie Dinge tun, die offensichtlich Sünde sind. Doch beides ist Auflehnung gegen Gott. Die Frage ist: Was wird Gott dagegen tun? Das werden wir erfahren.

3. Gott wird es nicht zulassen, dass die Menschen sich für immer gegen ihn auflehnen

Gott liebt uns, und daher nimmt er unsere Auflehnung ernst und zieht uns zur Rechenschaft.

Lesen Sie Hebräer 9,27.

a. Was hält die Zukunft für jeden bereit?

b. Was steht jedem Menschen nach dem Tod bevor?

Gottes Strafe für Auflehnung ist Tod und Gericht. Das mag hart klingen, und viele Menschen möchten nicht glauben, dass Gott so streng mit unserer Auflehnung umgeht. Aber Gerechtigkeit ist nur dann Gerechtigkeit, wenn man für Sünde zur Verantwortung gezogen wird. Es ist ganz einfach falsch, ein Auge zuzudrücken.

Diese schlechte Nachricht ist sehr schlecht, aber die gute Nachricht ist wunderbar. Gott hat für die verheerende Situation, in der wir uns befinden, ein Mittel bereitgestellt.

4. Jesus – der Mensch, der für Rebellen starb

Gott liebt die Welt so sehr, dass er seinen Sohn in die Welt sandte – Jesus Christus. Jesus gehorchte Gott vollständig. Er war der einzige Mensch, der keine Strafe verdiente. Er lebte ein wunderbares Leben der selbstlosen Hingabe, Wahrheit und Unbescholtenheit; aber er wurde wie ein gemeiner Verbrecher hingerichtet. Als er am Kreuz starb, er, der vollkommene Mensch, nahm er unsere Strafe auf sich und schenkte uns Vergebung.

Lesen Sie 1. Petrus 3,18!

a. Warum starb Jesus Christus?

b. Wer ist der »Gerechte«, der hier erwähnt wird? Wer sind die Ungerechten?

c. Welcher von den beiden Begriffen beschreibt Sie?

d. Was kann der Tod Jesu Christi für Sie bewirken?

Der Tod des Herrn Jesus ist nicht das Ende der Geschichte. Bevor er starb, sagte Jesus, dass er nach drei Tagen aus dem Grab zurückkehren würde. Zu dieser Zeit glaubte ihm niemand. Aber dann ...

5. Jesus – der auferstandene Herrscher

Gott nahm den Tod Jesu als vollständige Bezahlung für unsere Sünden an und erweckte Jesus von den Toten. Der auferstandene Jesus ist nun das, was die Menschheit immer sein sollte: Gottes Herrscher über die Welt. Jesus hat den Tod überwunden und gibt uns nun neues Leben. Eines Tages wird er wiederkommen, um die Welt zu richten.

Lesen Sie Philipper 2,9-11!

a. Welche Stellung hat Gott dem Herrn Jesus gegeben?

b. Welche Haltung sollten wir Jesus gegenüber einnehmen?

c. Wer wird schließlich, freiwillig oder gezwungenermaßen, vor der Autorität des Herrn Jesus niederknien?

Durch die Auferstehung von den Toten bewies Jesus ein für alle Mal, dass er tatsächlich alle Macht und Autorität innehat, die er als der Sohn Gottes für sich in Anspruch nahm. Damit bleiben uns nur zwei Möglichkeiten ...

6. Zwei Arten zu leben

Unsere Art ist

- Gott als Herrscher zurückzuweisen
- Unser eigenes Leben nach eigenen Maßstäben zu leben versuchen

Ergebnis

- von Gott verdammt zu sein
- Tod und Gericht ins Auge zu sehen

Gottes neue Art

- Sich dem Herrn Jesus Christus unterzuordnen
- Auf Jesu Tod und Auferstehung zu vertrauen

Ergebnis

- Vergebung von Gott zu bekommen
- die Gabe des ewigen Lebens zu erlangen

Lesen Sie Johannes 3,36!

a. Welche zwei Typen von Menschen werden hier beschrieben?
b. Was müssen Sie tun, um ewiges Leben zu bekommen?
c. Warum wird der Zorn Gottes auf manchen Menschen bleiben?
d. Mit welcher dieser beiden Möglichkeiten möchten Sie leben?

Was sollte ich als Nächstes tun?

Sie werden vielleicht noch mehr über die Wahrheiten nachdenken wollen, die Sie in dieser kurzen Untersuchung kennengelernt haben. Sie können Jesus besser kennenlernen, indem sie das Markusevangelium lesen.

Wenn Sie jedoch wissen, dass Sie bereit sind, Ihr Leben Gott zu übergeben, indem Sie sich der Herrschaft Jesu unterordnen, dann sollten Sie ein einfaches Gebet mit eigenen Worten beten. Bitten Sie Gott, Ihnen zu vergeben, dass Sie ihn ignoriert und sich gegen ihn aufgelehnt haben! Bitten Sie ihn um Hilfe, dass Sie Jesus Ihr Leben überlassen und für Vergebung und ewiges Leben auf seinen Tod vertrauen können!

Von diesem Punkt an können Sie Ihr neues Leben Tag für Tag ausleben – aber Sie werden dabei nicht alleingelassen. Gott wird immer bei Ihnen sein. Er wird zu Ihnen sprechen (wenn Sie in der Bibel lesen); er wird Ihnen immer zuhören und Ihnen helfen (wenn Sie zu ihm beten); er wird Ihnen helfen, sich zu verändern und nach seinem Willen zu leben (durch seinen Geist, der in Ihnen lebt); und er wird Ihnen Brüder und Schwestern zur Seite stellen, die Ihnen auf dem Weg beistehen (wenn Sie sich mit anderen Christen treffen).

3

Unterordnung

Die Haltung der Gottesfurcht

»… damit in dem Namen Jesu jedes Knie sich beuge, der Himmlischen und Irdischen und Unterirdischen, und jede Zunge bekenne, dass Jesus Christus Herr ist, zur Ehre Gottes, des Vaters.«
(Phil 2,10-11)

Ich finde es ausgesprochen schade, dass das Wort »Unterordnung« so ganz aus dem Wortschatz unserer Kultur ausgemerzt wurde. Es ist nicht weiter erstaunlich, dass beispielsweise Feministinnen den Gedanken der Unterordnung lieber vermeiden, aber der Begriff fehlt auch auffallend häufig in Gesprächen bei geselligen Gemeindeveranstaltungen, bei biblischen Unterweisungen und auch im beruflichen Umfeld.

Was früher einmal eine geschätzte christliche Tugend war, ist quasi über Nacht zu etwas Anstößigem geworden, über das man herziehen kann. In den 60er-Jahren stellte die amerikanische Feministin Betty Friedan dem Publikum ihre Weltsicht in dem Buch »Der Weiblichkeitswahn. Ein vehementer Protest gegen das Wunschbild von der Frau – oder die Mystifizierung der Frau« (*Feminine Mystique*) vor, und damit begann eine Bewegung, die das ganze Land und schließlich die ganze Welt erschütterte. Friedan verkündete: »Der Prozess der Selbstfindung der Frau hat gerade erst begonnen. Aber die Zeit ist reif: Nun können die Stimmen des Weiblichkeitswahns nicht weiterhin die innere Stimme zum Schweigen bringen, die Frauen zu ihrer eigenen Vollkommenheit führt.«[6] Mehrere andere Bücher, die während der 70er-Jahre veröffentlicht wurden, brandmarkten den Begriff »Unterordnung« als etwas, das die Einwilligung der Frau in die angeblich männliche Unterdrückung beschreibt. Als dann der Feminismus begann, genauso die evangelikalen Gemeinden zu unterwandern, wurde der Begriff der Unterordnung auch für christliche Frauen etwas Anstößiges – anstatt der Mittelpunkt ihrer Identität als Kinder Gottes zu sein.

Das stellt ein ernstes Problem für Frauen dar, die ihr Leben in Gottesfurcht leben möchten. Die feministische Ideologie kann nicht der zentrale Punkt in unserem Leben bleiben. Dr. Kirsten Birkett arbeitet in ihrem Buch *»The essence of feminism«* (»Das Wesen des Feminismus«) die Gründe dafür heraus: »Der Feminismus ist eine selbstsüchtige Bewegung ohne stichhaltige Philosophie, mit einer erfundenen Geschichtlichkeit und einer zusammenhanglosen Ethik. Der Feminismus bringt den Frauen weder Freiheit noch Erfüllung, und er wird Ungerechtigkeiten nicht wiedergutmachen können.«[7]

Alle Gläubigen, Männer und Frauen, sind dazu berufen, sich willig und freudig gemäß unserem Wissen und Vertrauen Gott zu unterwerfen – denn er möchte, dass wir ein gesegnetes Leben führen können. Dieses gesegnete Leben findet man in der Unterordnung unter Gottes liebevolle Ordnungen und Gottes Anweisungen für diese Welt. Unterordnung ist dementsprechend ein Weg zum Segen.

Was ist Unterordnung?

Was glauben Sie, was Unterordnung ist? Manche Menschen glauben ganz zu Recht, Unterordnung bedeutet ein freundliches und rücksichtsvolles Verhalten anderen gegenüber. Aber weit häufiger wird Unterordnung als etwas betrachtet, das einen Menschen erniedrigt oder herabsetzt.

Viele Christen haben nur unklare Vorstellungen von Unterordnung und sind der Meinung, dass Unterordnung etwas mit der Ehe und dem Verhältnis der Ehefrau zu ihrem Mann zu tun hat (was durchaus der Fall ist), vielleicht auch mit der Rolle der Frau in der

Gemeinde (was ebenso stimmt). Aber die Forderung nach Unterordnung ist sehr viel umfassender als diese mageren Anwendungen.

Unterordnung gibt der Autorität eines anderen nach. Der puritanische Prediger Jeremiah Burroughs schrieb: »Sich selbst unten halten, das ist Unterordnung. Die Seele kann sich dann Gott unterordnen, wenn sie sich selbst unter die Macht und Autorität und Überlegenheit stellt, die Gott über sie hat.«[8]

Unterordnung unter Gottes liebevolle Gebote

Selbstverständlich ist die Autorität, der wir nachgeben müssen, Gottes Autorität. Das Evangelium zeigt, dass Jesus Christus in Wahrheit der Herr ist. Christen wissen das. Aber diese Worte sind alles andere als abgedroschen, sie drücken vielmehr den innersten Kern des Evangeliums aus. Der Erzbischof von Sydney, Peter Jensen, stellt das in seinem Buch *»At the Heart of the Universe«* (»Im Herzen des Weltalls«) folgendermaßen dar:

> Es gab einen himmelweiten Unterschied zwischen Jesus und den anderen Propheten der Bibel. Nicht nur, dass Jesus eine Botschaft von Gott brachte; er selbst war der Hauptinhalt der Botschaft, die er brachte. Er kündigte das Himmelreich an, und er enthüllte, dass er selbst der König war. Die Propheten deuteten auf den Christus hin; er nahm ihr Zeugnis für sich in Anspruch. Er war in sich selbst das Licht der Welt, das Brot des Lebens, der Spender lebendigen Wassers, die vollkommene Offenbarung Gottes, unübertroffen und unübertrefflich. *»Wer mich gesehen hat«,* sagt Jesus seinen erstaunten Jüngern, *»hat den Vater gesehen«* (Joh 14,9). Es ist eigentlich nicht verwunderlich, wie die Botschaft zusammengefasst wurde, als diese Jünger nach dem Tod und der Auferstehung Jesu zu predigen begannen: »Jesus Christus ist der Herr.«[9]

Petrus predigte zu Pfingsten vor einer Volksmenge in Jerusalem darüber, dass Jesus Christus der Herr ist: *»Das ganze Haus Israel soll* *nun zuverlässig erkennen, dass Gott ihn sowohl zum Herrn als auch zum Christus gemacht hat, diesen Jesus, den ihr gekreuzigt habt«* (Apg 2,36).

Paulus schrieb in seinen Briefen an die frühen Gemeinden davon, dass Jesus Christus der Herr ist:

> *... der Gestalt nach wie ein Mensch befunden, erniedrigte er sich selbst und wurde gehorsam bis zum Tod, ja, zum Tod am Kreuz. Darum hat Gott ihn auch hoch erhoben und ihm den Namen verliehen, der über jeden Namen ist, damit in dem Namen Jesu jedes Knie sich beugt, der Himmlischen und Irdischen und Unterirdischen, und jede Zunge bekennt, dass Jesus Christus Herr ist, zur Ehre Gottes, des Vaters.* (Phil 2,7b-11)

> *Er hat uns ja das Geheimnis seines Willens zu erkennen gegeben nach seinem Wohlgefallen, das er sich vorgenommen hat in ihm für die Verwaltung bei der Erfüllung der Zeiten; alles zusammenzufassen in dem Christus, das, was in den Himmeln, und das, was auf der Erde ist – in ihm.* (Eph 1,9-10)

Die Botschaft der Bibel ist klar: Jesus Christus ist der Herr! Das ist eine Tatsache. Die Unterordnung des Lebens unter seinen Willen in allen Dingen ist der Schlüssel zu einem Leben in Gottesfurcht für eine gläubige Frau. Es ist außerdem der Weg zur Freude.

Jesus, unser Herr, ist eine andere Art von König, und wir ordnen uns ihm zum Teil dadurch unter, dass wir unser Leben nach seinem Beispiel ausrichten. Als Herr verhielt sich Jesus auf eine Art, die sich von jedem anderen König unterschied, den die Welt je gesehen hat. Er nahm nicht voller Stolz eine Herrschaftsstellung ein, sondern erniedrigte sich selbst. In jenem Obersaal, kurz vor seiner Kreuzigung, schlichtete Jesus einen Streit unter seinen Jüngern darüber, wer unter ihnen der Größte sei, indem er etwas höchst Erstaunliches tat: *»... steht Jesus – im Bewusstsein, dass der Vater ihm alles in die Hände* *gegeben und dass er von Gott ausgegangen war und zu Gott hingehe – von dem Abendessen auf und legt die Oberkleider ab; und er nahm ein leinenes Tuch und umgürtete sich. Dann gießt er Wasser in das Waschbecken und fing an, die Füße der Jünger zu waschen und mit dem leinenen Tuch abzutrocknen, mit dem er umgürtet war«* (Joh 13,3-5).

Anhand dieser Verse sehen wir, dass Jesus Christus keine Identitätskrise hatte. Er wusste genau, wer er war. Er wusste, dass ihm alle Macht gehörte. Er wusste, woher er kam und wohin er ging, und er kannte den Zweck und das Ziel seines Erdenlebens. Seine Demut an diesem Tag und während seines ganzen Lebens beruhte auf dieser Gewissheit.

Das Evangelium gibt uns die gleiche Gewissheit. Als Kinder Gottes wissen auch wir, woher wir kommen und wohin wir gehen. So wie Jesus Christus wissen auch wir, was uns Eigen ist. Es ist die Liebe Gottes, die uns motiviert, dem Beispiel Jesu zu folgen, und die uns fähig macht, die eigenen Pläne für unser Leben aus der Hand zu geben und uns vorbehaltlos Tag für Tag unter die liebevolle Ordnung Gottes zu stellen. John Wesley kannte diese Wahrheit und betete:

> Nimm du völlig Besitz von meinem Herzen. Richte dort deinen Thron auf und regiere in mir, wie du es im Himmel tust. Ich bin durch dich geschaffen, so lass mich auch leben für dich. Ich bin für dich erschaffen, so lass mich auch stets zu deiner Verherrlichung handeln. Ich bin von dir erlöst, so lass dir darbringen, was dein ist, und lass meinen Geist stets an dir allein festhalten.[10]

Wir können uns selbst völlig dem wunderbaren Plan unseres Vaters für uns anvertrauen. Wenn wir uns den Ordnungen unseres Königs unterordnen, dann ordnen wir uns auch den Geboten Gottes unter.

Unterordnung unter die Gebote Gottes

Ein Teil unserer Auflehnung gegen Gott ist das Verlangen, Gottes Plan in der Schöpfungsordnung zu missachten. Aber ein Leben in

Unterordnung unter Gottes Gebote ist ganz wesentlich für ein Leben nach der Ordnung Gottes. Die Autorin Mary Kassian liefert überzeugende Argumente mit folgenden eindringlichen Worten:

> Der Begriff der *Unterordnung* ist der Schlüssel zum Verständnis, denn jeder ist dazu berufen, sich Gott unterzuordnen (Jak 4,7-10; Hebr 12,9), und jeder muss sich früher oder später irgendeiner menschlichen Autorität unterordnen. Gläubige, die sich keiner menschlichen Autorität unterordnen können, können sich auch Gott nicht unterordnen, denn Gott verlangt Unterordnung innerhalb menschlicher Beziehungen. Umgekehrt sind Gläubige ungeeignet für Führungspositionen und nicht in der Lage, menschliche Autorität auszuüben, solange sie nicht gelernt haben, sich anderen unterzuordnen. Unterordnung gilt für jedermann.[11]

Auch hier ist Jesus wieder unser bestes Beispiel. Er lebte in völliger Unterordnung unter Gottes Gebote. In Johannes 8,28-29 wird berichtet: *»Da sprach Jesus zu ihnen: Wenn ihr den Sohn des Menschen erhöht haben werdet, dann werdet ihr erkennen, dass ich es bin und dass ich nichts von mir selbst tue, sondern wie der Vater mich gelehrt hat, das rede ich. Und der mich gesandt hat, ist mit mir; er hat mich nicht allein gelassen, weil ich allezeit das ihm Wohlgefällige tue.«*

Die beiden Aussagen *»Ich tue nichts von mir selbst«* und *»Ich tue allezeit das ihm Wohlgefällige«* sind bezeichnend für Jesu ganzes Leben, von Kindheit an. Im Laufe der Jahre reifte Jesus von einem Kind zu einem Erwachsenen heran. In der Bibel heißt es: *»Und Jesus nahm zu an Weisheit und Alter und Gunst bei Gott und Menschen«* (Lk 2,52). Wir wissen, dass Jesus als Kind, als alleinstehender Mann, als Handwerker, als Staatsbürger gelebt hat. Er musste mit den Schwierigkeiten zurechtkommen, die das Leben in den Begrenzungen dieser Beziehungen mit sich bringt, wenn man sich an den Vorgaben Gottes ausrichtet. Und wir wissen, dass er mitten in seinem Alltag seinem himmlischen Vater in allen Dingen wohlgefiel.

Unser Instinkt ist es, uns selbst zu gefallen. Natürlicherweise wollen wir unsere eigenen Grenzen festlegen, daher lehnen wir uns gegen jede äußere Autorität auf. Aus diesem Grund ist Unterordnung etwas, das wir lernen müssen.

Wenn wir unseren Kindern beibringen, uns zu gehorchen, dann erteilen wir ihnen damit ihre erste Lektion in der Unterordnung unter Gottes Gebot für die Familie. Sie lernen, ihren störrischen Willen am Willen ihrer Eltern auszurichten – und damit letztlich am Willen Gottes.

Der bekannte Kinderpsychiater Dr. Robert Cole berichtet, wie er während seiner Ausbildungszeit an der Kinderklinik in Boston entdeckte, wie wichtig es für ein Kind ist, Gehorsam zu lernen. Er hatte einen 10-jährigen Jungen mit einer angeblichen »Lernbehinderung« als Patient. Das Verhalten des Jungen während der gemeinsamen Sitzungen war unhöflich, ungeduldig, fordernd und unbeherrscht. Dr. Cole versuchte, vernünftig mit ihm zu reden, und hoffte dadurch herauszufinden, warum er sich so verhielt, aber jede Therapiesitzung verstärkte nur seine eigenen Gefühle der Hilflosigkeit. In dieser Weise ging es wochenlang weiter – der Junge machte, was er wollte, und der Arzt hatte keine Ahnung, wie er ihm helfen konnte.

An einem verschneiten Tag kam der Junge an, zog beiläufig seine Schuhe aus und warf sie, voller Schneematsch, wie sie waren, auf den Sessel des Arztes. Dr. Cole erinnert sich, dass er unwillkürlich Zorn in sich aufwallen fühlte, gleichzeitig aber sagte ihm eine innere Stimme, er müsse doch herausfinden, warum der Junge dies getan habe. Der Arzt rang mit seiner Selbstbeherrschung, ging zum Sessel, packte die nassen Schuhe, stellte sie in den Flur und knallte dann die Tür wieder zu. Als der Junge forderte, dass er die Schuhe im Büro haben wolle, rief der Arzt: »Jetzt ist aber Feierabend!«

Das hatten seine eigenen Eltern in seiner Kindheit immer gesagt, wenn ihre Geduld mit seinem Verhalten zu Ende war. Etwas Erstaunliches passierte. Der Junge setzte sich; er sah so zerknirscht aus, wie der Arzt ihn noch nie zuvor gesehen hatte. Dann fragte er, ob er irgendetwas bekommen könne, um die Schweinerei zu beseitigen, die er hinterlassen habe. Und nun endlich konnte der Arzt dem Jungen helfen. Dr. Cole schreibt: »Wir haben Angst, die offensichtlichen Grenzen zu setzen, die ein Kind benötigt; in vielen Fällen meinen wir, dass eine bestimmte psychologische Theorie eine solche Zurückhaltung erfordert. Es ist eine gewisse Ironie: Wenn die moderne Psychiatrie etwas gelernt hat, dann ist es der gesunde Respekt vor den dunklen Seiten unseres Geistes. Man ist sich inzwischen darüber im Klaren, wie wichtig es für uns alle ist, eine vernünftige Art von Autorität über unsere Impulse zu haben, damit sie uns nicht beherrschen und buchstäblich zugrunde richten, ganz zu schweigen von anderen Faktoren, die wir kennen.«[12]

Dr. Cole entdeckte, was die Bibel schon lange lehrt: Wir tun unseren Kindern keinen Gefallen, wenn wir ihnen nicht beibringen, Grenzen und von Gott gegebene Autorität zu beachten.

Als Christen erkennen wir, dass wir unseren Kindern auch beibringen müssen, was diese »dunklen Seiten unseres Geistes« sind – nichts anderes als Auflehnung gegen unseren Schöpfergott. Wie gesegnet ist ein Kind, das diese Erziehung genießen darf, denn sie gibt ihm einen großen Vorsprung in der Unterordnung seines Lebens unter den Willen Gottes.

Wie man sich Gott unterordnet

Unterordnung gilt für jeden Bereich unseres Lebens, und man fängt damit an, indem man das Evangelium an die richtige Stelle, nämlich in den Mittelpunkt der eigenen Gedanken und Worte im Alltag, rückt. Diese Unterordnung ist ein ständiger Prozess, eine tägliche Entscheidung, Gottes Wege über unsere eigenen Wege zu stellen. Wir werden diese Entscheidung unser ganzes Leben lang immer wieder aufs Neue treffen müssen.

In diesem Zusammenhang hatte ich ein für mich sehr peinliches Erlebnis mit meiner erwachsenen Tochter Holly. Wir beide standen enttäuscht an einer Ladentheke. Hollys Schwiegereltern hatten sich zu Besuch über die Weihnachtstage angemeldet, und es war nur noch eine Woche Zeit. Die Tapete, die Holly drei Monate zuvor bestellt hatte, war immer noch nicht da – und das nur wegen der Unfähigkeit dieses Ladens.

Es tat mir so leid für Holly, und ich fand es fürchterlich, dass man sie so hängen ließ. Während wir auf den Angestellten warteten, der nur wieder mit einer weiteren schwachen Ausrede kommen würde, war ich schon auf hundertachtzig und bereit, dem Angestellten mal richtig meine Meinung zu sagen. Holly unterbrach mich mitten im Satz und legte sanft ihre Hand auf meinen Arm. »Mama«, sagte sie, »wir wollen doch anders sein. Lass uns doch wie Christen handeln!«

Ich schämte mich sehr – doch ich freute mich auch. Meine Tochter verhielt sich so, wie ich es ihr all die Jahre lang beigebracht hatte – sie ordnete all diese dunklen Impulse im täglichen Leben Gottes Willen unter. Sie praktizierte die Unterordnung unter das Evangelium – und das machte sie an jenem Tag besser als ich!

Bedenken Sie all diese Rollen, in denen wir uns in biblischer Weise einer Autorität unterordnen müssen: als Kind, als Angestellte, als Staatsbürger, als Ehefrau, als Gemeindemitglied und als Kind Gottes! Und für jeden dieser Bereiche gibt uns die Bibel Hilfen zur Unterordnung.

Blicke auf Jesus!

Jesu Gebet im Garten Gethsemane ist ein wunderbares Beispiel, wie wir uns Gottes Willen unterordnen können: *»Der hat in den Tagen seines Fleisches sowohl Bitten als auch Flehen mit starkem Geschrei und Tränen dem dargebracht, der ihn aus dem Tod retten kann, und ist um seiner Gottesfurcht willen erhört worden«* (Hebr 5,7).

Wir lernen zwei Dinge am Beispiel des Herrn Jesus. Erstens, dass der stets sündlose Sohn Gottes beten musste, um zu gehorchen. Wie viel mehr müssen sündige Menschen sich auf das Gebet stützen, um zum Gehorsam zu kommen!

Zweitens erhörte der Vater das Gebet aufgrund von Jesu Gottesfurcht. Ist das nicht überwältigend? Sogar für die Gottheit selbst war gottesfürchtige Unterordnung wesentlich.

Auch bei Matthäus lesen wir von dem Gebet im Garten Gethsemane: *»Und er ging ein wenig weiter und fiel auf sein Angesicht und betete und sprach: Mein Vater, wenn es möglich ist, so gehe dieser Kelch an mir vorüber! Doch nicht wie ich will, sondern wie du willst«* (Mt 26,39). Dieses Gebet lässt Jesu ausgeprägten Wunsch zur Unterordnung unter den Willen Gottes um jeden Preis deutlich erkennen. Er zeigt uns, dass der Wille Gottes wichtiger ist als das Leben selbst. Verstehen wir diese Wahrheit? Glauben wir sie?

Ist der Wille Gottes wichtiger als unser Leben? Es ist so natürlich, dass wir uns den Auffassungen der Welt anpassen. Wir wollen unbedingt weiterhin die Kontrolle über unser Leben haben, sodass wir die Warnung des Herrn Jesus in Lukas 9,24 völlig vergessen: *»Denn wer sein Leben retten will, wird es verlieren; wer aber sein Leben verliert um meinetwillen, der wird es retten.«*

In Wirklichkeit werden die meisten von uns für den Glauben an das Evangelium nicht tatsächlich ums Leben kommen. Wir werden allerdings immer wieder vor die Entscheidung gestellt, zwischen Gottes Willen und unserem eigenen Willen zu entscheiden. Was wir dabei »verlieren«, ist unser eigener Wille. Daher müssen wir erkennen, dass unser Training in der Unterordnung nicht ohne inständiges Gebet vonstattengeht.

Löst das Wort *Unterordnung* ein unbehagliches Gefühl in Ihnen aus? Nehmen Sie es dennoch wieder in Ihren Wortschatz auf! Wenn wir als Frauen ein Leben in der Gottesfurcht anstreben, dann ist die Grundlage dafür die alltägliche Unterordnung unseres Willens unter die liebevollen Regeln Gottes. Weisen Sie die wohlbekannten Stimmen zurück, die Ihnen einreden wollen, dass Ihre eigenen Bedürfnisse an erster Stelle stehen, dass Sie Ihre eigenen Interessen und Rechte schützen müssen, dass Sie sich aus den gottgegebenen Begrenzungen befreien müssen! Forschen Sie im Wort Gottes und entdecken Sie, wie Jesus sich unterordnete – und folgen Sie seinem Beispiel! Denn Jesus Christus ist der Herr.

Liebe Schwestern, wir müssen uns selbst darin üben, uns Gottes liebevollen Regeln und Ordnungen unterzuordnen – denn dies ist Gottes Wille im Evangelium.

Denkanstöße

- Inwiefern geht die feministische Definition von *Unterordnung* in Bezug auf das Christentum am Ziel vorbei?
- Wem müssen sich alle Gläubigen unterordnen (Joh 14,9; Apg 2,36; Phil 2,8-11; Eph 1,9-10; Jak 4,7-10; Hebr 12,9.)? Was bedeutet es für Sie persönlich, Jesus als Herrn angenommen zu haben?
- Inwieweit unterscheidet sich Jesus Christus als Herrscher von jeder Art König auf dieser Welt? Lesen Sie Johannes 13,3-4! Zu welchen anderen Zeiten nahm Jesus in seinem Leben die Rolle des Dieners an?
- Wie ordnete Jesus sich Gott unter, während er auf der Erde lebte (siehe Joh 8,27-30)? Wie kann Jesus ein Vorbild der Unterordnung unter den Willen Gottes für Sie sein?
- Jesus stellte fest, dass Gehorsam gegenüber Gottes Willen intensives Gebet erforderlich macht (Mt 26,39). Wie sollte Ihr Gebet um die Hilfe Gottes auf diesem Gebiet aussehen? Wenn Sie eine Gebetsliste haben, dann fügen Sie noch die Bitte hinzu, dass Gott Ihnen helfen möge, indem er Ihnen einen Geist der Unterordnung schenkt!

4

Gebet

Kraftquelle der Hingabe

»Mit allem Gebet und Flehen betet zu jeder Zeit im Geist, und wachet hierzu in allem Anhalten und Flehen für alle Heiligen.«
(Eph 6,18)

Warum sollen wir beten? Neben all den bekannten geistlichen Aufrufen zum Gebet gibt es noch zwei gewichtige menschliche Gründe, warum wir beten sollten. Der erste: Es ist eine Tatsache, dass das Gebet die Kraftquelle für Wachstum und Beständigkeit in unserem geistlichen Leben ist. Genau wie ein neu eingepflanzter Same die Sonne braucht, um heranzuwachsen, benötigen wir die »Sonne der Gerechtigkeit« um nicht zu einem geistlichen Zwergenwuchs zu verkümmern.

Der zweite Grund besteht darin, dass Gebet unseren Willen zu Gottes Willen hinneigt – und darum geht es schließlich, wenn wir unser Leben ihm unterordnen. Ich hatte das nie wirklich verstanden, bis ich die Erklärung von E. Stanley Jones, einem Missionar und Mann des Gebetes, hörte: »Wenn ich einen Bootshaken vom Boot aus werfe, ein Stück Festland zu fassen kriege und dann ziehe, ziehe ich dann die Küste zu mir heran oder ziehe ich mich selbst an die Küste heran? Gebet bedeutet nicht, Gott an meinen Willen heranzuziehen, sondern meinen Willen dem Willen Gottes anzugleichen.«[13] Beim Gebet geht es also nicht darum, Gottes Willen meinen Bitten anzugleichen; vielmehr bedeutet es, dass mein Wille geformt wird, bis er mit seinem Willen übereinstimmt.

Welche verlockenden Vorteile! Allerdings schlagen nur wenige Gewinn aus der Gelegenheit, von diesem »Heimatstützpunkt« die

Kraft zu ziehen, die wir brauchen, um weiterzumachen oder um unseren Willen dem Willen Gottes zuzuneigen. Warum haben so viele Frauen Probleme mit einer persönlichen Gebetszeit? Hauptsächlich liegt es daran, dass sie nicht wissen, wie sie die Disziplin in ihrem persönlichen geistlichen Leben verbessern können. Aber diese Lehren werden gläubigen Frauen, die ihr Leben am Evangelium ausrichten möchten, sehr willkommen sein.

Bevor wir uns weiter mit dieser Materie beschäftigen, möchte ich von Anfang an klarstellen, dass das Gebetsleben nicht auf ein paar einfache Regeln begrenzt werden kann. Diese Gebiete der geistlichen Erfahrungen sind viel zu dynamisch und persönlich, um sie auf einen kleinen gemeinsamen Nenner zu bringen. Was für den einen gut ist, muss für den anderen nicht ebenso gut sein.

Außerdem wollen wir fünf Gesichtspunkte in Bezug auf die Kommunikation mit Gott während der persönlichen Gebetszeit betrachten (betendes Nachdenken, Bekenntnis, Anbetung, Hingabe, Bitte/Fürbitte). Dabei gibt es keine vorgeschriebene Reihenfolge. Die Umstände des Lebens verlangen es manchmal, dass wir uns mit dem Stoßgebet »Herr, hilf mir!« unmittelbar in die Bitte begeben. (Damit beginne ich sehr häufig.) Zu anderen Zeiten wiederum verbringt man nahezu die ganze Zeit im Bekenntnis, im betenden Nachdenken oder in der Anbetung.

Betendes Nachdenken (Meditation)

Die Meditation oder Betrachtung eines Christen ist nicht diese »transzendentale« Art der Meditation, bei der im Lotussitz Mantras gemurmelt werden. Christen werden nicht aufgefordert, ihren Geist zu leeren. Meditation oder betendes Nachdenken beginnt mit dem aufmerksamen Hören auf Gottes Wort. Die Worte der Bibel sollen nicht nur gelesen, sondern auch gehört werden. Sie sollen ins Herz dringen. In Psalm 40,9 heißt es: *»Dein Wohlgefallen zu tun, mein Gott, ist meine Lust; und dein Gesetz ist tief in meinem Innern.«*

Zum betenden Nachdenken gehören auch Worte. Wenn der Psalmist davon spricht, dass er Tag und Nacht über das Gesetz Gottes *nachdenkt* (Psalm 1,2), dann benutzt er ein Wort, das eigentlich »murmeln, vor sich hinsagen« bedeutet. Wenn man Gottes Wort im Gebet wieder an ihn zurück richtet, dann betet man mit der geöffneten Bibel, und dann prägt man sich das Wort Gottes gleichzeitig ins Gedächtnis ein. So sollten wir also einerseits die Bibel systematisch lesen, andererseits aber auch wesentliche Bibelstellen heraussuchen, die wir ehrfurchtsvoll aussprechen.

Als meine Kinder noch klein waren, lernte ich zu diesem Zweck Philipper 4,6-7 auswendig: *»Seid um nichts besorgt, sondern in allem sollen durch Gebet und Flehen mit Danksagung eure Anliegen vor Gott kundwerden; und der Friede Gottes, der allen Verstand übersteigt, wird eure Herzen und eure Gedanken bewahren in Christus Jesus.«*

Durch das Auswendiglernen wiederholte ich zwangsläufig immer wieder so wesentliche Sätze wie: *»Seid um nichts besorgt«*, und ich dachte: »Danke, Herr, für den Frieden, den du verheißen hast.« Ich ließ also alle meine Anliegen *»vor Gott kundwerden«*.

Sie können mit einem einzelnen Vers oder einem kurzen Abschnitt beginnen. Es gibt auch längere wichtige Abschnitte, die wie geschaffen sind für das betende Nachdenken, wie zum Beispiel die Zehn Gebote, die Seligpreisungen und das Vaterunser. Wenn man langsam und mit einem betenden Herzen diese Bibelstellen betrachtet, dann sind Augen, Ohren und Mund damit befasst, und das Wort Gottes dringt bis ins Herz. Eine solche Meditation, ein betendes Nachdenken, bewirkt:

Erquickung (Belebung) – *»Das Gesetz des HERRN ist vollkommen, es erquickt die Seele«* (Ps 19,8a).

Weisheit – *»Das Zeugnis des HERRN ist zuverlässig, es macht den Einfältigen weise«* (Ps 19,8b). *»Wie liebe ich dein Gesetz! Es ist mein Nachdenken den ganzen Tag. Dein Gebot macht mich weiser als meine Feinde. Denn ewig ist es mein!«* (Ps 119,97-98).

Wachsender Glaube – »*Also ist der Glaube aus der Verkündigung, die Verkündigung aber durch das Wort Christi*« (Röm 10,17).

Wie also können wir meditieren? Die Bibel sagt, wir sollen ständig meditieren, also Tag und Nacht über das Wort Gottes nachdenken (Ps 1,2; Ps 119,97.148; Ps 63,6). Am besten macht man das Nachdenken über Gottes Wort zu einem Teil der persönlichen Andacht, der Stillen Zeit mit Gott. Aber selbst ein straffer Tagesplan kann mit biblischer Meditation gespickt werden – im Auto, in der Mittagspause, beim Warten auf den Bus. Schreiben Sie einen Bibelvers auf eine Karte und stecken Sie sie in die Tasche oder in Ihr Portemonnaie! In einem ruhigen Augenblick können Sie die Karte hervorholen und den Bibelvers leise vor sich hinsagen. Lernen Sie ihn auswendig! Beten Sie ihn! Sagen Sie ihn laut! Teilen Sie ihn mit anderen Menschen!

Bekenntnis

Bekenntnis kann jederzeit stattfinden. Im Idealfall sollte das Bekennen sofort erfolgen, wenn wir gesündigt haben. Aber meistens sind wir zu stolz und zu emotionsgeladen, um unsere Sünde einzugestehen, wenn wir sie gerade begangen haben – zum Beispiel, wenn wir in einem Streit wütend werden. Aber eine Gebetszeit wird unmöglich, wenn wir mit Schuld beladen sind.

Wenn Sie das Bekenntnis Ihrer Sünden vor Gott zunächst hinausschieben, dann müssen Sie in Ihrer Stillen Zeit als Erstes Ihre Schuld bekennen. Bei mir geschieht es in der Tat nur selten, dass ich mein Gebet mit irgendetwas anderem als mit Bekenntnis beginne. Ich bin so geschickt beim Sündigen und kann meine Schuld erst zugeben, wenn es unbedingt sein muss. Wenn man im Gebet zu Gott kommt, ist es unbedingt nötig, seine Sünden zu bekennen.

Wenn man über Bibelverse nachdenkt, dann können verborgene Sünden ans Licht kommen, sodass Sie in Ihrer Andachtszeit vielleicht mehrmals Schuld bekennen müssen. Psalm 139, in dem der Psalmdichter Gottes Allmacht und Gottes Allwissenheit betrachtet, endet mit der Bitte, dass Gott seine Seele erforschen möge: »*Erforsche mich, Gott, und erkenne mein Herz. Prüfe mich und erkenne meine Gedanken! Und sieh, ob ein Weg der Mühsal bei mir ist, und leite mich auf dem ewigen Weg!*« (Ps 139,23-24).

Bis jetzt ging es um das spontane Schuldbekenntnis vor Gott, wenn einem Sünden bewusst werden. Aber ihre Disziplin im Gebet sollte auch ein gewisses systematisches Bekenntnis umfassen. Wir müssen unser Leben regelmäßig im Licht von Römer 3,9-20 betrachten. Diese Bibelstelle macht deutlich, dass jedes Gebiet unseres Lebens von der Sünde verseucht ist. Wenn mein Mann unsere Gemeinde zum Sündenbekenntnis anleitet, dann lenkt er häufig unsere Aufmerksamkeit auf diese Wahrheit, indem er uns dahin führt zu bekennen, dass wir Sünder sind in Gedanken und Worten und Werken.

Gedanken: »*Da ist kein Gerechter, auch nicht einer; da ist keiner, der verständig ist; da ist keiner, der Gott sucht. Alle sind abgewichen, sie sind allesamt untauglich geworden; da ist keiner, der Gutes tut, da ist auch nicht einer*« (Röm 3,10-12).

Worte: »*Ihr Schlund ist ein offenes Grab; mit ihren Zungen handelten sie trügerisch. Viperngift ist unter ihren Lippen. Ihr Mund ist voll Fluchens und Bitterkeit*« (Röm 3,13-14).

Werke: »*Ihre Füße sind schnell, Blut zu vergießen; Verwüstung und Elend ist auf ihren Wegen, und den Weg des Friedens haben sie nicht erkannt*« (Röm 3,15-17).

Ich sage nicht, dass wir einfach nur vor Gott versagen; sondern vielmehr, dass unsere Sünde auf jeden Teil unseres Daseins eine erhebliche Auswirkung hat. Wenn wir dieses Verständnis von Schuld ernsthaft durchdenken, können wir bestimmte Sünden auf jedem dieser Gebiete besser erkennen und bekennen – und zwar Sünden, die wir begangen haben, ebenso wie die sündhafte Unterlassung.

Die Wichtigkeit des Bekenntnisses kann nicht überschätzt werden. »*Wenn ich es in meinem Herzen auf Götzendienst abgesehen hätte, so würde der Herr nicht hören*« (Ps 66,18; siehe auch Spr 28,13). Nicht bekannte Schuld treibt uns dazu, gar nicht erst zu beten, denn Gott scheint so weit entfernt zu sein. Das Bekenntnis der Schuld jedoch stellt die Gemeinschaft mit dem Herrn wieder her und bringt uns wieder in seine Gunst.

Anbetung

Das Nachdenken über Gottes Wort und Schuldbekenntnis mündet ein in die Anbetung Gottes – wenn wir Gott sagen, was wir an ihm schätzen. Verehrung und Ehrfurcht – die häufig fehlen – sollten immer unsere Zeit mit Gott kennzeichnen. Außer Ehrfurcht benötigen wir auch Konzentration. Das bedeutet, dass unser Geist vollständig beteiligt sein muss. Das ist übrigens der beste Grund dafür, die Stille Zeit in dem Tagesabschnitt einzuplanen, zu dem man sich persönlich am frischesten und aufmerksamsten fühlt.

Ehrfurcht vor Gott macht uns unseren eigenen demütigen Zustand bewusst. Demut führt zur Anbetung. Wenn ich mich lobend über eine Freundin oder ein Enkelkind äußere, dann zeige ich damit Anerkennung für die jeweilige Person. »Gut gemacht!«, sage ich, wenn er oder sie ein bestimmtes Ziel erreicht hat oder auf irgendeinem Gebiet gute Arbeit geleistet hat. Oder ich sage: »Du bist immer so freundlich«, oder: »Ach, das war wirklich großzügig von dir!« Genauso geht es mit Gott. Ich sage ihm, was ich an ihm so schätze. Lobpreis ist das, womit wir in der Ewigkeit beschäftigt sein werden, mit Worten wie: *»Du bist würdig, unser Herr und Gott, die Herrlichkeit und die Ehre und die Macht zu nehmen, denn du hast alle Dinge erschaffen, und deines Willens wegen waren sie und sind sie erschaffen worden«* (Offb 4,11).

Das Herzstück der Anbetung ist nachdenkende Betrachtung, insbesondere das Nachsinnen über Gott, wie er in seiner Schöpfung erkannt werden kann. Die Psalmen suggerieren niemals, dass Gott im pantheistischen Sinn in seiner Schöpfung wäre; aber sie sprechen davon, dass seine Herrlichkeit in seinen geschaffenen Werken zu sehen ist. Psalm 19 schreibt beim Anblick eines großen Gewitters die Ehre Gott zu. Psalm 19 beginnt: *»Der Himmel erzählt die Herrlichkeit*

Gottes, und das Himmelsgewölbe verkündet seiner Hände Werk. Ein Tag sprudelt dem anderen Kunde zu, und eine Nacht meldet der anderen Kenntnis« (Ps 19,2-3). Höre darauf, wie Gott durch die Schöpfung spricht, sagt der Psalmdichter. Diese Sicht wird ergänzt in Psalm 139, der Gottes Allwissenheit (Verse 1-6), Allgegenwart (Verse 7-12) und Allmacht (Verse 13-16) in der Erschaffung des menschlichen Geistes und Körpers darstellt.

Hat Sie die Natur jemals »sprachlos vor Staunen« gemacht?[14] Zu solchen Zeiten strahlt die Natur die Herrlichkeit Gottes aus. Wenn Sie schon einmal die Macht eines Gewitters im mittleren Westen der USA erlebt haben, dann wissen Sie, was ich meine. Während ich in meinem sommerlichen Garten in Wisconsin das Unkraut jätete, sah ich von Westen her einige unheilvolle schwarze Wolken wie eine Welle aufziehen, die alles verschlang, was ihr in die Quere kam. Das Gewitter kam mit einer solchen plötzlichen Heftigkeit, dass meine achtzigjährige Mutter, meine kleinen Enkeltöchter und ich zum Haus rannten. Wir standen unter dem Vordach und beobachteten, wie das Gewitter den blauen Himmel in Richtung Osten verschluckte. Blitze zuckten rings um uns herum. Meine Mutter war so von Ehrfurcht erfüllt, dass sie sich ihren Fotoapparat schnappte. Sie hat Bilder, die von diesem Ereignis zeugen, das uns in Anbetung ausbrechen ließ vor Gottes Ehrfurcht gebietender Macht in der Schöpfung.

Anhand der Bibel haben Theologen ungefähr zwanzig Eigenschaften Gottes herausgearbeitet. Über diese Eigenschaften nachzudenken, ist ein wertvoller Ansatz für den Lobpreis Gottes. Wenn Sie sich an zwanzig aufeinander folgenden Tagen mit einem Buch wie zum Beispiel J. I. Packer, *Gott erkennen*, ein Buch über die Eigenschaften Gottes, beschäftigen, dann werden Sie Erkenntnisse gewinnen, die sowohl Ihren Geist als auch Ihre Seele beflügeln.[15]

Die tiefgehende Anbetung geschieht durch das gesprochene Wort. Manchmal ertappe ich mich auch beim Singen – selbst meine schrägen Melodien drücken das Lob Gottes aus. Beten, lesen oder singen Sie das Wort Gottes zu seiner Ehre. Die Psalmen sind hervorragend dazu geeignet, denn sie sind ein Handbuch der Anbetung. Doch auch im Neuen Testament gibt es einige wunderschöne Loblieder, so wie zum Beispiel der Lobgesang der Maria (Lk 1,46-55). Dieser Abschnitt gehört zu meinen Lieblingsliedern.

Auch die traditionellen Gemeindelieder und die schönen neueren Lieder, die auf Bibelversen basieren, sind eine Quelle der Anbetung in Form von Musik. Machen Sie nicht den Fehler, diese reiche Quelle theologischer Erkenntnis und Anbetung zu vernachlässigen. Sie sind unser Erbe!

Hingabe

Die Anbetung führt uns auf natürliche Weise zur Hingabe unseres Leibes, unseres ganzen Lebens, zu einer allumfassenden Haltung des Gebets. Jesaja sprach folgendermaßen von seiner großartigen Erfahrung mit Gott: *»Hier bin ich, sende mich!«* (Jes 6,8). Ähnlich formuliert es der Apostel Paulus. Nachdem er zunächst schreibt: *»Denn aus ihm und durch ihn und zu ihm hin sind alle Dinge! Ihm sei die Herrlichkeit in Ewigkeit! Amen«* (Röm 11,36), führt er uns unmittelbar darauf zur Hingabe: *»Ich ermahne euch nun, Brüder, durch die Erbarmungen Gottes, eure Leiber darzustellen als ein lebendiges, heiliges, Gott wohlgefälliges Opfer, was euer vernünftiger Gottesdienst ist«* (Röm 12,1).

Unsere Anbetungszeit soll ständig und bewusst jede Facette unserer Persönlichkeit, jedes Ziel, jede Beziehung und jede Hoffnung Gott darbringen. Hingabe an den Willen Gottes ist das echte Herzstück der Gebetszeit.

Bitte

Betendes Nachdenken, Bekenntnis, Anbetung und Hingabe bereiten uns darauf vor, dass wir unsere Bitte und Fürbitte vor Gott bringen können. Fünf Dinge sind notwendig, um die Kraft der Bitte und Fürbitte im Gebet vollkommen ausschöpfen zu können.

Im Geist

Das Erste ist das Beten im Geist. Im Römerbrief erklärt Paulus: *»Ebenso aber nimmt auch der Geist sich unserer Schwachheit an; denn wir wissen nicht, was wir bitten sollen, wie es sich gebührt, aber der Geist selbst verwendet sich für uns in unaussprechlichen Seufzern. Der aber die Herzen erforscht, weiß, was der Sinn des Geistes ist, denn er verwendet sich für Heilige Gott gemäß«* (Röm 8,26-27).

Der in uns wohnende Heilige Geist vollbringt beides: Er betet für uns, und er verbindet sich mit uns in unserem Gebet, in dem er unsere Gebete mit seinem Gebet erfüllt, sodass wir »im Geist beten« können. Judas 20 fordert uns auf, dieses Phänomen noch tiefer zu erfahren: *»Ihr aber, Geliebte, erbaut euch auf eurem heiligsten Glauben, betet im Heiligen Geist.«* Das Gebet im Geist ist der Wille Gottes für uns, und er ermächtigt uns dazu, seinen Willen zu tun, wenn wir ihn wirken lassen.

Zwei übernatürliche Dinge passieren, wenn wir im Geist beten. Erstens teilt uns der Heilige Geist mit, wofür wir beten sollten, und das tut er durch die Heilige Schrift. Wenn er uns zeigt, an welchen Stellen Gebet benötigt wird, gibt er uns auch die uneingeschränkte Überzeugung, dass diese Dinge Gottes Willen entsprechen.

Ich habe das erfahren, als ich für meine Tochter im Teenageralter gebetet habe. Ich machte mir damals Sorgen darüber, dass sie sich geistlich nicht auf dem richtigen Weg befand, und ich fürchtete, dass sie eine Entscheidung mit lebenslangen Konsequenzen treffen könnte. Ich kniete nieder, die geöffnete Bibel vor mir, und ich las und betete. In 1. Johannes las ich folgende Worte: *»Denn alles, was aus Gott geboren ist, überwindet die Welt; und dies ist der Sieg, der die Welt überwunden hat: unser Glaube«* (1Jo 5,4). Ich wusste sofort, dass ich das in diesem Moment nicht erlebte, denn ich war voller Furcht und Sorgen – alles andere als siegreich oder Überwinder. Ich bekannte meine Sünde und las weiter: *»Und dies ist die Zuversicht, die wir zu ihm haben, dass er uns hört, wenn wir etwas nach seinem Willen bitten. Und wenn wir wissen, dass er uns hört, was wir auch* *bitten, so wissen wir, dass wir das Erbetene haben, das wir von ihm erbeten haben. Wenn jemand seinen Bruder sündigen sieht, eine Sünde nicht zum Tod, soll er bitten, und* ***er wird ihm das Leben geben***« (1Jo 5,14-16; Hervorhebung durch die Autorin).

Ich wusste nicht, was eine Sünde »*zum Tod*« ist, aber ich war mir ziemlich sicher, dass meine Tochter sie nicht begangen hatte. Diese Bibelstelle zeigte mir, dass ich im Vertrauen beten konnte für das, was für meine Tochter im wichtigsten war – Gottes Wille und ihr geistliches Leben. Diese Verse enthielten die Verheißung, dass meine Gebete ihr das Leben bringen würden. Wie und wann Gott seinen Willen zum Tragen bringen würde, das war seine Sache; aber meine Entscheidung war es, ihm zu vertrauen, dass er das tat, was er versprochen hatte. Und wie ich gebetet habe! Der Geist Gottes hatte durch die Heilige Schrift meine Gebete geprägt.

Ein weiterer Nutzen des Gebets im Heiligen Geist besteht darin, dass uns die Macht des Heiligen Geistes im Gebet zugänglich wird, sodass müde, sogar schwache und gebrechliche Körper Kraft bekommen und die Niedergeschlagenen ermächtigt werden, kraftvoll und überzeugt für das Werk Gottes zu beten. Genau das ist auch bei mir geschehen; ich erhob mich von jener Gebetszeit mit einem Frieden und einer Zuversicht, die ich monatelang nicht erfahren hatte.

Ständiges Gebet

Das zweite Element ist die anhaltende Bitte bzw. Fürbitte – »*zu jeder Gelegenheit*« (siehe Apg 1,14; 2,42; 1Thes 5,17; Phil 4,6).

Ist ständiges Gebet überhaupt möglich? Ja und nein. Es ist unmöglich, ständig im Dialog zu sein, während wir arbeiten oder zu anderen Gelegenheiten. Aber das Gebet, das hier erwartet wird, besteht nicht unbedingt aus ausgesprochenen Worten, sondern vielmehr handelt es sich um eine Einstellung des Herzens.

Der unerschütterliche mittelalterliche Mönch Bruder Lorenz, der im 17. Jahrhundert, zur Zeit des Dreißigjährigen Krieges, lebte, beschrieb seine Erfahrungen mit dem ständigen Gebet in dem alten

Klassiker *»In Gottes Gegenwart«* so: »Im Lärm und im Geklapper meiner Küche, während mehrere Leute gleichzeitig nach verschiedenen Dingen verlangen, besitze ich Gott in großer Ruhe, so als ob ich auf den Knien läge.«[16]

Susannah Wesley, Mutter von 19 Kindern (unter anderem von dem Theologen Charles Wesley und dem Liederdichter John Wesley) pflegte die Gegenwart des Herrn auch mitten in ihrer geschäftigen Küche zu genießen, indem sie sich einfach niedersetzte und ihre Schürze über den Kopf zog. So schaffte sie einen Ruheplatz, auch wenn er noch so klein war, um Gemeinschaft mit ihrem Herrn zu haben.

Ihr Sohn John schrieb über den Menschen des Gebets: »Sein Herz ist stets zu Gott erhoben, allezeit und an allen Orten. Dabei kann er nie gehindert oder gar unterbrochen werden, von keinem Menschen und keinem Ding. ... Sein Herz ist stets beim Herrn. Ob er sich niederlegt oder aufsteht, Gott ist in allen seinen Gedanken; er wandelt ständig mit Gott.«[17]

Dieses Leben im ständigen Gebet ist nicht nur für eine geistliche Elite gedacht, sondern für uns alle. Ständiges Gebet ist Gottes Wille für jeden Christen – ohne Ausnahme. Wir sollen immer den Herrn im Blick haben, selbst wenn wir zur Arbeit fahren oder die Wohnung putzen.

Vielgestaltiges Gebet

Der dritte Gesichtspunkt des bittenden Gebets ist die Vielgestaltigkeit – *»mit allem Gebet und Flehen«*. Paulus schrieb an Timotheus: *»Ich ermahne nun vor allen Dingen, dass Flehen, Gebete, Fürbitten, Danksagungen getan werden für alle Menschen«* (1Tim 2,1). Ein vielgestaltiges Gebet erwächst aus dem ständigen Gebet, denn wenn wir ständig beten, verlangen die unterschiedlichen Situationen, denen wir begegnen, auch verschiedenartiges Gebet – Bitten, um Versuchungen zu widerstehen; Bitten um Weisheit, um Kraft, um Selbstbeherrschung, um Bewahrung für andere, um Wachstum, um Überzeugung.

Anhaltendes Gebet

Der vierte Aspekt des effektiven Bittgebets ist Beharrlichkeit. »*Mit allem Gebet und Flehen betet zu jeder Zeit im Geist, und wachet hierzu in allem Anhalten und Flehen für alle Heiligen*« (Eph 6,18). In einem seiner Gleichnisse stellt der Herr Jesus in einem Bild dar, was er von allen Gläubigen erwartet:

> *Er sagte ihnen aber auch ein Gleichnis dafür, dass sie allezeit beten und nicht ermatten sollten, und sprach: Es war ein Richter in einer Stadt, der Gott nicht fürchtete und vor keinem Menschen sich scheute. Es war aber eine Witwe in jener Stadt; und sie kam zu ihm und sprach: Schaffe mir Recht gegenüber meinem Widersacher! Und eine Zeit lang wollte er nicht; danach aber sprach er bei sich selbst: Wenn ich auch Gott nicht fürchte und vor keinem Menschen mich scheue, so will ich doch, weil diese Witwe mir Mühe macht, ihr Recht verschaffen, damit sie nicht am Ende kommt und handgreiflich wird.* (Lk 18,1-5)

Am Ende der Bergpredigt forderte Jesus seine Nachfolger zur Beharrlichkeit im Gebet auf: »*Bittet, und es wird euch gegeben werden; sucht, und ihr werdet finden; klopft an, und es wird euch geöffnet werden!*« (Mt 7,7). Diese Worte bedeuten eigentlich: »*Hört nicht auf zu bitten, und dann wird euch gegeben; hört nicht auf zu suchen, und dann werdet ihr finden; hört nicht auf zu klopfen, und dann wird euch geöffnet werden.*« Diese Beharrlichkeit hatte Paulus im Sinn, als er schrieb: »*Betet dabei zu jeder Zeit ... Seid wachsam darin und hört nicht auf, für alle Gläubigen zu beten*« (Eph 6,18; NeÜ). Gott beantwortet anhaltendes Gebet.

Fürbittendes Gebet

Der fünfte Gesichtspunkt beim bittenden Gebet ist das fürbittende Gebet – »*für alle Heiligen*«, das bedeutet, für die, die an Jesus Christus glauben. Ich bete am liebsten für andere, indem ich Gebete aus der Bibel benutze. Damit kann ich in einer Weise für andere beten, wie ich selbst es nicht ausdrücken könnte. Einige dieser Gebete sind zum Beispiel Epheser 1,17-19 und 3,16-19; Philipper 1,9-11 und Kolosser 1,9-10.

Das fürbittende Gebet für andere Menschen bringt Gnade in ihr Leben. Nur wenige Menschen wissen zum Beispiel, dass die erstaunlichen Leistungen von William Carey in Indien durch seine bettlägerige Schwester bestärkt wurden, die über fünfzig Jahre lang für ihn betete.

Wie das Gebet erhört wird

Der fünffache Wegweiser zum bittenden Gebet ist herrlich: Gebet im Geist, ständiges Gebet, vielgestaltiges, anhaltendes und fürbittendes Gebet. Wir fühlen uns davon schnell herausgefordert und motiviert, aber um es in unserem Leben umzusetzen, müssen wir ganz praktisch werden.

Unser Gemeindebrief hilft mir zum Beispiel, dass ich immer für Menschen außerhalb meiner engsten Verwandtschaft bete. Jede Woche finde ich im Gemeindebrief die Namen der Kranken und der Trauernden, eine missionarische Arbeit wird vorgestellt, man erfährt von Gemeindeprojekten, die finanzielle Unterstützung brauchen. Der Gemeindebrief dient als großartige aktuelle und gebrauchsfertige Gebetsliste.

Laura Klenk war eine sehr eifrige Beterin. Ihre Schwiegertochter berichtete mir, dass ihre Methode ganz einfach war. Wenn sie von einem Gebetsanliegen erfuhr, schrieb sie es auf ihre Gebetsliste. Diese Liste bestand aus einer Anzahl von langen schmalen Papierstreifen (ungefähr 8 × 30 Zentimeter), die leicht in ihre Handtasche passten. Sie fügte ständig Streifen hinzu, die sie dann mit Büroklammern an der bereits vorhandenen Liste befestigte. Sie entfernte nur selten einen Streifen davon. Im Laufe der Zeit bekam das Bündel Eselsohren und sah sehr abgenutzt aus.

Sie verbrachte regelmäßig viele Stunden zu Hause im stillen Gebet und ging dabei ihre Liste durch. Wenn ihre Schwiegertochter zu Besuch kam, saß Laura meistens mit ihrer Bibel und der Gebetsliste da. Sie hatte die Liste in ihrer Tasche, sodass sie sie immer zur Hand hatte, und so nutzte sie jede Wartezeit, zum Beispiel beim Arzt. Wenn man sie bat, für etwas zu beten, dann konnte man sicher sein, dass sie wirklich betete. Und sie vergaß auch nie nachzufragen, was ihr Gebet bewirkt hatte. Sie hielt tatsächlich immer Ausschau nach Gottes Antworten und Gottes Handeln und war begeistert, wenn sie sein Eingreifen sah, das viele von uns vielleicht übersehen hätten.

Jede gläubige Frau sollte für ihre Familie beten. Eine Liste mit den Gebetsanliegen der Familienmitglieder ist eine Notwendigkeit. Andernfalls versäumt man so leicht, für Einzelheiten zu beten, und betet dann nur ganz allgemein: »Herr, bitte segne Susi.«

Meine Gebetsliste hält meine abschweifenden Gedanken im Zaum, und sie hilft mir auch, nicht nur für das zu beten, was mir selbst wichtig ist, sondern auch für das, was Menschen wichtig ist, die mich um Gebetsunterstützung gebeten haben.

Neben der Gebetsliste braucht man ein bisschen Frieden und Ruhe zum Gebet – eine echte Herausforderung in unserer von Medien überfluteten Zeit. Wählen Sie eine Möglichkeit, die für Sie infrage kommt. Suchen Sie einen Ort, an dem Sie ungestört sind. Das ist für mich viel leichter (jetzt, da die Kinder aus dem Haus sind) als für meine Töchter, die mehrere kleine Kinder zu versorgen haben. Aber selbst für sie ist es möglich. Manchmal kann man sogar am besten mitten in der Nacht beten, wenn man regelmäßig wegen der Kinder aufstehen muss. Dann haben Sie zwar mit Sicherheit zu wenig Schlaf, aber zumindest ist das Haus dann ruhig! Im Grunde ist der springende Punkt: Wo ein Wille ist, ist auch ein Weg.

Versuchen Sie, die beste Zeit des Tages dem Gebet zu widmen. Wenn Sie eine Nachteule sind, dann beten Sie abends vor dem Schlafengehen. Vielleicht brauchen Sie ein wenig Vorbereitung – eine

Dusche und eine Tasse Kaffee zum Beispiel. Sie müssen nur sicherstellen, dass Ihr Geist vollkommen beteiligt ist.

Zerstören Sie Ihr Gebetsleben nicht mit irgendwelchen gesetzlichen Vorgaben, so wie eine langatmige festgesetzte Anzahl von Minuten beten zu müssen. Oft sind die besten Gebete kurz und leidenschaftlich. Beten Sie häufig und inbrünstig, so wie Martin Luther es vorgeschlagen hat![18]

Arbeiten Sie daran

In Augustinus' Bekenntnissen erfahren wir, dass dessen Leben zunächst nicht den kleinsten Hinweis darauf zeigte, was für ein bemerkenswerter Christ er eines Tages sein würde. Alle Zeichen deuteten darauf hin, dass aus dem geistvollen jungen Mann ein lasterhafter Gelehrter, vielleicht ein Advokat oder Professor, werden würde. Als 17-jähriger Student angelte er sich eine Geliebte, die zehn Jahre lang das Bett mit ihm teilte und ihm einen unehelichen Sohn gebar. Auf geistigem Gebiet nahm Augustinus nicht das Christentum an, sondern eine in seiner Zeit gängige Irrlehre, die selbstgefällig von sich behauptete, Philosophie und Religion miteinander aussöhnen zu können. Im Alter von 23 Jahren lehrte Augustinus Rhetorik und schrieb ein Buch mit dem Titel *De pulchro et apto* (Über das Schöne und Angemessene). Augustinus war kaum ein Kandidat für die Gemeinde Jesu.

Doch Augustinus hatte etwas ganz Besonderes – seine Mutter Monnica, eine Frau mit einem gewaltigen Glauben und anhaltendem Gebet. Ihre Gebete verfolgten ihn von Nordafrika nach Rom und schließlich nach Mailand, wo er sich schließlich ernsthaft bekehrte. Augustinus wurde der größte Theologe der frühen Kirche.

Als Monnica starb, drückte er seinen Schmerz folgendermaßen aus: »Ich weine um meine Mutter ... die Mutter, die einstmals tot war in meinen Augen, die so viele Jahre lang um mich weinte, damit ich in deinen Augen leben möge.«[19]

Eines unserer Gemeindemitglieder, Marilee Melvin, beschrieb in unserem Gemeindebrief, wie ihre Mutter in Abhängigkeit vom Gebet lebte:

> Ich erinnere mich an einen Abend, als sie mich bat, ihr zu helfen, das Abendessen auf den Tisch zu bringen. Papa war nicht zu Hause, und Mama, im siebten Monat schwanger, hatte für fünf Kinder im Alter zwischen zwei und neun Jahren zu sorgen. An diesem Abend gab es ein Essen, das ich überhaupt nicht mochte – weiße Bohnen und Speck ... Ich beschwerte mich lautstark über das Abendessen, und Mama verschwand plötzlich aus der Küche. Ich rief nach ihr, bekam aber keine Antwort. ... Irgendetwas bewog mich, nach unten zu gehen, und schließlich fand ich sie im Heizungskeller. Es war völlig dunkel, und sie weinte. Als sie ihre siebenjährige Tochter verängstigt dort stehen sah, wischte sie sich die Augen und sagte mir, dass sie heruntergehen musste, um für mehr Strenge zu beten. Dieses frühe Bild meiner Mutter als Fürsprecherin und Bittstellerin ist mir mit seiner ganzen Schärfe und Wahrheit noch heute im Kopf. Statt mich wegen meiner kindischen Dickfelligkeit ärgerlich anzuschreien, zog sie sich zurück, um ihren himmlischen Vater um mehr Kraft zu bitten, die ihr durch ihr Gebet in Fülle zur Verfügung stand (2Kor 9,8).«[20]

Auf diesem Gebiet werden wir zur Arbeit aufgefordert! Gebet ist Arbeit, kein Sport. Beten ist nicht etwas, das man tut, wenn einem gerade danach ist, oder nur, wenn man es auch gut kann.[21] Es kommt nicht von selbst. Aber geben Sie nicht auf, und versuchen Sie es wieder, wenn es Ihnen in der Vergangenheit nicht gelungen ist! Bekennen Sie Gott Ihr Scheitern, und dann bemühen Sie sich um einen Neuanfang. Denn das ist der Wille Gottes im Evangelium!

Denkanstöße

- Wie viel Zeit verbringen Sie normalerweise im Gespräch mit Gott?
- Warum ist aus Ihrer Sicht das Gebet ein wichtiger Teil des christlichen Lebens? (Verwenden Sie für Ihre Antwort keine frommen Floskeln!)
- Wie ist die biblische Bedeutung des Wortes *Meditation*? Warum sollten Sie über den Herrn und sein Wort und seinen Willen meditieren (vgl. Ps 1,2; Offb 2,7.11.17.29; Offb 3,6.13.22)?
- Warum ist das Bild der Kriegsführung angemessen, wenn man sich über das Gebet Gedanken macht (siehe die Verse, die Epheser 6,18 vorangehen)? Wenden Sie diese Erkenntnis auf Ihre eigenen Siege und Niederlagen bezüglich des Gebets an!
- Was sagen Römer 8,26-27 und Judas 20 über den Heiligen Geist und das Gebet? Was bedeuten diese Wahrheiten für Sie persönlich?
- Finden Sie es schwierig, genug Zeit und einen ruhigen, ungestörten Ort fürs Gebet zu finden? Warum? Gibt es eine Möglichkeit, konkurrierende Pflichten zu verringern, etwas zu streichen oder Ihren ausgefüllten Tagesplan zu verändern?
- Wo ist für Sie der beste Ort zum Gebet, und wann ist die beste Zeit?
- Machen Sie sich eine Liste von Menschen, für die Sie regelmäßig beten möchten. Dann setzen Sie eine Zeit fest, wann Sie für einige Leute auf dieser Liste beten werden (einige Male pro Woche). Wenn Sie beten, bitten Sie um bestimmte Antworten, die Sie erkennen können, wenn sie eintreffen.

5

Gottesdienst

»Ich ermahne euch nun, Brüder, durch die Erbarmungen Gottes, eure Leiber darzustellen als ein lebendiges, heiliges, Gott wohlgefälliges Opfer, was euer vernünftiger Gottesdienst ist.«
(Röm 12,1)

Meine frühesten Erinnerungen an die Gottesdienste am Sonntagmorgen gehen bis ins Jahr 1950 zurück. Mrs White, die den örtlichen *Good News Club* (eine christliche Kinderstunde) leitete, nahm mich jede Woche mit zur Gemeinde. Die *Christian-and-Missionary-Alliance*-Gemeinde auf der Lime Avenue in Long Beach in Kalifornien war eine Versammlung von Menschen wie Mrs White – ernsthafte Gläubige, die die Bibel in den Mittelpunkt stellten. Außerdem waren sie begeistert von Mission. Die Wände des Gebäudes waren bestückt mit Glaskästen, in denen Ausstellungsstücke aus der missionarischen Arbeit in Afrika, China, Indien und anderen weit entfernten Ländern zu sehen waren. Diese Kästen waren genau auf meiner Augenhöhe – und ich war ganz hingerissen davon. Meine Erinnerungen an den tatsächlichen Gottesdienst sind allerdings längst nicht so deutlich. Selbst wenn ich mich sehr bemühe, kann ich mir nicht eine einzige Begebenheit von dieser Stunde, die ich jede Woche im Gottesdienst verbrachte, ins Gedächtnis rufen. Ich kann mich an überhaupt nichts mehr erinnern.

Die meisten Jahre meiner Kindheit habe ich in der *Garfield Baptist Church* verbracht, und meine Erinnerungen daran sind entschieden lebhafter. Die Gottesdienste waren so wie in den meisten Baptistengemeinden zu dieser Zeit – eine anheimelnde Mischung verschiedener Evangeliums- und Anbetungslieder, ein Chorauftritt und eine Predigt. Ich habe mein Gedächtnis nach diesen Jahren durchforstet, und ich kann mich nicht erinnern, dass ich jemals über die gemeinsame Anbetung Gottes im Gottesdienst nachgedacht habe. Ich habe nie überlegt, was der Sinn und Zweck unserer Versammlungen am Sonntag sein könnte, außer einer Möglichkeit zur Predigt.

Während der 60er- und 70er-Jahre des letzten Jahrhunderts überschwemmten gewaltige Veränderungen die evangelikalen Gemeinden. Jeder Bereich des Gottesdienstes wurde infrage gestellt und einer schmerzhaften Prüfung der Authentizität und der Bedeutung unterzogen. In dem Bemühen, die Gottesdienste zu verbessern, wurden Evangeliumslieder fallen gelassen und durch mantraartige Musik mit ständigen Wiederholungen ersetzt; die Prediger wurden ausgetauscht, und an ihre Stelle traten sogenannte Verkündiger, »Kommunikatoren«.

In den letzten 20 Jahren hat man nun schließlich alle beiden Modelle des Gottesdienstes abgeschafft, und zwar zugunsten des beliebten, an »suchenden Menschen« orientierten Ansatzes einer gemeinsamen gottesdienstlichen Anbetungszeit. Warum gab es alle diese Änderungen? Ist die eine Art »Gottesdienst« besser als die andere? Ist unsere Haltung zu Anbetung und Gottesdienst wirklich wesentlich genug, um als Lehre betrachtet zu werden?

Die Antwort auf diese Fragen findet man im biblischen Verständnis von Anbetung und Gottesdienst – sowohl im persönlichen als auch im gemeinsamen Bereich. Es ist ganz wesentlich, dass wir als gläubige Frauen über diese Fragen nachdenken, damit wir den wahren Kern wirklicher gottesdienstlicher Anbetung nicht preisgeben.

Mehr als eine sonntägliche Veranstaltung

Der Gottesdienst im Neuen Testament umfasst alle Bereiche des Lebens. Gottesdienst ist nicht etwas, das auf den Sonntagmorgen oder irgendeine andere einzelne Stunde in der Woche beschränkt ist – ganz gleich, wie erfinderisch Ihre Gemeinde bei der Festsetzung der Zeiten auch sein mag. Das, was wir in der Bibel darüber lesen können, ist überzeugend. Das Kommen des Herrn Jesus erfüllte die Verheißungen der Schrift bezüglich des Neuen Bundes (vgl. Jer 31,31-34). Es ist von größter Bedeutung, dass der gesamte Text dieser Prophezeiung in Hebräer 8,7-13 wiedergegeben wird, und zwar mitten in einem Abschnitt (Hebr 7–11), in dem uns versichert wird, dass Opfer, Priestertum und Tempel nicht mehr nötig sind, da alles bereits in Jesus Christus erfüllt wurde.

Der Begriff des Gottesdienstes im Alten Testament hat sich im Neuen Testament gewandelt; Gottesdienst ist nun weiter gefasst und schließt das ganze Leben mit ein. Es gibt keine geheiligten Zeiten und keine geheiligten Räume mehr. Damit will ich sagen, dass wir nicht zum Tempel (dem heiligen Ort) gehen müssen, um Gott im Gottesdienst anzubeten. Christen können Gott im Neuen Bund jederzeit anbeten. Und dies ist auch im Wesentlichen das Anliegen dieses Buches – Anbetung Gottes durch ehrfurchtsvolle Hingabe des gesamten Lebens. Die gemeinsame Anbetung im Gottesdienst am Sonntagmorgen ist nur eine bestimmte Ausdrucksmöglichkeit eines Lebens in ständiger Anbetung.

Die beste Beschreibung dieser umfassenden Sicht von Gottesdienst und Anbetung finden wir in Römer 12,1: *»Ich ermahne euch nun, Brüder, durch die Erbarmungen Gottes, eure Leiber darzustellen als ein lebendiges, heiliges, Gott wohlgefälliges Opfer, was euer vernünftiger Gottesdienst ist.«* Wenn wir uns die gottesdienstlichen Opferrituale des Alten Testaments vor Augen führen, dann können wir die bedeutende Aussage dieses Verses besser verstehen. Jedes Mal, wenn ich meinen Eigensinn bekenne und mein Leben in einem bestimmten Bereich Gottes Willen unterwerfe, dann ist dies mein *»vernünftiger Gottesdienst«* – genauso wie der Gottesdienst jedes ernsthaften Israeliten des Alten Bundes, der im Gehorsam gegenüber Gottes Geboten ein Lamm opferte. Schon bevor Jesus Christus auf diese Erde kam, erklärte der Priester und Richter Samuel die Überlegenheit dieser Art des Gottesdienstes, als er König Saul belehrte: *»Gehorchen ist besser als Schlachtopfer«* (1Sam 15,22).

Aber was ist nun mit dem Sonntagmorgen? Wie können wir verstehen, worum es beim Gottesdienst eigentlich geht?

Die Verwirrung hat ihren Grund in der Frage nach dem Warum des Gottesdienstes. Warum machen wir einen Gottesdienst – für Gott oder für uns selbst? Die unausgesprochene, aber immer weiter verbreitete Annahme der heutigen Durchschnittsgemeindeglieder besagt, dass der Gottesdienst in erster Linie für uns ist – damit unsere Bedürfnisse befriedigt werden.

Es gibt ein verräterisches Anzeichen dafür, dass diese Meinung vorherrscht. Nach dem Gottesdienst fragt jeder: »Was hältst du von dem Gottesdienst heute?«, oder aber man verschwindet so schnell wie möglich. Die wirkliche Frage sollte lauten: »Was hält Gott von unserem Gottesdienst – und von uns?« Wir sollten fragen: »Was habe ich Gott gegeben?« Man kann leicht übersehen, dass es unser Hauptanliegen sein sollte, uns mit anderen Gläubigen zu versammeln und Gott *»in Geist und Wahrheit anzubeten«* (Joh 4,24). Alles in unserem gemeinsamen Gottesdienst sollte aus diesem Verständnis heraus getan werden – dass unser heiliger Gott geehrt und verherrlicht wird durch das, was wir tun. Das ist schließlich auch unser Ziel an den anderen sechs Tagen der Woche.

Und was ist mit unseren Bedürfnissen? Wenn wir als *»versammelte Gemeinde«* Gott anbeten mit Liedern und Gebeten, wenn wir sein Wort hören und uns ihm unterordnen, dann sind Einheit und Gemeinschaft natürliche Folgen davon – ein »Nebenprodukt« und ein Zeugnis für die großzügige Gnade Gottes. Richtiger Gottesdienst, sowohl im persönlichen Bereich als auch gemeinsam in der Gemeinde, führt dazu, dass jedes Bedürfnis, das wir haben könnten, erfüllt wird – eine gute Beziehung zu Gott und zu den Mitmenschen.

Vorbereitung zum Gottesdienst

Die Vorbereitung des Gottesdienstes ist nicht nur ein Aufgabenbereich für bestimmte Gemeindemitarbeiter. Es ist wichtig, dass jeder, der zum Gottesdienst kommt, vorbereitet erscheint. Ich weiß, dass das nicht einfach ist. Der Sonntagmorgen kann der anstrengendste Morgen der Woche sein. Viele Ehepaare, besonders die mit kleinen Kindern, streiten sich am Sonntagmorgen häufiger als an anderen Tagen der Woche. Manchmal scheint ein Gottesdienst für uns völlig unmöglich geworden zu sein, wenn wir endlich auf dem Weg zur Gemeinde sind.

Die Lösung beginnt mit der Vorbereitung am Samstag. Wenn möglich, legen Sie die Kleidung für den Sonntagmorgen bereits am Samstagabend sauber und griffbereit zurecht. Planen Sie auch schon am Vorabend Ihr Frühstück. Halten Sie Ihre Bibeln und alles andere, was Sie am Sonntagmorgen benötigen, bereit. Sprechen Sie mit Ihrem Ehepartner und den älteren Kindern ab, wann alle am nächsten Morgen aufstehen müssen, damit genug Zeit bleibt, um in Ruhe fertig zu werden. Und schließlich gehen Sie rechtzeitig zu Bett!

Beten Sie für den Sonntag – für den Gottesdienst, für die Musik, für den Prediger, für Ihre eigene Familie und für sich selbst. Im Idealfall sollte es sogar möglich sein, eine kurze Gebetszeit in der Familie zu halten, bevor man das Haus am Sonntagmorgen verlässt. Bitten Sie darum, dass der Herr verherrlicht wird und dass er zu jedem Familienmitglied spricht! Wenn Sie Ihre Gewohnheiten am Wochenende in dieser Weise ändern können, wird sich Ihr Sonntagsgottesdienst zweifellos verbessern.

Erwartungsvoll

Wir müssen mit großen Erwartungen kommen – denn wir werden genau das erleben, was wir erwarten. Meine Freundin Diane, die viele Probleme im Leben hat, ist äußerst erwartungsvoll, wenn sie zur Gemeinde kommt. Sie sagte mir einmal, dass jeder Sonntagmorgen für sie wie Weihnachten ist. Ihre Aufregung steigt, wenn es auf die Verkündigung zugeht, denn die Predigt, die am Sonntagmorgen der Versammlung gehalten wird, ist immer wie ein Geschenk für sie. Sie will unbedingt Gottes Wort hören und Gott und seinen Willen immer mehr verstehen. Ist das nicht herrlich?!

Wie soll nun unser Gottesdienst sein?

Es ist Sonntag. Wir haben uns versammelt, um gemeinsam mit dem Volk Gottes anzubeten. Wir haben uns vorbereitet, wir sind erwartungsvoll. Aber wie »machen« wir nun einen Gottesdienst, der Gott gefällt?

Gott im Mittelpunkt

Ein Gottesdienst, der Gott im Mittelpunkt hat, stellt zuerst ehrfürchtig die Offenbarung Gottes ins Blickfeld. Dieser Gott der heiligen Schriften ist der allmächtige Schöpfer, der alles ins Dasein gerufen hat. Er ist der allgegenwärtige Gott, der über allem steht, der überall ist, der aber nicht in allem enthalten ist. Gott ist allwissend; er zählt sogar die Haare auf unserem Kopf. Er kennt unsere Gedanken, noch bevor wir sie denken oder äußern. Gott ist heilig und wohnt im unzugänglichen Lichte seiner eigenen Herrlichkeit.

Wenn wir uns zum Gottesdienst versammeln, dann müssen wir bewusst mit diesem gewaltigen Gottesbild vor Augen beginnen und uns die Frage stellen: Wie müssen wir unser Alltagsleben führen, und wie sollen wir unsere Treffen gestalten, um diesen Gott zu verherrlichen? Das ist besonders wichtig für die derzeitige Generation, denn wenn wir die biblische Sicht Gottes in unseren Gottesdiensten im Gedächtnis behalten, dann bewahrt uns das vor Götzendienst. Machen Sie nicht den Fehler zu denken, Sie hätten nichts mit Götzendienst zu tun, nur weil Sie nicht vor irgendwelchen Götzen niederfallen. Jedes Mal, wenn wir uns Gott irgendwie anders vorstellen als so, wie er in der Bibel beschrieben wird, dann machen wir uns des Götzendienstes schuldig.

Sicher muss die Gemeinde sich auf die sie umgebende Kultur einstellen und feinfühlig sein. So sollte es zumindest sein. Der Prediger sollte die Bibel in der einen und die Zeitung in der anderen Hand halten können. Christen sollen *»die Zeiten beurteilen«* können (vgl. 1Chr 12,33). Die Gemeinde soll einfallsreich und bedeutungsvoll sein, um das Herz von Männern und Frauen (sowohl von den

Erlösten als auch von den Verlorenen) zu erreichen. Aber der wahre Gottesdienst muss mit Gott beginnen.

Jesus sagt in Johannes 4,24, dass wir *»in Geist und Wahrheit anbeten«* müssen. Anbetung *»in Wahrheit«* bedeutet, dass wir durch die tatsächliche Offenbarung im Wort Gottes unterrichtet sind über den großen Gott, dem wir dienen, und über die Gebote, die er gegeben hat. In diesem Sinn ist für unseren Gottesdienst nur das maßgeblich, was wir über Gott wissen und glauben. Je besser wir unterrichtet sind, desto besser können wir auch anbeten. Bibelstellen wie 1. Mose 1, Psalm 139, das Buch Hiob, Jesaja 6 und 45, Johannes 7, Johannes 17, Römer 1–3, Offenbarung 19 und andere mehr sollten uns innerlich vertraut sein zur Vorbereitung auf einen Gottesdienst, der Gott selbst in den Mittelpunkt stellt.

Diese Erkenntnis Gottes durch sein Wort sollte unsere Erwartungen erhöhen und eine gesunde Furcht und Ehrfurcht hervorrufen. Annie Dillard schrieb:

> Im Großen und Ganzen finde ich außerhalb der Katakomben keine Christen, die empfindsam genug für die Lage sind. Hat irgendjemand auch nur die leiseste Ahnung, welche Art von Macht wir so unbekümmert anrufen? Oder ist es vielleicht eher so, wie ich vermute, dass kein Mensch auch nur ein Wort davon glaubt? ... Es ist ein Wahnsinn, Strohhüte und Samtkappen in der Gemeinde zu tragen; wir sollten besser alle Schutzhelme aufziehen! Die Kirchendiener sollten Rettungswesten und Signalflaggen austeilen; sie sollten uns an unserer Bank festbinden. Denn der schlafende Gott könnte eines Tages erwachen und sich angegriffen fühlen, oder der erwachende Gott könnte uns zu einem Ort ziehen, von wo wir niemals zurückkehren können.[22]

Wir beten nicht nur *»in Wahrheit«* an, sondern auch *»im Geist«*. Im Zusammenhang dieser Bibelstelle geht es um unseren menschlichen Geist, unser Inneres. Wahre Anbetung kommt aus dem Inneren des

Menschen. Anbetung ist keine äußere Tätigkeit, sondern sie ist zunächst eine innere Notwendigkeit. Jesus warnte Heuchler mit den Worten Jesajas: *»Dieses Volk ehrt mich mit den Lippen, aber ihr Herz ist weit entfernt von mir. Vergeblich aber verehren sie mich«* (Mk 7,6-7, zitiert nach Jes 29,13).

Wahre Anbetung entspringt innerhalb unseres Geistes, aus den unwillkürlichen Empfindungen des Herzens – so wie sie dem Herzen Davids entsprang, als er Psalm 130 schrieb: *»Ich hoffe auf den HERRN, meine Seele hofft, und auf sein Wort harre ich. Meine Seele harrt auf den Herrn, mehr als die Wächter auf den Morgen«* (Verse 5-6).

Jesus Christus im Mittelpunkt

Das Neue Testament enthüllt uns nicht einen größeren Gott als den, den wir im Alten Testament sehen, aber es gibt uns eine größere Offenbarung Gottes. Man könnte also sagen, dass Jesus Christus uns Gott erklärt (Joh 1,1.18). Er macht den unsichtbaren Gott für uns sichtbar – Gott im Fleisch.

Die Lehre von Kolosser 1,15-18 stellt uns eine umwerfende Offenbarung Gottes in Jesus Christus vor. Wir sehen ihn als ...

... den Schöpfer: *»Denn in ihm ist alles in den Himmeln und auf der Erde geschaffen worden, das Sichtbare und das Unsichtbare, es seien Throne oder Herrschaften oder Gewalten oder Mächte: Alles ist durch ihn und zu ihm hin geschaffen«* (Vers 16).

... den Erhalter: *»... und er ist vor allem, und alles besteht durch ihn«* (Vers 17).

... das Ziel: *»alles ist ... zu ihm hin geschaffen«* (Vers 16).

Das ist eine erstaunliche Feststellung über Jesus Christus. Hier heißt es, dass er sowohl der Ursprung des Weltalls als auch seine Vollendung ist. Er ist der Anfang und er ist das Ende – Alpha und Omega. Alles in der Schöpfung, in der Geschichte und in der geistlichen Wirklichkeit ist für ihn und bewegt sich auf ihn hin!

Und nicht nur das: Dieser Abschnitt zeigt auch, dass Jesus der Erlöser ist: *»Denn es gefiel der ganzen Fülle, in ihm zu wohnen und* *durch ihn alles mit sich zu versöhnen – indem er Frieden gemacht hat durch das Blut seines Kreuzes – durch ihn, sei es, was auf der Erde oder was in den Himmeln ist«* (Verse 19-20).

Da Jesus Christus die endgültige Offenbarung Gottes ist, muss er auch im Mittelpunkt unserer gottesdienstlichen Anbetung stehen. E. V. Hill, Pastor der *Mount Zion Baptist Church*, erzählte von einer alten Frau in seiner Gemeinde, die immer »1800« genannt wurde, denn keiner wusste, wie alt sie tatsächlich war. Diese alte Frau ging immer schonungslos mit Gastpredigern um, denn ihr war sehr wohl bewusst, dass Jesus Christus im Mittelpunkt des christlichen Gottesdienstes stehen muss. Wenn der Prediger zu langsam damit war, Jesus Christus die Ehre zu geben, dann rief sie dazwischen: »Gib sie Ihm!« Wenn sie nach ein paar Minuten den Eindruck hatte, dass der Prediger noch immer nicht an diesem Punkt angekommen war, dann rief sie wieder: »Gib sie Ihm!« Für jeden, der Jesus nicht die Ehre gab, konnte das eine ganz schön lange Stunde werden.

Da Jesus Christus die endgültige Offenbarung Gottes ist, muss er auch im Mittelpunkt unserer gottesdienstlichen Anbetung stehen. Wenn Jesus Christus der Mittelpunkt ist, dann bewirkt er dadurch die Einheit der Gemeinden. Wenn unser Gottesdienst Gott und Jesus Christus in den Mittelpunkt stellt – und zwar sowohl in der persönlichen Andacht als auch im gemeinsamen Gottesdienst –, dann führt dies zur Einheit untereinander. Der Pastor und Autor A. W. Tozer erklärt das folgendermaßen:

»Haben Sie jemals darüber nachgedacht, dass hundert Klaviere, die alle mit derselben Stimmgabel gestimmt wurden, automatisch auch untereinander gleich gestimmt sind? Sie haben durch das Stimmen einen Gleichklang; aber sie sind nicht aufeinander abgestimmt, sondern jedes Einzelne von ihnen muss sich dem gleichen Standard der Stimmgabel unterordnen. So ist es auch mit hundert Gläubigen, die zur Anbetung zusammenkommen. Jeder Einzelne schaut auf Jesus Christus; dadurch sind ihre Herzen einander näher, als sie es jemals sein könnten, wenn sie bewusst eine Einheit bilden sollten und dabei im Streben nach engerer Gemeinschaft ihre Augen von Gott abwenden würden.«[23]

Das Wort Gottes im Mittelpunkt

Der Gottesdienst und die Anbetung der frühen Gemeinde hatten das Wort Gottes zum Mittelpunkt. Der Apostel Paulus belehrte den jungen Gemeindeleiter Timotheus: *»Bis ich komme, achte auf das Vorlesen, auf das Ermahnen, auf das Lehren«* (1Tim 4,13). Bis zum Ende des ersten Jahrhunderts, so überliefert es die Kirchengeschichte, haben die Christen diesen Brauch beibehalten: »An dem Tag, der Sonntag genannt wird, versammeln sich alle, die in den Städten oder auf dem Land leben, an einem Ort, und die Schriften der Apostel und der Propheten werden vorgelesen, solange es die Zeit erlaubt; dann, wenn der Vorleser geendet hat, spricht der Vorsteher und belehrt und ermahnt die Menschen, diese guten Dinge nachzuahmen.«[24]

Das öffentliche Vorlesen von Gottes Wort ist wichtig! In unserer Gemeinde stehen wir bei der Schriftlesung auf, und zwar aus zwei Gründen: erstens zur besseren Aufmerksamkeit und außerdem, um deutlich zu machen, dass wir als Versammlung zusammen unter der Autorität des Wortes Gottes stehen. Als Jesus in der Wüste versucht wurde, machte er uns deutlich, dass das Wort Gottes unser Leben ist, als er die Versuchungen Satans mit Zitaten aus dem 5. Buch Mose erwiderte: *»Es steht geschrieben: ›Nicht von Brot allein soll der Mensch leben, sondern von jedem Wort, das durch den Mund Gottes ausgeht‹«* (Mt 4,4; siehe auch Lk 4,4; 5Mo 8,3). Die Heilige Schrift war für Mose das Leben, für Jesus die Nahrung. Und wie ist das bei uns? Wenn das Wort Gottes am Sonntagmorgen vorgelesen wird, glauben wir dann wirklich, dass die Worte wesentlich für das Leben selbst sind? Denken Sie darüber nach, wenn Sie das nächste Mal im Gottesdienst in der Gemeinde sitzen!

Man braucht Disziplin, um immer im Gedächtnis zu behalten, was wir eigentlich tun, wenn wir uns am Sonntagmorgen zum Gottesdienst treffen: dass diese Stunde nur die Verlängerung dessen ist, was in unserem Leben die ganze Woche lang vor sich gegangen ist. Man kann so leicht auf den Gedanken kommen: »Gottesdienst ist am Sonntagmorgen«. Wenn man das meint, dann sagt man damit eigentlich aus, dass es den ganzen Rest der Woche keinen Gottesdienst, keine Anbetung gibt. Der Sonntag sollte wie jeder andere Tag der Woche sein, außer dass man sich am Sonntag mit der ganzen Gemeinde trifft. Aber an jedem Tag der Woche können wir Anbetungslieder singen, in der Bibel lesen und unser Leben der Autorität des Wortes Gottes unterordnen. Was wir sonntags tun, das sollte uns dazu ausrüsten, Gott während der Woche zu dienen. Anbetung – ob allein zu Hause, bei der Arbeit, in der Schule oder mit der versammelten Gemeinde – bedeutet, dass wir uns Gott weihen. Anbetung bedeutet, Gott täglich zu dienen: *»Ich ermahne euch nun, Brüder, durch die Erbarmungen Gottes,* ***eure Leiber darzustellen als ein lebendiges, heiliges, Gott wohlgefälliges Opfer,*** *was euer vernünftiger Gottesdienst ist«* (Röm 12,1, Hervorhebung durch die Autorin).

Jede Frau, die sich als Gläubige bezeichnet, muss wissen, dass die Anbetung Gottes oberste Priorität in ihrem Leben hat. Anbetung, Gottesdienst, ist das, was Gott von mir und von Ihnen möchte – jeden Tag. Jesus hat das ganz deutlich gemacht. Er tadelte die fieberhaft beschäftigte Martha, als sie sich beschwerte, dass ihre Schwester nur zu den Füßen Jesus saß: *»Marta, Marta! Du bist besorgt und beunruhigt um viele Dinge; eins aber ist nötig. Maria aber hat das gute Teil erwählt, das nicht von ihr genommen werden wird«* (Lk 10,41-42).

Maria hatte das gute Teil erwählt, und das können wir auch. Wir müssen dieser Art der Anbetung, des Gottesdienstes, mit Disziplin begegnen, denn dies ist der Wille Gottes für uns im Evangelium.

Denkanstöße

- Erklären Sie, wie es möglich ist, dass man sich selbst ohne die wahre Anbetung ganz andächtig fühlen kann! Inwiefern ist unser Gehorsam ein Akt der Anbetung? Siehe 1. Samuel 15,22; Römer 12,1.
- Was bedeutet es, Gott *»in Geist und Wahrheit«* anzubeten? Siehe Johannes 4,21-24;17,17.
- Wie können Sie Jesus Christus mit Ihrem ganzen Leben anbeten? Siehe Römer 12,1-2.
- Wie sollten wir unsere Gebete, unseren Gesang und die Predigt gestalten in dem Bewusstsein, dass unser Gottesdienst Jesus Christus in den Mittelpunkt stellen muss (da er selbst gleichzeitig unser Opfer, Priester und Tempel ist)?
- Was können Sie (und ihre Familie) tun, um sich geistlich auf den Gottesdienst am Sonntagmorgen vorzubereiten? Schreiben Sie eine Liste, die Sie mit Ihrem Ehemann und den Kindern besprechen, und arbeiten Sie anschließend gemeinsam daran, Ihre Vorsätze in die Tat umzusetzen.

Charakter

6

Der menschliche Geist

»Und seid nicht gleichförmig dieser Welt, sondern werdet verwandelt durch die Erneuerung des Sinnes.«
(Röm 12,2a)

Das menschliche Gehirn hat eine verblüffende Kapazität! Da fehlt es wirklich an nichts. Es ist dazu imstande, die erstaunlichsten Impulse zu verarbeiten – das reicht von der Vorstellung eines Weltalls mit einer gekrümmten Zeit bis hin zur Schaffung der mehrstimmigen Partitur einer Bachfuge oder auch der Fähigkeit, Gott selbst eine Botschaft zu übermitteln oder von ihm zu empfangen. Das alles sind Leistungen, zu denen ein Computer nie in der Lage sein wird.

Aber die Fähigkeiten des menschlichen Geistes erreichen ihren Höhepunkt in der Möglichkeit, den Geist des Christus durch den Dienst des Heiligen Geistes zu erhalten. Paulus schrieb: *»Wir aber haben Christi Sinn«* – und das ist ein Sinn oder Geist, der ständig erneuert wird (siehe 1Kor 2,16. und Röm 12,2). Kein Computer wird jemals dazu fähig sein, Gottes Gedanken nachzuvollziehen oder das Herz Gottes zu kennen oder seine Werke zu tun. Aber der menschliche Geist – dieses geheimnisvolle Gehirn, das sich zwischen unseren Ohren befindet – hat diese Fähigkeit. Und in der Tat ist das Gehirn genau dazu erschaffen worden – den Geist des Christus zu haben.

Da das Gehirn für diesen Zweck geschaffen wurde, ist es ein großer Skandal der heutigen Gemeinden, dass es so viele Christen ohne den Sinn Christi gibt; Christen, die nicht denken, und schon gar nicht christlich denken. Es gibt eine Geschichte von einer alten Quäkerfrau, die eines Nachmittags Besuch von einem Mann bekam. Nach dem Kaffeetrinken begann der Mann zu erzählen, wie er während des Rasierens Gedichte auswendig lernte und beim Frühstück Portugiesisch übte. Er prahlte immer weiter damit, wie er seine

Zeit verbrachte. Die einfache, aber tiefsinnige Erwiderung der Frau lautete: »Und wann denken Sie?«

In seinem Buch mit dem Titel *Recovering the Christian Mind* (»Die Gesundung des christlichen Geistes«) stellt der Autor Harry Blamires fest, dass Christen zwar Gottesdienste halten und beten, dass sie aber dennoch an einer religiösen Magersucht leiden, einer Appetitlosigkeit in Bezug auf das Wachstum in Christus.[25] Gott hat uns dieses erstaunliche Werkzeug gegeben – den Geist. Wir dürfen das nicht für eine Selbstverständlichkeit halten. Wir müssen unseren Geist in Weisheit »programmieren« – und nie unbeaufsichtigt, gedankenlos und undiszipliniert sein lassen.

Wenn wir uns dem Wort Gottes zuwenden, wird deutlich, dass die Schreiber der Bibel diese Notwendigkeit kannten. In den Sprüchen heißt es: *»Mehr als alles, was man sonst bewahrt, behüte dein Herz! Denn in ihm entspringt die Quelle des Lebens«* (Spr 4,23). *»Denn wie er in seiner Seele berechnend denkt, so ist er«* (Spr 23,7; SLT). Die Bibel ermahnt uns, dass der Input, das was wir in unseren Geist hineinlassen, bestimmt, was schließlich als Output dabei herauskommt – dass also unsere geistige Programmierung das Ergebnis bestimmt.

Gottes Computerprogramm

In einem inhaltsreichen Satz in seinem Brief an die Philipper beschreibt Paulus sein persönliches geistiges Trainingsprogramm: *»Übrigens, Brüder, alles, was wahr, alles, was ehrbar, alles, was gerecht, alles, was rein, alles, was liebenswert, alles, was wohllautend ist, wenn es irgendeine Tugend und wenn es irgendein Lob gibt, das erwägt!«* (Phil 4,8).

Gottes Wegweiser zur »Programmierung« unseres Geistes ist ausdrücklich positiv. Er betont das, was wahr, ehrbar, gerecht, rein, liebenswert und lobenswert ist. Wir alle können unsere Gedanken so lenken, dass wir einen christusähnlichen Geist bekommen. Es ist unsere eigene Entscheidung, die etwas in unserem Geist bewirkt.

Viele Frauen fühlen sich zum Scheitern verurteilt, weil sie in ihrer Vergangenheit so viele schlechte Entscheidungen getroffen haben. Es ist schwer zu glauben, dass man sich ändern kann, wenn man sich in der Vergangenheit regelmäßig für das Unreine, Unrealistische und Negative entschieden hat. Als gläubige Frauen sind wir aber frei, den Geist des Christus zu haben. Das liegt in unserer Reichweite – und es ist Teil unseres Lebens in der Gottesfurcht.

Von meinem Mann habe ich eine Methode gelernt, die für mich zu einer unschätzbaren Hilfe zur Disziplinierung meiner Gedanken geworden ist. Vor Jahren sprach er in einer Sonntagspredigt darüber, dass jemand, der irgendetwas 26 Tage hintereinander tut (z. B. täglich ein Kapitel aus der Bibel lesen), damit nachweislich eine Gewohnheit entwickelt hat. Ich bin ein Typ, der diese Art von hilfreichen Vorschlägen braucht. So etwas ermutigt mich, weiterzumachen und nicht aufzugeben – »Einen Tag habe ich schon, also nur noch 25!«

Der positive Wegweiser des Paulus verlangt es, negative Einflüsse zurückzuweisen. Er hätte genauso schreiben können: *»Alles, was falsch ist, was beleidigend, was ungerecht, was unrein, was verachtenswert, was unanständig, was irgendeine Untugend oder etwas Tadelnswertes ist, darüber denkt gar nicht erst nach!«* Paulus war nicht naiv; er kannte sehr wohl die dunkle Seite der menschlichen Erfahrungen. Aber er entschloss sich dazu, negative Einflüsse nicht zu einem Teil seines geistigen Entwurfs zu machen.

Auch Sie können diese Wahrheit zur Grundlage Ihres Lebens als gläubige Frau machen: Eine christliche Gesinnung, der Sinn des Christus, ist unmöglich, wenn man sich nicht darin übt, schlechte Einflüsse zurückzuweisen. Ein Teil der christlichen Gesinnung besteht darin, zu unguten Einflüssen Nein zu sagen.

Die Kraft der Verweigerung

Als unsere Kinder noch klein waren, besaßen wir keinen Fernseher. Wir hatten sie dazu erzogen, freundlich abzulehnen, wenn sie zu Besuch bei Freunden waren, wo das Fernsehen erlaubt war und eine

Sendung lief, die sie nicht anschauen durften. Wenn ich jetzt daran zurückdenke, was damals auf unserer Liste der verbotenen Sendungen stand, dann bin ich sehr beunruhigt darüber, in welchem Maße das Fernsehprogramm immer noch schlechter geworden ist. Was uns damals schlimm erschien, das würde heutzutage als harmlos gelten. Ich wünschte, behaupten zu können, dass wir so tugendhaft geblieben sind wie vor 25 Jahren. Aber das sind wir nicht. Jeder, der meint, er wäre imstande gewesen, seinen Geist in unserem kulturellen Umfeld ohne größte Disziplin ehrbar und rein zu erhalten, betrügt sich selbst. In den Jahren zwischen 1970 und 2000 ist der Standard für das, was in Fernsehsendungen akzeptabel ist, in dramatischer Weise gesunken. Es ist sehr beunruhigend, dass die Fernsehgewohnheiten von Christen nicht nur im selben Maß abgeglitten sind wie die von Nichtgläubigen. Darüber hinaus ist auch »der Unterschied zwischen dem, was die Gemeinde heutzutage akzeptiert und was die Welt für richtig hält, nicht mehr so groß, wie er einst war.«[26] Tragischerweise sehen sich die Christen insgesamt dieselben menschenverachtenden Sendungen an wie der Rest der Welt.

Wir brauchen keine Statistik, um zu beweisen, dass das Fernsehen unseren Geist beeinträchtigt. Wir müssen uns nur einmal darüber im Klaren werden, wie oft ein Fernseher im Hintergrund dudelt. Als Großmutter jedoch bin ich zutiefst besorgt über den letzten Bericht des *Parents' Television Council* (eine medienkritische Elternorganisation in den USA). »Der Bericht zeigte folgende inhaltliche Änderungen des Fernsehprogramms zu den bevorzugten familienüblichen Sendezeiten in den beiden Jahren zwischen 1997 und 1999:

Gewaltdarstellungen sind um 86 % gestiegen.
Sexuelle Inhalte sind um 77 % gestiegen.
Unangemessene Ausdrucksweise ist um 58 % gestiegen.«[27]

Das ist, gelinde gesagt, alarmierend, aber ich bin noch nicht einmal sicher, dass sogar eine solche Statistik christliche Haushalte dazu bringen kann, einen ernsthaften Versuch zur Änderung ihrer Fernsehgewohnheiten zu machen.

Vor einigen Jahren sagte der Medienkritiker Malcolm Muggeridge: »Das Einzige, was das Fernsehen nicht kann, ist Gedanken wiederzugeben. ... Es lauert eine Gefahr in der Übertragung des Lebens in ein Bild. ... Das ist die Verfälschung des Lebens.« Falls Sie es noch nicht bemerkt haben sollten: Im Fernsehen dreht sich alles um Bilder. Bedenken Sie nur, wie anders dagegen Gott mit uns in Beziehung tritt: *»Nachdem Gott vielfältig und auf vielerlei Weise ehemals zu den Vätern geredet hat in den Propheten, hat er am Ende dieser Tage zu uns geredet im Sohn«* (Hebr 1,1-2).

Einer der Namen Jesu ist das »Wort«: *»Das Wort wurde Fleisch und wohnte unter uns«* (Joh 1,14). Die Worte der Propheten und das Wort (Jesus Christus) sind die Mittel, die Gott gewählt hat, um mit uns in Verbindung zu treten. Worte befördern Gedanken. Das ist wichtig. Der Kulturforscher und -kritiker Kenneth Myers hat einmal gesagt: »Eine Kultur, die mehr in Bildern verwurzelt ist als in Worten, wird es immer schwieriger finden, eine breite Zustimmung zu irgendeiner Wahrheit zu erhalten, denn Wahrheit ist eine Abstraktion, die Sprache benötigt.« Im gleichen Maße wie Fernsehbilder und nicht Worte immer stärker die bevorzugte Methode der Kommunikation werden, verlieren die Menschen ihre Fähigkeit zum vernünftigen Nachdenken. Sie verlieren also ihre Begabung, den Sinn des Christus zu besitzen.

Wenn Sie daran zweifeln, dass dies wirklich passiert, dann denken Sie einmal darüber nach, inwieweit der durchschnittliche Gemeindebesucher noch in der Lage ist, einer streng logisch durchdachten Predigt zu folgen. Und dann stellen Sie sich eine Familie vor, die stundenlang gedankenlos auf den Fernsehschirm starrt und dabei kaum ein Wort spricht. Was für ein erschreckender Vergleich!

Ich gebe Ihnen einen sehr radikalen Rat: Stellen Sie den Fernsehapparat aus. Sie werden verblüfft sein, wie viel freie Zeit Sie nun für andere Aufgaben haben und wie viel Zeit Sie mit anderen Menschen verbringen können. Und was noch besser ist: Es wird Ihnen quasi unmöglich sein, dadurch nicht zu einer ernsthafteren Persönlichkeit zu werden, zu einer Frau, deren Leben noch mehr durch die Gottesfurcht geprägt ist.

Ich trete nicht dafür ein, dass Christen grundsätzlich keine Fernsehsendung und keinen Film anschauen sollen. Das Christsein ist von Natur aus kulturkritisch, aber es ist nicht gegen die Kultur. Es gibt schließlich auch wertvolle Dinge zu sehen. Aber ich wünsche mir gläubige Frauen, die ihren Geist im Zaum halten können – die das filtern, was hineingeht und was herauskommt. Wenn Sie nicht die Kontrolle über das haben, was Sie sehen oder lesen, dann müssen Sie vielleicht die Quelle der Versuchung entfernen – eben diesen Fernseher oder jene Bücher oder Zeitschriften. Jesus sagt: *»Wenn aber dein rechtes Auge dir Anstoß zur Sünde gibt, so reiß es aus und wirf es von dir!«* (Mt 5,29).

Kent und ich hatten beschlossen, unsere Kinder bewusst ohne Fernseher aufwachsen zu lassen, um ihnen bessere Möglichkeiten zu bieten, ihr Denken dem Sinn Christi gemäß zu füllen. Wir bedauern das in keiner Hinsicht. Das ist wohl nicht jedermanns Sache, aber vielleicht ist es etwas für Sie. Wir leben in einem Medienzeitalter, aber in den Psalmen finden wir einen weisen und zeitgemäßen Rat für uns: *»Ich will mit lauterem Herzen wandeln in meinem Hause. Ich will keine heillosen Dinge ins Auge fassen«* (Ps 101,2-3). Lassen Sie doch Jesus Christus den Herrn Ihrer Zeit – auch Ihrer Hauptsendezeit – sein!

Wenn Sie verheiratet sind, dann besprechen Sie dieses Thema vertrauensvoll mit Ihrem Mann, und suchen Sie im Gebet nach dem Willen Gottes in Bezug auf das, was bei Ihnen zu Hause zu sehen und zu hören ist. Wenn Sie alleinstehend sind, müssen Sie ebenfalls Gottes Willen hinsichtlich dessen suchen, was Sie in Ihren Geist hineinlassen und was wieder herauskommt. Suchen Sie sich dann eine Freundin, der Sie Rechenschaft darüber ablegen können. Geben Sie sich nicht damit zufrieden, nur so zu sein wie andere gläubige Frauen. Seien Sie anders, denn Sie haben die Gesinnung Christi!

Bewusstes »Programmieren«

In Philipper 4,8 empfiehlt Paulus, dass wir unseren Geist darauf richten sollen, was wahr, ehrbar, gerecht, rein, liebenswert und wohllautend ist. Und anschließend gibt er die lapidare Aufforderung: »*Das erwägt!*«, das heißt: Denkt über diese Dinge nach!

Ich kann Stunden um Stunden mit dem neuesten Gartenkatalog verbringen. Die endlose Auswahl unterschiedlicher Pflanzen, Blumen und Bäume macht mich immer sprachlos – ganz ehrlich! Ich weiß nicht, wovon Sie träumen, aber ich träume von riesigen Flächen mit Blumen und Kräutern, Obstgehölzen und Ziersträuchern. Fast jedes Mal bei solchen Tagträumen wandert mein Geist hin zu dem Gedanken an die Schöpfermacht Gottes. Wie hat er sich nur so etwas Zerbrechliches mit so vielen Einzelheiten und einer erstaunlichen und überwältigenden Färbung wie den Rittersporn ausdenken und ins Leben rufen können? Und was ist mit der Leuchtkraft der Zinnie, dem Duft des Basilikums, der überwältigenden Größe des Mammutbaums? Ich liebe es, selbst zu gärtnern, aber ich bewundere zutiefst den Meistergärtner. Wir müssen darüber nachdenken, welche wunderbaren Dinge Gott in unseren Geist hineingeben will. Gott ruft uns in seinem Wort zu einer kompromisslosen und positiven Disziplin auf diesem Gebiet auf.

In der Bibel lesen

Eine gläubige Frau erreicht eine geistliche Disziplin dadurch, dass sie sich ernsthaft und immer wieder dem Wort Gottes aussetzt. Helen Jensen, Pastorenfrau und eine gute Freundin von mir, ist eine gläubige Frau, die es in dieser Disziplin weit gebracht hat. Ich kann mit Sicherheit sagen, dass Helen mehr von Gottes Wort in sich hat als jede andere Frau, die ich kenne. Sie studiert die Bibel ernsthaft. Wenn Helen eine Bibelstelle untersucht, dann schaut sie oft jede einzelne Parallelstelle zu den Schlüsselbegriffen der Textstelle in der Bibelkonkordanz nach, und zwar in der großen Konkordanz! Sie hat ihren Geist dieser Aufgabe so sehr gewidmet, dass ich meine, diese

Übung hat ihr die Fähigkeit verliehen, scharfsinnig und glasklar zu denken. In ihrem »Gehirn-Computer« sind so zahlreiche biblische Einzelheiten gespeichert, dass man mit Sicherheit davon ausgehen kann, wenn man irgendeine biblische Tatsache in Erfahrung bringen will: Helen wird es schon wissen.

Helens Wissen ist nicht bloß ein angelerntes Wissen; es ist auch erprobtes angewandtes Wissen. Sie kennt Gott und wünscht sich nichts sehnlicher, als seinen Willen zu tun. Sie ist wunderbar! Sie hat die Erfahrungen des Psalmisten selbst erlebt:

»Wie liebe ich dein Gesetz!
Es ist mein Nachdenken den ganzen Tag.
Dein Gebot macht mich weiser als meine Feinde.
Denn ewig ist es mein!
Verständiger bin ich als alle meine Lehrer.
Denn deine Zeugnisse sind mein Überlegen.
Einsichtiger als Greise bin ich.
Denn deine Vorschriften habe ich gehalten.« (Ps 119,97-100)

Das ist besonders wichtig: Man kann nicht den Geist Christi haben, ohne regelmäßig in der Bibel zu lesen und ohne ernsthaftes Bibelstudium. Warum? Weil man nicht nachhaltig von etwas beeinflusst werden kann, was man nicht kennt. Wenn Sie sich von Gottes Wort erfüllen lassen, dann kann Ihr Leben dadurch von Gott geformt und geleitet werden – Ihre Beziehungen zu Hause, Ihre Art der Kindererziehung, Ihr Beruf, Ihre ethischen Entscheidungen, Ihr inneres moralisches Leben. Der Weg zu einer christlichen Gesinnung führt durch das Wort Gottes!

Wir müssen dazu nicht gesetzlich werden. In der Bibel finden wir nirgendwo das Gebot, dass »ein guter Christ die Bibel einmal im Jahr ganz durchlesen muss«. Manche Frauen können nicht so gut oder so schnell lesen. Lesen auf Zeit ist nicht die richtige Antwort. So wie die berühmte Comicfigur Lucy von den Peanuts ihrem Freund

Charlie Brown anvertraut: »Ich habe gerade einen Kurs im Schnelllesen gemacht, und letzte Nacht habe ich Krieg und Frieden in einer Stunde durchgelesen! ... Es ging um Russland.« In Wirklichkeit ist der Ansatz, den Helen hat, für jeden Christen machbar. Das ist nicht nur etwas für eine Elite oder für besonders gebildete Menschen. Sie müssen nicht einmal lesen können.

Der Bruder meines Mannes ist ausgeprägter Legastheniker. Er hatte nur gerade so viel lesen gelernt, um mit seiner Arbeit klarzukommen. Als er Christ wurde und eine ganz neue Motivation hatte, das Wort Gottes kennenzulernen, besorgte er sich Bibelkassetten. Seine Frau (die zufälligerweise meine Schwester ist) liest ihm außerdem vor. Viele Frauen hören sich Hörbibeln an, wenn sie zur Arbeit fahren, auch in einer Fahrgemeinschaft, oder während sie zu Hause arbeiten, Essen kochen etc. Die Lesefähigkeit ist nicht entscheidend, wenn man die Bibel kennen will. Drücken Sie einfach auf den Knopf und hören Sie zu, während die Spaghetti-Soße kocht.

Einmal im Jahr die ganze Bibel durchzulesen ist ein wunderbares Ziel, wenn Sie es schaffen. Man muss nur fünf Seiten täglich lesen, und daher ist es ein erreichbares Ziel für ein Jahr. Aber wie auch immer Sie planen, abhängig von Ihrer Lesefähigkeit, Sie müssen regelmäßig lesen und die Bibel studieren. Wenn Sie das nicht tun, dann heißt das unweigerlich, dass Sie sich nur oberflächlich damit beschäftigen und nie zu einer vollständigen Gesinnung Christi kommen. Es gibt einige gute Bibellesepläne, mit deren Hilfe man in einem Jahr die ganze Bibel durchlesen kann. Ich ermutige Sie sehr, es einfach einmal zu versuchen!

Wenn Sie noch nicht Mitglied in einer Bibelstudiengruppe sind, dann suchen Sie eine! Die Leitung, die man erfährt, und die Verpflichtung innerhalb einer solchen Gruppe sind von unschätzbarem Wert.

Christliche Bücher und gute Literatur

Gläubige Frauen wollen zusätzlich zur Bibel auch gern andere gute Bücher lesen. Heutzutage sind Frauen allerdings oft so beschäftigt, dass sie meinen, keine Zeit zum Lesen mehr zu haben. Aber es ist erstaunlich, wie viele gute Bücher man in einem Jahr lesen kann, selbst wenn man jeden Abend vor dem Schlafengehen nur einen kleinen Abschnitt liest. Mit dieser Methode ist es leicht, jeden Monat ein Buch zu lesen. Das wären also zwölf Bücher im Jahr!

Wenn Sie zu den Leuten gehören, die beim Lesen abends schon beim zweiten Absatz einschlafen, dann nehmen Sie sich ein Buch mit ins Auto, und lesen Sie, wenn sie irgendwo warten müssen. Auf diese Art findet zum Beispiel meine Tochter (Mutter von sieben Kindern) noch Zeit genug zu lesen. In ihrem Fall ist es so, dass sie nur selten einschläft beim Lesen; im Gegenteil, sie muss sich sehr bemühen, nicht zu lange zu lesen, um nicht zu viel Schlaf zu versäumen, denn sie braucht die Erholung in der Nacht, um für ihre große Familie sorgen zu können.

Der Besuch in einem Bücherladen ist für unsere Familie immer ein besonderes Ereignis. Wir verschenken oft Büchergutscheine unserer örtlichen Buchhandlung, und es macht großen Spaß, gerade die richtigen Bücher auszusuchen. Im letzten Jahr haben die Frauen in meiner Familie Bücher über Haushaltsorganisation, Garten und Kindererziehung gelesen. Jeden Sommer lese ich nur zum Spaß eines der neuesten politischen Bücher. Irgendjemand hat immer mindestens einen Roman, einen christlichen oder auch einen weltlichen – querbeet alles von Klassikern wie Jane Austens *Stolz und Vorurteil* bis hin zu den Krimis von Dorothy Sayers. Christliche »Klassiker« wie zum Beispiel *Mein Äußerstes für sein Höchstes* von Oswald Chambers oder Charles H. Spurgeon gehören zu unseren Lieblingsbüchern – ebenso wie Biografien von Missionarinnen, zum Beispiel Amy Carmichael und Elisabeth Elliot oder auch gute geistliche Bücher von Nancy Leigh DeMoss. Einige dieser guten Bücher sollte jede gläubige Frau gelesen haben. Sie wurden geschrieben, um unsere Seele zu bereichern.

Warum sollten wir uns eigentlich damit abgeben, neben der Bibel noch andere christliche Bücher zu lesen? Alle diese Christen vor uns bieten uns einen reichen Schatz an Wissen und Weisheit. Wenn wir uns mit ihren Gedanken und Erfahrungen auseinandersetzen, dann beugen wir der geistlichen Magersucht vor. Großartige christliche Bücher können die lebensspendende Wahrheit für uns anschaulich und greifbar machen. Andere sind bereits den gleichen Weg gegangen, den auch wir gehen möchten. Sie haben die Fallgruben aufgezeichnet und Warnsignale für uns an den Weg gestellt. Sie weisen uns den Weg durch die Beschreibung ihrer geistlichen Freude, die auch uns vorwärtsbringen und aufwärtsziehen wird.

Es gibt einen christlichen Klassiker, den ich mir immer und immer wieder vornehme. Als ich das Buch *Knowing God* von J. J. Packer zum ersten Mal gelesen habe, war ich eine junge Frau um die 30. Aber ich bin es nie leid geworden, denn die Lehren dieses Buches über die Eigenschaften Gottes sind heutzutage noch genauso wesentlich für mein Leben wie sie es 1973 waren. Der Gedanke von Gott als Vater wurde für mich auf den Seiten dieses Buches lebendig:

> Wenn man beurteilen will, wie gut ein Mensch das Christentum versteht, dann muss man herausfinden, was es ihm bedeutet, Gottes Kind zu sein und Gott zum Vater zu haben. Wenn dies nicht der Gedanke ist, der die Verehrung Gottes und das Gebetsleben sowie seine gesamte Lebenseinstellung antreibt und beherrscht, dann bedeutet das, dass er das Christentum überhaupt nicht besonders gut verstanden hat. Denn alles, was Jesus Christus lehrte; alles, was das Neue Testament neu und besser als das Alte macht; alles, was ausgesprochen christlich im Gegensatz zu lediglich jüdisch ist – alles das wird im Wissen um das Vater-Sein Gottes zusammengefasst. »Vater« ist die christliche Bezeichnung für Gott.[28]

Liebe Schwestern, wenn wir erst einmal unser Recht auf Ablehnung eingeübt haben, dann können wir unseren Geist mit guten Dingen füllen! Manche können schnell lesen, andere nicht. Aber jede von uns kann sich dazu verpflichten, im Verlauf des nächsten Jahres zwei oder drei wirklich gute Bücher zu lesen.

Das menschliche Gehirn – diese drei oder vier Pfund graue Masse zwischen unseren Ohren – ist doch ein ganz erstaunliches Werkzeug mit sagenhaften Fähigkeiten! Der Geist ist großartiger als jeder Computer, denn er kann den Geist und die Gesinnung Christi erfassen und Gottes Gedanken nachvollziehen, Gottes Herz erkennen und seine Werke tun. Was ist es für eine ewige Tragödie, einen solchen Geist zu haben, einen erlösten Geist, und dennoch nicht die Gesinnung Christi. Ordnen Sie Ihren Geist dem Evangelium unter. Beschützen Sie ihn! Sagen Sie Nein zu dem geistlichen Brachland, das in Ihr Heim eindringen will.

Bemühen Sie sich bewusst, sich dem »Göttlichen Programmierer« durch das Lesen der Bibel unterzuordnen. Verpflichten Sie sich im Gebet dazu, das Wort Gottes zu lesen und zu studieren. Lesen Sie außerdem die großartigen Bücher jener Christen vor uns.

Was für eine Gelegenheit: Wir können die Gesinnung, den Geist Christi besitzen. Das ist Gottes Wille für uns im Evangelium.

Denkanstöße

- Philipper 4,8 lenkt Ihr Gedankenleben zu positiven Idealen hin. Wie ist es überhaupt möglich, über diese positiven Dinge nachzudenken, wenn die Belastungen und Enttäuschungen des Lebens Sie umgeben?
- Was sagen Matthäus 5,29 und Psalm 101,2-3 über einen disziplinierten Geist? Wie können Sie in dieser Woche diese Verse mit Leben füllen?
- Lesen Sie Psalm 119,97-100! Tun Sie das, was diese Verse beschreiben? Warum bzw. warum nicht?

- Wenn Sie noch nie im Laufe eines Jahres (oder im Lauf von zwei oder drei Jahren) die Bibel ganz durchgelesen haben, dann denken Sie darüber nach, ob Sie sich das nicht einmal vornehmen sollten, damit sie noch vertrauter mit der Bibel werden und Gottes Stimme in seinem Wort noch besser hören.
- Nennen Sie mindestens drei christliche Bücher, die einen großen Einfluss auf Ihr Leben ausgeübt haben! Suchen Sie zwei Bücher aus, die Sie immer schon lesen wollten (eines davon ein geistlicher Klassiker), und setzen Sie sich eine Frist, bis wann Sie sie gelesen haben wollen!
- In welchen Bereichen sind Sie sich bewusst, dass Sie mehr Disziplin für Ihren Geist brauchen? Wo sind Ihre größten Kämpfe auf diesem Gebiet – Vergleiche, die nicht hilfreich sind? Selbstmitleid? Grübeln über Verletzungen aus der Vergangenheit? Stolz? Sorgen? Irgendetwas anderes? Was können Sie in praktischer und in geistlicher Hinsicht tun, um in diesen Bereichen Wachstum zur Ganzheit hin zu erfahren?

7

Zufriedenheit

»Herr, vor dir ist all mein Begehren.«

(Ps 38,10a)

Unsere Freundin Libby ist wundervoll. Sie ist eine Frau Ende 20, und sie ist ein typisches Beispiel für die guten Eigenschaften der »Generation X«[29]. Sie hat ihren Abschluss an einer Elitehochschule gemacht. Sie ist hip, d. h. sie hat viel Kontakt zu Gleichaltrigen. Sie ist vielseitig interessiert. Sie hält sich fit, sowohl körperlich als auch geistlich. Sie ist eine treue Ehefrau und eine liebende und gewissenhafte Mutter. Aber das Beste ist: In Libbys Leben dreht sich alles um das Evangelium, und sie ist zufrieden. Es gab allerdings eine Zeit in ihrem Leben, in der diese Vorstellung von Zufriedenheit fast in Vergessenheit geraten war.

Libby ist in einem gläubigen Elternhaus mit einem beneidenswert frommen Erbe aufgewachsen. »Ich achte die tiefe Liebe meiner Eltern zu Jesus Christus«, sagt sie, »und auch die Art, wie der Glaube in meiner Kindheit und Jugend bei uns zu Hause ausgelebt wurde.« In dieser wundervollen Umgebung nahm sie schon als kleines Kind Jesus Christus als ihren Retter an. Im Kopf wusste sie, dass sie eine Sünderin war, und sie glaubte unerschütterlich daran, dass Jesus Christus, der Sohn Gottes, auf die Erde gekommen war, um den Preis für ihre Sünde durch seinen Tod am Kreuz zu bezahlen. In ihrer Kindheit und Jugend und auch noch im College lebte sie für den Herrn. Als sie älter wurde, wuchs auch ihr Glaube – in ganz kleinen Schritten, hier und da. Sie berichtet: »Ich fühlte mich wohl in meinem Leben, mit Jesus an meiner Seite, und ich war ziemlich sicher, dass ich für Gott ganz annehmbar war. Ich war eine ›glückliche Christin‹.«

Doch Gott hatte noch etwas anderes vor, und ihr Leben nahm eine unerwartete Wendung. Sie zog mit ihrem Ehemann aus einem

Vorort mitten in eine Großstadt und wurde dort mit vielen Alternativen zum Christentum bombardiert. Sie war eine verheiratete Frau und Mutter, und zum ersten Mal in ihrem Leben begann ihr Glaube zu wanken. Die Alternativen erschienen mit einem Mal sehr verlockend, und das Fundament ihres Lebens fing an zu bröckeln.

»Mein ganzes Leben lang«, erinnert sie sich, »hatte ich mich selbst für geistlich überlegen und moralisch unbesiegbar gehalten. Wenn ich von den Verfehlungen von anderen Gläubigen hörte, dann dachte ich immer bei mir: So etwas würde ich nie tun!« Sobald ihr allerdings alle Requisiten des kulturellen Christentums unter den Füßen weggezogen wurden, verlor sie sehr schnell ihren festen Stand. Sie trieb in eine geistliche Dunkelheit hinein, und sie stand buchstäblich an einer Weggabelung.

Libbys ganzes Auftreten änderte sich in dieser Zeit. Ihr Aussehen spiegelte die Unzufriedenheit ihrer Seele wider. Schwarz wurde ihre bevorzugte Farbe – sogar für den Lippenstift. Sie war oft mürrisch, beteiligte sich kaum noch an Gesprächen. Sie ging nicht mehr zur Gemeinde und vermied den Kontakt zu Christen so weit wie möglich. Libby fühlte tief im Inneren eine Sehnsucht, eine Ruhelosigkeit und Unzufriedenheit.

Was ist Zufriedenheit?

Eine Wörterbuchdefinition besagt, dass Zufriedenheit bedeutet, »nicht mehr haben zu wollen als man hat; sich mit etwas zu begnügen.«[30] In dem Klassiker *The Rare Jewel of Christian Contentment* (»Der seltene Edelstein der Zufriedenheit des Christen«), der im Jahr 1648 zum ersten Mal erschien, definiert der Autor Jeremiah Burroughs den Begriff *Zufriedenheit* folgendermaßen: »Die Zufriedenheit des Christen ist jene süße, innere, stille und anmutige Geisteshaltung, die sich aus freien Stücken Gottes weiser und väterlicher Anordnung in jeder Hinsicht unterordnet und sich an ihr erfreut.«[31]

Keiner verstand die Zufriedenheit besser als der Apostel Paulus. Er schrieb an die Gemeinde in Philippi und teilte ihr mit: *»Ich habe gelernt, mich darin zu begnügen, worin ich bin«* (Phil 4,11). Zum Glück für uns schreibt er, dass er es *»gelernt hat«*, sich zu begnügen, also zufrieden zu sein. Das bedeutet, es gibt eine Hoffnung für jede von uns, die irgendwann einmal, so wie Libby, dem Schreckgespenst der Unzufriedenheit begegnet ist.

Paulus schätzte die christliche Tugend der Zufriedenheit (oder Genügsamkeit) so sehr, dass er an Timotheus schrieb: *»Die Gottesfurcht mit Genügsamkeit aber ist ein großer Gewinn«* (1Tim 6,6). Dr. Martyn Lloyd-Jones schreibt über diese Anweisung des Paulus an Timotheus: »Bedenken Sie ebenso, wie er Timotheus ermahnt, sich dieses Prinzip zu Herzen zu nehmen, indem er sagt: ›Die Gottseligkeit mit Genügsamkeit aber ist ein großer Gewinn.‹ Er sagt damit aus: Es gibt nichts, was wichtiger wäre; wenn man Genügsamkeit, also Zufriedenheit hat, dann hat man alles. Paulus war zu dieser Zeit bereits ein alter Mann, und er schreibt an den jungen Timotheus: Du musst als Erstes lernen, unabhängig von Umständen und Befindlichkeiten zu werden – ›Gottseligkeit mit Genügsamkeit‹.«[32]

So ist also eine gottesfürchtige Zufriedenheit unabhängig von Umständen und Befindlichkeiten. Wenn man Gottesfurcht mit dieser Art der Genügsamkeit und Zufriedenheit vereint, dann hat man wahrlich einen seltenen Schatz!

Zufriedenheit ist allerdings heutzutage ein rares Gut – sowohl außerhalb als auch innerhalb der Gemeinde. Gemäß 2. Petrus 1,3 haben wir als Christen alles bekommen, was wir für unser Leben in Gottesfurcht benötigen. Wir haben alles, was wir brauchen, warum sind also so viele von uns nicht zufrieden?

Unzufriedenheit kommt quasi von selbst. Eva hatte alles – den perfekten Ehemann, eine wunderschöne Umgebung sowie – höchst bemerkenswert – unmittelbare und tägliche Gemeinschaft mit Gott. Sie ging und sprach mit ihm. Bis zu der Zeit, als Satan auftauchte und mit ihr redete, hatte sie immer die Stimme Gottes gehört und ihr gehorcht. Aber dann hörte sie dieser gegensätzlichen Stimme zu – dieser Stimme, die die Behauptung in den Raum stellte, dass Gott nicht das Beste für sie im Sinn hatte. Die Stimme sagte ihr ganz deutlich, dass Gott ihr etwas Wünschenswertes vorenthielt: *»Hat Gott wirklich gesagt ...?«* Etwas völlig Ungewohntes begann sich in Evas Herz zu regen: Unzufriedenheit. Sie wünschte sich etwas, das sie nicht besaß; etwas, das ihr liebender Schöpfergott ihr nicht geben wollte.

Interessanterweise war es nicht die Frucht selbst, die Eva in Versuchung führte. Es ist offensichtlich, dass Eva, solange sie auf Gottes Stimme hörte und ihr gehorchte, von dieser verbotenen Frucht nur wenig Notiz nahm. Sie war vollkommen zufrieden. Erst als sie sich auf Satans Einflüsterungen einließ, sah sie die Frucht in einem völlig neuen Licht. Sie fand auf einmal, der Baum sei *»gut zur Nahrung und dass er eine Lust für die Augen und dass der Baum begehrenswert war, Einsicht zu geben«* (1Mo 3,6).

Wir alle haben Evas Problem geerbt. Libby ging in Evas Fußstapfen, als die Reize der Großstadt Unzufriedenheit in ihr hervorriefen. Die Werbeindustrie verdient sehr gut an der Tatsache, dass das menschliche Herz stets zur Unzufriedenheit neigt. Sie ist nur zu gern bereit, uns darüber in Kenntnis zu setzen, wie wir unsere inneren Sehnsüchte stillen können. Wir werden mit Bildern bombardiert, und verführerische Stimmen erzählen uns, dass jenes exotische Haarfärbemittel uns ganz unwiderstehlich für das andere Geschlecht machen wird. Wir hören es wieder und wieder und schließlich glauben wir es, dass ein Bürojob in einer Firma nur eine Etage unter dem Glasdach uns allüberall Erfolg einbringen wird ... so geht es bis zum Abwinken weiter mit endlosen Variationen des gleichen Themas. Wohin wir uns auch wenden, man sagt uns, was wir brauchen, um glücklich zu sein – natürlich etwas, das wir noch nicht haben.

Es ist sehr schwierig, diese Stimmen immer auszublenden. Wir werden unwillkürlich davon beeinflusst, denn der Ruf zur Unzufriedenheit erschallt von den Seiten einer Zeitschrift, aus dem Fernseher, am Arbeitsplatz und sogar im Klassenzimmer.

Als Pastorenfrau habe ich im Laufe der Jahre vielen Frauen zugehört, die mit einem bestimmten Teil ihres Lebens nicht glücklich waren. Ihre Unzufriedenheit entspringt in der Regel aus einer der vier folgenden Kategorien: ihr Ansehen, ihr Eheleben, ihre finanzielle Situation oder ihre Kinder. Die Sorgen sind meistens:

Ansehen – der Wunsch, dass andere Menschen sie für schön, intelligent und erfolgreich halten mögen.

Ehe – der Wunsch, verheiratet zu sein; der Wunsch, mit jemand anderem verheiratet zu sein; der Wunsch, den Ehemann zu ändern.

Geld – der Wunsch nach mehr Geld; der Wunsch, der Ehemann möge mehr oder weniger Geld ausgeben; der Wunsch, die Kinder mögen mehr Geld haben. (Ich habe nie mit jemandem gesprochen, der weniger Geld haben wollte.)

Kinder – der Wunsch nach Kindern; der Wunsch, die eigenen Kinder zu ändern; der Wunsch, die Entscheidungen oder die Umgebung der Kinder unter Kontrolle zu haben.

Natürlich sehnen wir uns nach dem, was wir nicht haben!

Selbstverständlich ist es in Ordnung, wenn wir unsere Lebensqualität verbessern wollen. Aber die Umstände unseres Lebens, die wir nicht ändern können, sollten uns lehren, dass wahre Zufriedenheit nur von Gott kommen kann, und dass wir sie einzig und allein in ihm suchen müssen.

Sehnsüchte

Wenn wir uns mit den Begriff *Zufriedenheit* befassen, dann ist es wichtig zu erkennen, wo jene Sehnsüchte ihren Ursprung haben. Unzufriedenheit kann sowohl einer geistlichen Sehnsucht als auch einer ungeistlichen Sehnsucht entspringen. Als Libby in der Großstadt lebte, quoll alles und jedes um sie herum geradezu über vor scheinbarer Raffinesse. Alternative Lebensstile boten Reize und verbotene Vergnügungen. Das Leben als Christ dagegen schien nicht zu halten, was es versprach – es erschien schwerfällig und farblos. Aus ihrem tiefsten Innersten überwältigte eine Sehnsucht ihre Seele: frei zu sein von allen Begrenzungen. Eine lange Zeit probierte sie alles Mögliche aus, und ihre Enttäuschung wurde immer größer.

Auf der Suche nach Ruhe für ihren inneren Kampf las sie 2. Petrus 2,20-22. In dieser Bibelstelle werden Gläubige beschrieben, die das Wort des Herrn empfangen haben und dann wieder in die Welt abgeglitten sind. Am Ende des Abschnitts werden sie mit Hunden verglichen, die wieder zu ihrem eigenen Erbrochenen zurückkehren. »Ich wusste genau: Damit war ich gemeint«, sagte sie. »Obwohl ich die Wahrheit Gottes und die wunderbare Wahrheit des Evangeliums kannte, kehrte ich doch zu dem Müll zurück, den diese Welt zu bieten hatte, und hoffte, darin Sinn und Erfüllung zu finden.« Der Pastor und Autor Phillip Jensen zeichnet die Ironie solcher Erfahrungen wie die von Libby in seinem Buch *Guidance and the Voice of God* (»Führung und die Stimme Gottes«) auf:

> Die nichtchristliche Welt beschreibt Christen gerne als Menschen, die in einem Netz aus Gleichförmigkeit, falscher Moral und Traurigkeit gefangen sind und ein eintöniges und freudloses Leben in der Hoffnung darauf führen, dass Gott irgendwie davon beeindruckt wird. Die Wahrheit ist, dass Traurigkeit durch Sünde hervorgerufen wird, nicht dadurch, dass man auf Gottes Wegen geht. Die Sünde zerstört das Glück; sie zerstört Beziehungen; sie behindert unsere Freiheit. Die nichtchristliche Welt, versklavt in Sünde, ist voll von zerbrochenem Leben und Traurigkeit.[33]

In Wahrheit ist es so: Das Schlimmste, was einem Christen passieren kann, der sich nach irgendetwas außerhalb des Willens Gottes sehnt, ist, dass Gott sein Verlangen erfüllt. Das war die Erfahrung des Volkes Israel vor der babylonischen Gefangenschaft: *»Aber mein Volk hat nicht auf meine Stimme gehört, und Israel ist mir nicht willig gewesen. Da gab ich sie dahin in die Verstocktheit ihres Herzens. Sie wandelten nach ihren Ratschlägen«* (Ps 81,12-13).

Wenn Christen nach Zufriedenheit außerhalb des Willens Gottes suchen, dann erfahren viele von ihnen das gleiche Elend, das auch Israel begegnete. Das muss mit Sicherheit das »größte Elend von allen sein ... wenn Gott jemanden den Wünschen und Begierden des eigenen Herzens überlässt, wenn Gott jemanden seinen eigenen Vorstellungen überlässt.«[34]

Wenn wir also Unzufriedenheit erfahren, dann müssen wir uns selbst einige gezielte Fragen stellen: »Was ist die Quelle meiner Sehnsucht? «, und: »Will ich das wirklich, was ich zu wollen meine?«

Geistliche Sehnsüchte

Die Sehnsucht, die von Gott in unsere Herzen gepflanzt wurde, die Sehnsucht nach Gott, ist es wert, gestillt zu werden. Joyce Seelye, eines unserer Gemeindemitglieder, schreibt:

> Ich glaube, das Wort *Zuhause* muss das schönste Wort der menschlichen Sprache sein. In ihm schwingen Zugehörigkeit, Fürsorge, Trost, Frieden und Sicherheit. Vor einigen Jahren habe ich Pläne für ein neues Einfamilienhaus entworfen. Ich habe einige Häuser gesehen, die zum Verkauf standen, und ich wünschte mir, sie von innen zu besichtigen und vielleicht eines davon zu kaufen. Da wir bereits ein passendes, gemütliches Haus hatten, mit dem ich eigentlich ganz zufrieden war, fragte ich mich, was ich mit diesen Sehnsüchten tun sollte. Ich legte die Angelegenheit Gott vor. In Psalm 38,10a heißt es: *»Herr, vor dir ist all mein Begehren.«* Und wie es meistens passiert bei meinem täglichen Bibelstudium, stolperte ich plötzlich über Bibelstellen über das Zuhause, den Wohnort Gottes:
>
> *»Blicke herab von deiner heiligen Wohnung vom Himmel, und segne dein Volk.«* (5Mo 26,15)
>
> *»Ich möchte weilen in deinem Zelt in Ewigkeit.«* (Ps 61,5)
>
> *»Wer im Schutz des Höchsten wohnt, bleibt im Schatten des Allmächtigen.«* (Ps 91,1)

»Nur Güte und Gnade werden mir folgen alle Tage meines Lebens; und ich kehre zurück ins Haus des HERRN für immer.« (Ps 23,6)

Von Zeit zu Zeit kehren die Sehnsüchte zurück, und dann werde ich daran erinnert, dass der Himmel meine wahre und endgültige Heimat ist, die vollkommene Erfüllung dieses schönsten aller Wörter: *Zuhause.*

Joyce hat völlig recht, denn »der echte Christ trägt in seinem heimatlosen Herzen einen Hunger, der nur durch die Fülle Gottes selbst und durch seine wahre Heimat gestillt werden kann – der eigentlichen Heimat seiner Seele.«[35]

Sehnsucht nach Gott ist eine angemessene Sehnsucht. Wir sind zu einer Beziehung zu ihm hin geschaffen. Aber ebenso, wie Joyces Sehnsucht nach einem »Zuhause« immer wiederkehrt, so wird unsere Sehnsucht nach Gott und seinem Wohnort erst vollständig im Himmel verwirklicht.

Als junge Frau las ich Offenbarung 2,17 und sehnte mich nach dieser Verheißung: *»Wer ein Ohr hat, höre, was der Geist den Gemeinden sagt! Wer überwindet, dem werde ich von dem verborgenen Manna geben; und ich werde ihm einen weißen Stein geben und, auf den Stein geschrieben, einen neuen Namen, den niemand kennt, als wer ihn empfängt.«* Dieses Geheimnis von einem Stein mit einem neuen Namen darauf, einem Namen, den nur ich und der Namensgeber kennen, packte mein Herz. Nicht Barbara, sondern ein himmlischer Name, den mein himmlischer Vater für mich ausgesucht hatte. Dieses Geschenk an jenem Tag wird eine Zufriedenheit mit sich bringen, die ich auf dieser Erde nie erfahren werde. Aber ich weiß, dass es einmal so sein wird! *»Denn so viele Verheißungen Gottes es gibt, in ihm ist das Ja«* (2Kor 1,20).

Der Psalmist David drückt solche Sehnsucht nach Gott aus, wenn er schreibt: *»Wie eine Hirschkuh lechzt nach Wasserbächen, so lechzt meine Seele nach dir, Gott«* (Ps 42,2). Jeder, der sich an Gott wendet, wird zufriedengestellt: *»Er wird deine Seele sättigen an Orten der Dürre«* (Jes 58,11).

Wenn Sie merken, dass Sie unzufrieden werden, dann halten Sie ein, und erforschen und beurteilen Sie Ihre Sehnsucht. Ist es eine geistliche Sehnsucht oder eher eine ungeistliche? Geben Sie der Versuchung nach, um Ihren Herzenswunsch zu erfüllen, oder bitten Sie Gott und sein Wort um Hilfe?

Zufrieden im Überfluss oder im Mangel

In seinem Buch *Spiritual Depression* (»Geistliche Verzweiflung«) stellt Martyn Lloyd-Jones eine wichtige Frage: Ist es einfacher, mit viel oder mit wenig zufrieden zu sein? Beides ist schwierig. Die Lehre des Apostels Paulus ist ganz wesentlich: *»Ich habe gelernt, mich darin zu begnügen, worin ich bin. Sowohl erniedrigt zu sein, weiß ich, als auch Überfluss zu haben, weiß ich; in jedes und in alles bin ich eingeweiht, sowohl satt zu sein als auch zu hungern, sowohl Überfluss zu haben als auch Mangel zu leiden. Alles vermag ich in dem, der mich kräftigt«* (Phil 4,11-13).

Paulus hatte das Geheimnis der Zufriedenheit in Überfluss oder im Mangel kennengelernt. Für uns ist es schwierig, mit wenig zufrieden zu sein, denn wir trauen es Gott nicht zu, uns mit allem zu versorgen, was wir benötigen. Stattdessen sorgen wir uns und planen. Andererseits, wie Dr. Lloyd-Jones herausstellt: »Wie schwierig ist es für einen wohlhabenden Menschen, sich nicht völlig unabhängig von Gott zu fühlen. Wenn wir reich sind und alles so einrichten und handhaben können, wie wir möchten, dann neigen wir dazu, Gott zu vergessen.«[36] So oder so: Unzufriedenheit birgt immer die Gefahr der Versuchung zur Sünde, indem man sich nicht auf Gott verlässt.

Die meisten Frauen allerdings sind ganz sicher, dass sie ziemlich zufrieden wären, wenn sie nur ein kleines bisschen mehr hätten. Doch wie eine Frau einmal weise bemerkt hat: »Es ist schwer, mit wenig zufrieden zu sein; aber es ist unmöglich, mit viel zufrieden zu sein.«[37] Neben dem Einen und Einzigen, der uns zufriedenstellen kann, sind wir menschlichen Wesen unersättlich – wir wollen immer noch mehr. Salomo hat das gut ausgedrückt: »*Alle Worte mühen sich ab. Nichts vermag ein Mensch zu sagen. Das Auge wird nicht satt zu sehen und das Ohr nicht voll vom Hören*« (Pred 1,8). Je mehr man hat, desto mehr will man haben – nichts stellt wirklich zufrieden. Also ganz gleichgültig, ob Sie reich oder arm sind, das Bemühen um Zufriedenheit erfordert, dass wir sowohl unsere Sorgen als auch unsere Gier dem Herrn unterordnen.

Die Quelle der Zufriedenheit

Es gibt ein Gerücht, dass Menschen, die sich ernsthaft mit der Bibel beschäftigen, auch im Allgemeinen ernst sind – Leute mit langem Gesicht, die zum Lachen in den Keller gehen. Tatsache ist aber: Frauen, die Gott und die Bibel lieben, haben Quellen der Freude und Zufriedenheit, die alles übersteigen, was die Welt zu bieten hat. So liegt es also nahe, dass die wild wuchernde Unzufriedenheit unter evangelikalen Frauen von ihrem verschwommenen biblischen Wissen herrührt.

Wir sind zur Erkenntnis Gottes geschaffen. In der Erkenntnis Gottes findet man Zufriedenheit und Freude. Ein weises Wort: »Lachen und Fröhlichkeit sind dort, wo Freude, Zufriedenheit und Dankbarkeit überfließen. Doch durch eine merkwürdige Wendung entstehen diese Dinge erst aus dem Verständnis der äußersten Verlorenheit des Menschen und der Erlösung durch den Herrn.«[38] Zufriedenheit findet man in der Erkenntnis Gottes!

James Packer schreibt in seinem Klassiker *Knowing God* (»Gotteserkenntnis«), dass zwar viele Menschen nicht die Anwendbarkeit sehen, wenn man sich mit den biblischen Eigenschaften Gottes befasst, doch jede neue Entdeckung in Bezug auf Gottes Wesen ist in Wirklichkeit ein Segen für unser Leben. Er betrachtet beispielsweise die Großzügigkeit Gottes uns gegenüber: »*Der HERR ist gut gegen alle, sein Erbarmen ist über alle seine Werke«*, und: »*Sie alle warten auf dich, dass du ihnen ihre Speise gibst zu seiner Zeit. Du gibst ihnen: Sie sammeln ein. Du tust deine Hand auf: Sie werden gesättigt mit Gutem«* (Ps 145,9; Ps 104,27-28). Der Psalmist will damit sagen: »Da Gott alles, was in seiner Welt geschieht, unter Kontrolle hat – jede Mahlzeit, jede Freude, jeden Besitz, jeden Sonnenschein, jede Nachtruhe, jeden Augenblick in Gesundheit und Sicherheit – ist alles Weitere, was unser Leben aufrechterhält und bereichert, ein himmlisches Geschenk. Welch ein Überfluss in diesen Geschenken!«[39]

Wie großzügig Gott ist – und er ist noch so viel mehr! In der Bibel erfahren wir alles, was wir über Gott wissen können: seine Eigenschaften und seine Handlungen, seine Pläne für Zeit und Ewigkeit, und an welcher Stelle wir selbst in diese Pläne eingefügt sind. Das ist so offensichtlich, aber viele Menschen verstehen diese einfache Wahrheit nicht. Christen haben ihr Vertrauen zu Gottes Wort verloren, wie die Vielzahl derer zeigt, die die Bibel nicht hören, nicht lesen und nicht studieren, und – was noch viel wichtiger wäre – die die biblischen Wahrheiten nicht in ihrem Alltag anwenden.

Hören auf Gottes Wort

Klingt meine Kritik an Gläubigen, die nicht mehr auf die Bibel achtgeben, zu hart? Ich habe schon oft beobachtet, dass Leute in der Gemeinde gar nicht zuhören.

Mein Mitgefühl gilt denen, die nach einer anstrengenden Arbeitswoche und einem hektischen Sonntagmorgen gehetzt zur Gemeinde fahren und endlich auf der Kirchenbank zur Ruhe kommen. Ich habe ebenso Mitgefühl mit denen, die das Zuhören aufgegeben haben, weil der Prediger immer schlecht vorbereitet ist oder schon längst nicht mehr über das Wort Gottes predigt, sondern lieber über andere, allseits beliebte Themen. Doch wenn das Wort Gottes gepredigt wird, dann müssen wir die Disziplin aufbringen, trotz eventueller Schwierigkeiten wirklich zuzuhören, denn das Zuhören ist der Wille Gottes für uns. Der Herr Jesus selbst sagt: »***Meine Schafe hören***

***meine Stimme**, und ich kenne sie, und sie folgen mir; und ich gebe ihnen ewiges Leben, und sie gehen nicht verloren in Ewigkeit, und niemand wird sie aus meiner Hand rauben«* (Joh 10,27-28, Hervorhebung durch die Autorin).

Eine unserer Sonntagsschulmitarbeiterinnen berichtete uns, wie Gott zu ihr durch einen Satz sprach, den die Kinder jede Woche wiederholen: »Es ist Zeit, die Ohren auf Empfang zu stellen.«

Wenn sie nun zu Beginn des Gottesdienstes in der Gemeinde sitzt, dann betet sie ganz bewusst im Stillen: »Herr, ich bin hier, um dir zuzuhören.« Im Buch Prediger lesen wir: *»Du aber fürchte Gott!«* (Pred 5,6; SLT)

Es ist so wichtig, auf Gottes Wort zu hören.

Die Bibel studieren

Im Verlauf dieses Buches ermutige ich Sie wiederholt, die Bibel zu studieren. Das Bibelstudium ist nie so einfach gewesen wie heutzutage. In jedem beliebigen christlichen Buchladen gibt es ein endloses Angebot an Vorschlägen und Studienhilfen für das persönliche Bibelstudium. Aber alles das ist nicht unbedingt notwendig, wenn man Gottes Wort studieren will. Alles, was man dazu wirklich braucht, ist eine für dieses Bibelstudium reservierte Zeit, in der man die Bibel mit einem Blatt Papier für Notizen und einem Stift in der Hand liest. Der Londoner Prediger und Bibellehrer Dick Lucas schlägt vor, sich folgende sechs grundlegenden Fragen zu stellen, die sich als hilfreich erwiesen haben:

1. Was ist die Hauptaussage (oder was sind die Hauptpunkte) der Textstelle?
2. Woher wissen Sie, worum es geht?
3. Wie können Sie mit Ihrem Textverständnis einen Zusammenhang herstellen zu der unmittelbar vorausgehenden und der unmittelbar anschließenden Textstelle?
4. Spricht dieser Text über den Herrn Jesus, oder weist er auf ihn hin? Wenn ja, wie?

5. Was überrascht Sie an diesem Text?
6. Wie können Sie diesen Text anwenden? Wie kommen Sie auf diese Anwendung?

Erkennen Sie den Zusammenhang! Wenn Sie diese Fragen auf den Text angewendet haben, den Sie studieren möchten, dann fragen Sie sich: In welcher Verbindung steht dieser Text zum Gesamtzusammenhang der Bibel? Dadurch können Sie vermeiden, sich in den kleinsten Einzelheiten des Textes zu verlieren, und Sie bekommen ein Gespür dafür, wie ein kleiner Bibelabschnitt sich in das gesamte Bild einfügt.[40]

Wenn Sie das Wort Gottes studieren, dann werden Sie es kennen und lieben lernen.

Sie werden Gottes Worte »essen« (vgl. Jer 15,16), und diese geistliche Nahrung wird Sie zufriedenstellen. *»Er (Jesus) aber antwortete und sprach: Es steht geschrieben: ›Nicht von Brot allein soll der Mensch leben, sondern von jedem Wort, das durch den Mund Gottes ausgeht‹«* (Mt 4,4). Gottes Worte sind ewig (*»Der Himmel und die Erde werden vergehen, meine Worte aber sollen nicht vergehen«*, Mt 24,35), und Gott ist die Quelle der Weisheit, die Sie benötigen: *»Herr, zu wem sollten wir gehen? Du hast Worte ewigen Lebens«* (Joh 6,68).

Gottes Wort anwenden

Wissen und Erkenntnis ohne Anwendung ist tödlich. Obwohl es weitaus mehr Frauen als Männer gibt, die ein regelmäßiges Bibelstudium betreiben, bedeutet das noch nicht zwangsläufig, dass es ihnen viel hilft.

»Wir müssen lernen, uns selbst nicht nur an unserem Wissen über Gott zu messen, auch nicht an unseren Gaben oder unserer Verantwortung in der Gemeinde, sondern an unserem Gebet und daran, was in unserem Herzen vor sich geht. Ich fürchte, dass viele von uns keine Ahnung haben, wie verarmt wir in dieser Hinsicht sind.«[41]

An dieser Stelle war auch Libby auf dem Holzweg gewesen. Man hatte sie das Richtige gelehrt, aber sie hatte nicht auf das vertraut, was sie als wahr erkannt hatte. Wissen ohne Anwendung ist eine der größten Gefahren der christlichen Gemeinde – diese Fehlhaltung folgt dicht auf den Verlust des Vertrauens zum Wort Gottes. Wissen, nur um der Anhäufung von Information willen, führt lediglich zu Stolz und Arroganz; beides sind Feinde Gottes. Das Wissen und die Erkenntnis Gottes auf die eigenen Lebensumstände anzuwenden, ist hingegen der Schlüssel zur Zufriedenheit.

Als Paulus aus dem Gefängnis schrieb, er habe *»gelernt, sich damit zu begnügen, was er hat«*, da fügte er noch hinzu: *»Alles vermag ich in dem, der mich kräftigt«* (Phil 4,13). Paulus wandte sein erprobtes Wissen von Gott auf seine Lebensumstände an – und er war zufrieden.

Von einer anonymen Frau aus dem 18. Jahrhundert (ihr Pseudonym war *A Poor Methodist Woman*, »Eine arme Methodistenfrau«) ist eine strahlende und eindringliche Erklärung der Zufriedenheit in Gott allein überliefert. Für mich sind ihre Worte zum Ideal geworden.

Ich weiß nicht,
wann ich glücklichere Zeiten
in meiner Seele erlebt habe
als dann, wenn ich bei der Arbeit saß,
nichts weiter vor mir
als eine Kerze und ein weißes Stück Stoff,
und kein Geräusch
außer mein eigenes Atmen;
und Gott in meiner Seele
und den Himmel vor Augen.
Ich erfreue mich daran, genau das zu sein, was ich bin:
ein Geschöpf, fähig dazu, Gott zu lieben,
das, solange Gott lebt,
glücklich sein muss.

Ich stehe auf
und schaue eine Weile aus dem Fenster.
Ich betrachte den Mond und die Sterne,
das Werk einer allmächtigen Hand.
Ich bedenke die herrliche Pracht des Weltalls
und setze mich nieder
und denke, dass ich selbst
eines der glücklichsten
Lebewesen darin bin.

Der seltene Schatz der Zufriedenheit eines Christen kann Ihnen gehören, wenn die ganze Fülle Gottes und alles, was er in Christus Jesus getan hat, Ihr Herz erfüllt. Es kann sein, dass uns in dieser Welt viele Dinge fehlen, aber als gläubige Frauen müssen wir daran arbeiten, Zufriedenheit zu entwickeln. Denn dies ist Gottes Wille im Evangelium.

Denkanstöße

- Nennen Sie einige Aspekte des »großen Gewinns«, der aus »Gottseligkeit mit Genügsamkeit« (1Tim 6,6) kommt!
- Warum muss die geistliche Zufriedenheit unabhängig von Umständen und Lebensbedingungen sein?
- Was sind die Merkmale einer geistlichen Unzufriedenheit? Welches sind gute und geistliche Sehnsüchte? Siehe Psalm 42,1; Psalm 61,4; Psalm 119,18-20.
- Wie können Sie eine Verbindung herstellen zwischen dem Wort Gottes (Ihrer Gotteserkenntnis) und den Bereichen Ihrer eigenen Unzufriedenheit?
- Wenn man Zufriedenheit durch eine wachsende Erkenntnis Gottes in Verbindung mit Gottvertrauen findet, unabhängig von den Lebensumständen, was fehlt dann in Ihrem eigenen Leben als Christ, wenn Sie dennoch unzufrieden sind – Wissen oder Vertrauen?

8

Christlicher Lebensstil

»Wandelt nur würdig des Evangeliums des Christus.«
(Phil 1,27a)

Das haben wir doch alle schon einmal erlebt: Man setzt sich zur Entspannung mit einer Tasse Kaffee vor den Fernseher, erwischt eine Talkshow und hört, wie eine Frau über ihr Sexleben befragt wird. Das Gespräch ist entwürdigend und, offen gesagt, peinlich. Man schaltet auf einen anderen Kanal, und da hört man zu seinem Befremden, wie Ehepaare unangenehme Familiengeheimnisse preisgeben. Man schaltet wieder um und sieht eine Diskussion mit jungen Mädchen und ihren Müttern. Die Mütter verteidigen das Recht ihrer Töchter auf möglichst aufreizende Kleidung.

Angewidert schaltet man den Fernseher aus. Solch ein Sammelsurium von Müll war vor 30 Jahren mehr oder weniger unbekannt. Warum? Obwohl unsere Kultur auch damals nicht wirklich christlich war, hat sie doch noch sehr von dem jüdisch-christlichen Erbe profitiert, das unsere Gesellschaft mit einem gewissen Sinn für Anstand zierte.

Anstand – das ist ein altmodisches Wort. Es bedeutet: »angemessen« oder »passend« zu sein. Das Wort scheint genau richtig zu sein, um zu beschreiben, was Paulus meint, wenn er die Gläubigen ermahnt, sie sollen *»würdig wandeln«* (Phil 1,27a).

Anstand ist einfach ein Verhalten, das der Situation angemessen ist für einen Christen – Handlungen, die das Evangelium und den Herrn Jesus Christus nicht in Schande bringen. Anstand hebt unsere Worte, unsere Erscheinung und unsere Auffassungen auf ein höheres Niveau. Aber Anstand beginnt nicht mit diesen äußerlich sichtbaren Anzeichen. Anstand ist eine Sache des Herzens.

Der Kern der Sache

Der Autor Bob DeMoss schreibt: »Ihr Herz ist das Kernstück Ihres Seins. Es ist das Wesentliche Ihrer Persönlichkeit. Es ist die Stelle, wo Ihr Geist und Wille, Ihre Gefühle und Überzeugungen zusammentreffen und das bilden, was Sie glauben, was die Grundlage Ihrer Entscheidungen ist.«[42] Er sagt damit, dass unser Verhalten von dem bestimmt wird, was in unserem Herzen ist. Auch die Bibel stützt diese Vorstellung: *»Wie im Wasser das Gesicht dem Gesicht entspricht, so das Herz des Menschen dem Menschen«* (Spr 27,19).

Es klingt gut, dass unser Verhalten von unserem Herzen vorgegeben wird – nur dass unser Herz einen verhängnisvollen Makel hat: *»Trügerisch ist das Herz, mehr als alles, und unheilbar ist es. Wer kennt sich mit ihm aus?«* (Jer 17,9)

Was wäre, wenn wir nicht gläubig wären? Abgesehen vom Evangelium wäre das Beste, was man tun könnte, um sein eigenes Herz zu beherrschen, Höflichkeit und gute Manieren weiterzuentwickeln. Aber es wäre ein falscher Trost, wenn wir uns auf die Schulter klopfen würden, weil wir »ja gar nicht so schlimm sind«, denn selbst mit der feinsten Empfindsamkeit kann man niemals zum innersten Kern des Problems in unserem unheilbar betrügerischen Herzen vorstoßen. Nur das Evangelium kann wirklich zum Kern der Sache gelangen.

Das Herz! Es ist die Stelle, an der wir wiedergeboren werden. »... wenn *du mit deinem Mund Jesus als Herrn bekennen und in deinem Herzen glaubst, dass Gott ihn aus den Toten auferweckt hat, du gerettet werden wirst«* (Röm 10,9).

Wenn wir einmal unsere Sünden bekannt haben und in unserem Herzen glauben, dann hilft uns das Wort Gottes, uns mit unserem tiefen Bedürfnis nach einer fortdauernden Umkehr des Herzens zu befassen. *»Denn das Wort Gottes ist lebendig und wirksam und schärfer als jedes zweischneidige Schwert und durchdringend bis zur Scheidung von Seele und Geist, sowohl der Gelenke als auch* *des Markes, und ein Richter der Gedanken und Gesinnungen des Herzens«* (Hebr 4,12).

Wenn das Wort Gottes mit seiner feinfühligen Operation an unserem Herzen beginnt, dann ist das schmerzhaft. Es verlangt die Unterordnung unter den Willen Gottes in Angelegenheiten, deren Existenz wir lieber verleugnen würden oder von denen wir meinen, sie gingen Gott nichts an.

Reinheit in unserer äußeren Erscheinung

Von dem Tag an, an dem ein Mädchen zum ersten Mal eine Modezeitschrift zur Hand nimmt, bis zu dem Tag, an dem es stirbt, zählt die Kleidung zu seinen Hauptgesprächsthemen. Es ist erstaunlich: Obwohl wir so viel über Kleidung reden, sagt die Bibel doch nur wenig zu diesem Thema. Dennoch ist das, was sie sagt, wichtig.

Jesus lehrte, dass wir uns nicht um unsere Kleidung sorgen sollen wie die Heiden, die solchen Dingen hinterherlaufen, und sagen: *»Was sollen wir anziehen?«* (Mt 6,25-34). Jesus prangert hier einen Mangel an Gottvertrauen im Hinblick auf grundlegende Bedürfnisse an. Wenn die meisten von uns sich um ihre Kleidung Sorgen machen, dann hat das normalerweise nichts mit grundlegenden Bedürfnissen zu tun, sondern es geht nur darum, welchen Eindruck wir hervorrufen möchten oder wie wir uns selbst fühlen möchten.

Es lebe der Unterschied!

Die Hauptaussage der Bibel über unsere Kleidung bezieht sich auf die Unterschiede zwischen Männern und Frauen: *»Männerzeug darf nicht auf einer Frau sein, und ein Mann darf nicht das Gewand einer Frau anziehen. Denn jeder, der dieses tut, ist ein Gräuel für den HERRN, deinen Gott«* (5Mo 22,5).

Dieser Vers hat nichts damit zu tun, ob Frauen Jeans tragen dürfen oder nicht. (Ich habe selbst einige Jeans, die ich häufig trage.) Die Bibel bürdet uns keine unmögliche Liste von Verboten und

Geboten auf. In dieser Bibelstelle geht es um ein Prinzip. Wenn wir uns später mit dem Thema Ehe beschäftigen, dann werden wir entdecken, welchen Wert Gott auf die Unterschiede zwischen den Geschlechtern legt. Wenn man diesen Unterschied verwischen will, dann beleidigt man Gott. Christen sollten den Unterschied herausstellen. Aber wie?

Kann Hollywood uns dabei helfen? In der Vergangenheit haben Hollywood-Filme aus den Unterschieden der Geschlechter Kapital geschlagen. Marilyn Monroe ist geradezu ein Monument für weibliche Kurven. Hugh Hefner machte aus den Geschlechtsunterschieden ein gutes Geschäft, indem er sie enthüllte. Hier werden die Unterschiede nicht im Geringsten verwischt.

Doch seit einiger Zeit ist es paradoxerweise geradezu modern geworden, die Unterschiede zu verleugnen. Feministinnen haben natürlich nie dafür plädiert, die Unterschiede herauszustellen. Sie haben vielmehr einen enormen Wandel in der Mode für Frauen herbeigeführt – mit dem Ergebnis, dass viele Frauen wie Soldaten in Maos Armee aussehen! Kritiker haben ironisch bemerkt, dass Feministinnen »schon würgen, wenn sie nur das Wort Weiblichkeit hören.«[43]

Gemeinsam haben die Vordenker aus Hollywood und die Feministinnen die weibliche Kleidung schon früh beeinflusst. Von Jugend an öffnen wir unseren Kleiderschrank und überlegen, welches Bild von uns selbst wir abgeben möchten. Der »Effekt« unserer Kleidung bestimmt unsere Auswahl: Kleide ich mich für Männer oder für Frauen? Drücke ich mit der Auswahl meiner Kleidung Kraft aus? Oder Bildung? Oder Verführung?

Die Antwort des Evangeliums ist: nichts von alledem! Gläubige Frauen kleiden sich so, dass sie Gott gefallen. Wenn der Herr Jesus Christus unser Herz verändert, dann hören wir seine Stimme eher als das Gezeter der Modezeitschriften mit ihren Machtversprechungen. Wenn unser Herz verändert ist, dann lernen wir es immer mehr zu schätzen, eine Frau zu sein.

Haben Sie Gott schon einmal dafür gedankt, dass er Sie als Frau geschaffen hat? Falls nicht, dann halten Sie jetzt inne und tun Sie es. Machen Sie sich das zur Gewohnheit. Beten Sie nicht die Weiblichkeit an, sondern verehren Sie den Schöpfer! Ein dankbares Herz wird sich sicherlich bald in Ihrer äußeren Erscheinung widerspiegeln. Ihr Herz kann aus einer Quelle jenseits der Welt um Sie her schöpfen: aus der lebensspendenden Quelle des Wortes Gottes.

Kleiden Sie sich sittsam

Edward Sanford Martin beschreibt es sehr schön: »Es ist nicht so, dass mit den Mädchen etwas nicht stimmt. ... Sie sind auf ihre Art eine gute Erfindung, und diese liebenswürdige Gattung ist unverzichtbar und unschlagbar. Wenn Sie nicht dieser Meinung sind, dann ist mit Ihnen etwas verkehrt. Wenn eine Menschenrasse oder ein Volk nicht dieser Meinung ist, dann ist das ein untrügliches Symptom dafür, dass mit diesem Volk etwas nicht stimmt. Es gibt keinen besseren Anhaltspunkt für den Fortschritt der Zivilisation eines Volkes als seine Wertschätzung den Mädchen gegenüber.«[44]

Im Wort Gottes wird genau deswegen über die Kleidung von Frauen gesprochen, weil es um die Wertschätzung von Frauen und Mädchen geht. Wenn man die Geschlechtsunterschiede herausstellt, dann drückt das eine höhere Wertschätzung der Frau aus. Bescheidenheit und Sittsamkeit erhöhen an sich diese Wertschätzung: *»... ebenso, dass auch die Frauen sich in anständiger Haltung mit Schamhaftigkeit und Sittsamkeit schmücken, nicht mit Haarflechten und Gold oder Perlen oder kostbarer Kleidung, sondern mit dem, was Frauen entspricht, die sich zur Gottesfurcht bekennen, durch gute Werke«* (1Tim 2,9-10). Wir haben bereits festgestellt, dass Anstand so viel bedeutet wie: gekennzeichnet durch Angemessenheit. Wenn Sie eine formelle Einladung bekommen, zum Beispiel zu einer Hochzeit, dann werden Sie sich besonders sorgfältig und festlich kleiden. Durch Ihre Kleidung und Ihren Schmuck zeigen Sie Ihre Achtung für Braut und Bräutigam. Wenn man sich zu einer solchen Gelegenheit nachlässig und schlampig kleidete, dann würde man auch das Evangelium in den Schmutz ziehen.

Was die Begriffe *Schamhaftigkeit* und *Sittsamkeit* angeht, so drücken beide Wörter das aus, was man als keusch sein bezeichnet. »Keuschheit bedeutet in erster Linie, dass man sich von Handlungen oder sogar Gedanken und Wünschen fernhält, die nicht jungfräulich sind oder nicht durch den Ehebund geheiligt sind.«[45] Wenn man sich also sittsam kleidet, dann heißt das, man zieht sich so an, dass man nicht sinnliche Gedanken und Handlungen hervorruft.

Wenn Sie blind sind oder von einem anderen Planeten stammen, dann haben Sie möglicherweise die Tatsache übersehen, dass die Sittsamkeit verschwunden ist. Sie ist tot und begraben. Wenn Sie das nicht glauben können, dann gehen Sie einmal mit einem jungen Mädchen einkaufen. Die Modegurus haben gründlich dafür gesorgt. Jedes einzelne Kleidungsstück, das ein Mädchen heutzutage brauchen könnte, ist schon von vornherein so gestaltet, dass es Gedanken hervorruft, die alles andere als jungfräulich sind. Der Ausruf des Propheten Jeremia kommt mir dabei in den Sinn: *»Doch sie schämen sich keineswegs, ja, Scham kennen sie nicht«* (Jer 6,15).

Ich habe festgestellt, dass einige junge gläubige Frauen auf diesen Druck so reagiert haben, dass sie nun übergroße, weite, maskulin wirkende Kleidung anziehen. Aus ihrem Wunsch heraus, dem Herrn zu gefallen, finden sie es leichter, völlig unkleidsame Sachen zu tragen, als darüber nachzudenken, was weiblich und dennoch nicht provokativ wirkt.

Natürlich gibt es auch eine ganze Menge junge Frauen – sowohl Christen als auch Nichtchristen –, die sich nicht verführerisch kleiden. Man braucht als intelligente junge Frau nur ein bisschen gesunden Menschenverstand, um festzustellen, dass eine vernünftige Sittsamkeit den Wert einer Frau schützt. In ihrem Buch *A Return to Modesty (Rückkehr zur Sittsamkeit)* schreibt Wendy Shalit: »Gewiss kann sexuelle Sittsamkeit oberflächliche Reize vermindern, zumindest die Art von Reizen, die eine kurzfristige und rein sexuelle Beziehung begünstigen. Aber die Art von Reizen, die bleiben – die gehören zu dem, was die Sittsamkeit beschützt und begünstigt. Sittsamkeit vermindert die Rohheit, sie vermindert nicht die Erotik. In der Tat wird die Erotik durch die Sittsamkeit eher entzündet.«[46]

Das ist nun eine wahre Herausforderung, sich so anzuziehen, dass es sowohl weiblich als auch angemessen und sittsam ist. Wir als gläubige Frauen müssen in unserem Herzen beginnen, dem Wort Gottes die Erforschung unserer Gedanken und Absichten zu überlassen, die unseren Kleiderschrank beeinflussen. Und wir müssen unsere Aufmerksamkeit ebenso der Schönheit widmen, die Gott am meisten an uns Frauen schätzt – Schönheit, die nur wenig mit der Kleidung zu tun hat.

Kleiden Sie sich mit Kraft

Sprüche 31,17 stellt eine Frau vor, die tugendhaft in Gottes Augen ist. Sie kleidet sich *»mit Kraft«* – das ist nicht etwa zu verwechseln mit einer »Power-Kleidung«! Diese Art sich zu kleiden hat die Absicht, das Gegenüber einzuschüchtern – eine Machtdemonstration gegenüber einer Person, von der man sich einen Gewinn erhofft. Wenn sich eine gläubige Frau hingegen mit Kraft kleidet, dann spiegelt sie ihre hohe Stellung und Würde als Frau in der Schöpfung Gottes wider.

Wir Frauen sind auch nach dem Bild Gottes geschaffen; daraus entspringt unsere Würde. Zuerst schuf uns Gott nach seinem Bild; dann hat er uns erkauft. Jesus Christus hat uns erworben und uns zu Kindern Gottes gemacht, zu Miterben mit ihm – dies ist eine Stellung von höchstem Rang. Eine Frau, die sich mit Kraft und Würde kleidet, wird sich auch so verhalten, wie es ihrer Ehrenstellung entspricht. Sie weiß, wer sie ist, und sie lebt ausgeglichen mit dieser Sicherheit. Sie muss niemanden beeindrucken oder einschüchtern, sie möchte nur ihren Schöpfer und Erlöser ehren.

Schönheit, die zählt

Petrus weist den Weg zu einer Art von Schönheit, die besser ist als das, was die Modezeitschriften uns weismachen wollen: *»Euer Schmuck sei nicht der äußerliche durch Flechten der Haare und Umhängen von Gold oder Anziehen von Kleidern, sondern der verborgene Mensch des Herzens im unvergänglichen Schmuck des sanften und stillen Geistes, der vor Gott sehr kostbar ist«* (1Petr 3,3-4).

Eine solche Schönheit verlässt sich nicht auf äußerliche Hilfsmittel; sie ist vielmehr tief verwurzelt im Glauben und im Vertrauen auf Gott. Wie viele Kreditkarten Sie auch haben mögen, diese Schönheit kann man nicht kaufen; sie ist unbezahlbar! Diese Schönheit wächst, wenn unser Herz sich dem Willen Gottes immer weiter unterwirft. Jedes Mal, wenn man im Gehorsam gegenüber Gottes Wort und Willen handelt, erlebt man eine erstaunliche Erneuerung: *»Deshalb ermatten wir nicht, sondern wenn auch unser äußerer Mensch aufgerieben wird, so wird doch der innere Tag für Tag erneuert«* (2Kor 4,16).

Die Bibel vergleicht die Anwendung von Gottes Wort auf unser Leben mit dem Anziehen von Kleidung. Während wir also den Anweisungen Gottes folgen, können wir uns vorstellen, wie wir die guten Eigenschaften Gottes »anziehen«.

> *»... und den neuen Menschen angezogen habt, der nach Gott geschaffen ist in wahrhaftiger Gerechtigkeit und Heiligkeit.«* (Eph 4,24)

> *»Zieht die ganze Waffenrüstung Gottes an, damit ihr gegen die Listen des Teufels bestehen könnt!«* (Eph 6,11)

> *»... und den neuen angezogen habt, der erneuert wird zur Erkenntnis nach dem Bild dessen, der ihn erschaffen hat!«* (Kol 3,10)

> *»Die Nacht ist weit vorgerückt, und der Tag ist nahe. Lasst uns nun die Werke der Finsternis ablegen und die Waffen des Lichts anziehen!«* (Röm 13,12)

»Zieht nun an als Auserwählte Gottes, als Heilige und Geliebte: herzliches Erbarmen, Güte, Demut, Milde, Langmut! Ertragt einander und vergebt euch gegenseitig, wenn einer Klage gegen den anderen hat; wie auch der Herr euch vergeben hat, so auch ihr! Zu diesem allen aber zieht die Liebe an, die das Band der Vollkommenheit ist!« (Kol 3,12-14)

»Alle aber umkleidet euch mit Demut im Umgang miteinander!« (1Petr 5,5)

»... sondern zieht den Herrn Jesus Christus an, und treibt nicht Vorsorge für das Fleisch, dass Begierden wach werden!« (Röm 13,14)

»... ebenso, dass auch die Frauen sich (...) schmücken, (...) mit dem, was Frauen entspricht, die sich zur Gottesfurcht bekennen, durch gute Werke.« (1Tim 2,9-10)

Wir müssen also unsere Herzen im Zaum halten, um uns so *»anzuziehen«*, wie es dem Wert des Evangeliums entspricht.

Angemessene Redeweise

Auch alle unsere Äußerungen müssen angemessen sein. Die Bibel gibt im Hinblick auf unsere Redeweise ausdrückliche Anweisungen für gottesfürchtige Frauen (insbesondere die Ehefrauen von Gemeindeleitern): *»Ebenso sollen die Frauen ehrbar sein, nicht verleumderisch, nüchtern, treu in allem«* (1Tim 3,11).

Ehrbarkeit ist hier die Grundvoraussetzung, und mein Ehemann erklärte mir, dass der Begriff *Ehrbarkeit* im griechischen Grundtext durch negative Beispiele erklärt wird; durch das, was es nicht ist. Eine ehrbare Frau hat keine böse Zunge. Sie ist ehrbar, weil ihre Worte niemanden verleumden, weil sie gemäßigte (zurückhaltende) Worte benutzt, denen man trauen kann.

Wahre und zurückhaltende Worte sind immer weise Worte: *»Da ist ein Schwätzer, dessen Worte sind Schwertstiche; aber die Zunge der Weisen ist Heilung«* (Spr 12,18). Wahre und zurückhaltende Redeweise ist dem Evangelium angemessen. So wie unsere äußere Erscheinung dürfen auch unsere Worte keine Schande über den Herrn bringen. Die Worte einer gottesfürchtigen Frau sind wahre Worte, in Weisheit gesprochen. Sie klingen gut für jeden, der sie hört: *»Freundliche Worte sind Honig, Süßes für die Seele und Heilung für das Gebein«* (Spr 16,24).

Jakobus schreibt über die Zunge, dass sie oft für zerstörerische Zwecke missbraucht wird: *»So ist auch die Zunge ein kleines Glied und rühmt sich großer Dinge. Siehe, welch kleines Feuer, welch einen großen Wald zündet es an! Auch die Zunge ist ein Feuer; als die Welt der Ungerechtigkeit erweist sich die Zunge unter unseren Gliedern, als diejenige, die den ganzen Leib befleckt und das Rad des Lebens entzündet und von der Hölle entzündet wird«* (Jak 3,5-6). Verblüffend! Die Zunge hat eine solch schreckliche Macht, Unheil anzurichten. Eine ernste Warnung für jede Frau, die Gott gefallen möchte.

Klatsch und Tratsch

Auf uralte Weise zerstört die Zunge durch Klatsch und Tratsch manches, denn der Schaden kann oft nicht wieder gutgemacht werden. Ein Arzt in einer Stadt im mittleren Westen der USA wurde von einer verärgerten Patientin verleumdet, die versuchte, ihn durch Gerüchte beruflich zu ruinieren, und fast hätte sie es geschafft. Mehrere Jahre später bekam die Klatschtante Gewissensbisse und sah ihr Unrecht ein. Sie schrieb dem Arzt einen Brief und bat um Vergebung, die ihr auch gewährt wurde. Aber auf keine Art und Weise konnte sie die Geschichte aus der Welt schaffen, die sie einst in Umlauf gebracht hatte, und der Arzt konnte es auch nicht. Schon Salomo beobachtete: *»Die Worte des Ohrenbläsers sind wie Leckerbissen, sie gleiten hinab in die Kammern des Leibes«* (Spr 18,8). Klatsch und Tratsch wurden von jedem, der es hörte, gierig aufgenommen und aufbewahrt wie kleine Leckerbissen. Heftiges Leugnen hatte nur noch größeren Verdacht zur Folge. Schon war der Schaden da. Danach fragte sich der unschuldige Arzt jedes Mal, wenn er irgendwelche Bekannten traf, ob sie wohl die Lügen schon gehört und geglaubt hatten.

Klatsch und Tratsch kleiden sich gerne in gewisse Sätze wie:

»Hast du schon gehört ...?«

»Weißt du schon ...?«

»Ich habe gehört ...«

»Behalte das für dich, aber ...«

»Ich glaube zwar nicht, dass es stimmt, aber ich habe gehört, dass ...«

»Ich würde es dir nicht erzählen, wenn ich nicht wüsste, dass du es für dich behältst.«

In christlichen Kreisen ist die scheußlichste Ausrede für Klatsch natürlich: »Ich erzähle dir das nur, damit du dafür beten kannst.« Das hört sich sehr fromm an, aber ein Herz, das sich von übler Nachrede ernährt, hinterlässt ein loderndes Feuer. Wie viel Leid wird von der Zunge angerichtet!

Schmeicheleien

Klatsch und Tratsch verbreiten Gerüchte hinter dem Rücken eines Menschen, die man ihm niemals ins Gesicht sagen würde. Schmeicheleien sind das, was man einem Menschen ins Gesicht sagen, aber niemals hinter seinem Rücken verbreiten würde. Die Bibel warnt uns wiederholt vor Schmeichlern, denn das sind zerstörerische Menschen mit einer großen Menge ungesunder Motive: *»Ein Mann, der seinem Nächsten schmeichelt, breitet ein Fangnetz vor seinen Schritten aus«* (Spr 29,5). *»Eine Lügenzunge hasst die von ihr Zermalmten; und ein glatter Mund bereitet Sturz«* (Spr 26,28). *»Sie reden Lüge, ein jeder mit seinem Nächsten; mit glatter Lippe, mit doppeltem Herzen reden sie. Der HERR möge ausrotten alle glatten Lippen, die Zunge, die große Dinge redet«* (Ps 12,3-4).

Kritisieren

Das Finden von Fehlern anderer scheint bei vielen Gläubigen dazuzugehören. Vielleicht liegt das daran, dass ein wenig Gerechtigkeit leicht verdreht wird zu einer anmaßenden Selbstgerechtigkeit, die über andere richtet. Als John Wesley einmal predigte, bemerkte er unter den Zuhörern eine Frau, die für ihre kritische Haltung bekannt war. Den ganzen Gottesdienst über saß sie da und starrte auf seinen neuen Binder. Am Ende der Versammlung kam sie zu ihm und sagte sehr scharf: »Mr Wesley, Ihr Schlips ist viel zu lang. Das ist eine Beleidigung für mich!« Er fragte, ob irgendeine der anwesenden Frauen zufällig eine Schere dabeihätte. Als ihm eine Schere gereicht wurde, gab er sie der kritischen Frau und bat sie, den Schlips nach ihrem Belieben zurechtzuschneiden.

Nachdem die Frau ihn fast bis zum Kragen gekürzt hatte, fragte er: »Sind Sie sicher, dass jetzt alles in Ordnung ist?«

»Ja, jetzt ist es viel besser.«

»Dann geben Sie mir die Schere mal einen Moment«, sagte Wesley. »Sie haben sicherlich nichts dagegen, wenn ich Sie auch ein wenig korrigiere. Ich muss Ihnen sagen, gnädige Frau, dass Ihre Zunge eine Beleidigung für mich ist – sie ist zu lang! Bitte strecken Sie einmal die Zunge heraus ... ich möchte gerne ein Stückchen abschneiden.«

Bei einer anderen Gelegenheit sagte jemand zu Wesley: »Mein Talent ist es, immer geradeheraus zu sagen, was ich denke.«

Wesley antwortete: »Das ist eines der Talente, bei denen Gott nicht das Geringste dagegen hätte, wenn Sie es vergraben würden!«

Abfälliges Reden

Jakobus verurteilt jede Äußerung (ganz gleich, ob sie der Wahrheit entspricht oder nicht), die einen anderen Menschen schlechtmacht. *»Redet nicht schlecht übereinander«* (Jak 4,11).

Ganz bestimmt sollte kein Christ jemals mitmachen, wenn der Ruf eines anderen geschädigt wird. Aber für viele Christen ist es völlig in Ordnung, negative Information weiterzutragen, solange sie der Wahrheit entsprechen. Irgendwie fühlt man sich sogar moralisch dazu verpflichtet, solche zerstörerischen Wahrheiten in Umlauf zu bringen! Doch solch ein scheinbar vernünftiges verleumderisches Gerede, solch ein Klatsch (der selbstverständlich nie Klatsch genannt wird!), wird für erträglich gehalten, wenn die Information an sich auf Tatsachen beruht.

Und dann gibt es noch die Leute, die niemals jemanden hinter seinem Rücken verleumden würden, dabei jedoch schnell bereit sind, das in einer persönlichen Begegnung von Angesicht zu Angesicht zu tun – als ob sie von einem »moralischen« Zwang erfüllt seien, den anderen auf seine Versäumnisse aufmerksam zu machen.

Ebenso schädlich kann es sein, die Stärken und Fähigkeiten eines anderen mit einem anmaßenden Blick oder einem arroganten Tonfall herunterzuspielen, mit herablassenden Bemerkungen wie z. B.: »Was für ein hübsches kleines Klavierchen« beim Anblick Ihres Steinway-Flügels. Andere mit Worten herabzusetzen kann aus dem Bedürfnis entstehen, sich selbst größer oder besser zu fühlen, genau wie der Pharisäer, der Gott dafür dankte, dass er nicht wie die anderen Sünder war oder sogar *»wie dieser Zöllner«* (Lk 18,11).

Verletzende Bemerkungen entstehen auch durch zu viel leeres Geschwätz. Wenn Ihnen keine sinnvollen Gedanken und Gesprächsthemen mehr einfallen, dann hören Sie einfach auf zu reden: *»Das Herz des Gerechten überlegt, was zu antworten ist; aber der Mund der Gottlosen lässt Bosheiten sprudeln«* (Spr 15,28).

Eine Warnung von Jesus

Jesus schneidet durch unsere schwachen Entschuldigungen hindurch, gelangt zum Kern unseres Problems und versetzt unserer Heuchelei einen vernichtenden Schlag: *»Entweder macht den Baum gut, dann ist seine Frucht gut, oder macht den Baum faul, dann ist seine Frucht faul; denn an der Frucht wird der Baum erkannt. Otternbrut! Wie könnt ihr Gutes reden, da ihr böse seid? Denn aus der Fülle des Herzens redet der Mund. Der gute Mensch bringt aus dem guten Schatz*

Gutes hervor, und der böse Mensch bringt aus dem bösen Schatz Böses hervor. Ich sage euch aber, dass die Menschen von jedem unnützen Wort, das sie reden werden, Rechenschaft geben müssen am Tag des Gerichts; denn aus deinen Worten wirst du gerechtfertigt werden, und aus deinen Worten wirst du verdammt werden« (Mt 12,33-37).

Schon wieder das Herz! Das Problem liegt im Innersten unseres Seins, und unsere Worte decken ständig auf, was sich dort befindet. Der russische Schriftsteller Turgenew sagte einmal: »Ich kenne nicht das Herz eines bösen Menschen, aber ich kenne das Herz eines guten Menschen – und es ist schrecklich!« Immer und immer wieder enthüllen meine Worte auf schmerzliche Weise, wie sehr mein Herz das Evangelium und den Herrn Jesus Christus braucht, dessen Worte die Wahrheit und Schönheit seines Herzens widerspiegeln. Wenn er nicht mein Erlöser wäre, könnte ich die Last meiner Sünde nicht ertragen – vor allem nicht die Sünden meines Mundes. *»Lass die Reden meines Mundes und das Sinnen meines Herzens wohlgefällig vor dir sein, HERR, mein Fels und mein Erlöser!«* (Ps 19,15).

Meine Lebenseinstellung im Licht der Bibel

Das Evangelium bringt uns auf die Knie. Wenn der Glaube geboren ist, dann stellen wir uns im selben Augenblick der Wahrheit über Gott, doch ebenso der Wahrheit über uns selbst. Das Evangelium macht uns demütig. Wir bekennen, dass wir überhaupt nicht gut sind, und wir unterstellen uns dem Einen, der vollkommen gut und anbetungswürdig ist.

Wenn nur dieser Moment der wahren Demütigung unter Gott das ganze Leben lang anhalten würde! Doch solange wir auf dieser Erde sind, erhebt immer wieder der Stolz seinen hässlichen Kopf in unserem Herzen. Stolz ist die Lebenseinstellung der Menschen ohne Gott. Demut ist das Markenzeichen der Gottesfurcht.

Natürlich ist Stolz nicht immer leicht zu erkennen, und Demut kann einen wirklich etwas kosten. Meine Mitarbeiterin in der

Bibelstudien-Gruppe, JoAnn, stellte fest, dass ihr Leben sich veränderte, nachdem sie ihren Stolz entdeckt hatte und eine Gott angemessene Lebenseinstellung einübte. Sie erzählt:

> Ein bestimmtes Jahr meines Lebens war voller Enttäuschungen. Zuerst Kleinigkeiten – und dann kamen immer größere Dinge dazu. Als mir schließlich ein Dienst in der Gemeinde genommen wurde, war das der Tropfen, der das Fass zum Überlaufen brachte. Ich war am Ende meiner Kräfte angekommen. Ich reagierte mit Selbstmitleid, Wut, Verteidigung, Verbitterung und Groll. Natürlich nicht nach außen hin. Äußerlich war ich die vornehme Zurückhaltung in Person.
>
> Diejenigen, die ich für verantwortlich für meine Lage hielt, waren nun meine Feinde. Ich konnte nicht ganz vor ihnen geheim halten, was in meinem Herzen vor sich ging. Durch mein Schweigen und meinen Gesichtsausdruck gab ich ihnen zu verstehen, dass ich sie nicht mochte, und innerlich jubelte ich, wenn sie litten oder selbst Schwierigkeiten bekamen. Meine Rachegefühle erstreckten sich auch auf Mitglieder meiner Familie und Freunde von solchen Menschen, die ich als meine Feinde ansah.
>
> In mir entbrannte ein Kampf, der einige Jahre lang andauerte. Ich wusste, dass in der Bibel ganz deutlich steht, dass wir lieben und vergeben sollen. Und so mühte ich mich ab und schwankte zwischen Rache und Vergebung.
>
> Meine Anstrengungen gingen so weit, dass sie auch meine Einstellung zu Gott berührten. Ich hatte das Gefühl, dass mein Dienst für Gott wie eine Möhre war, die mir vor die Nase gehalten und dann immer wieder weggezogen wurde. Was war das für ein Gott, der so etwas tut? Ich hörte auf, in der Bibel zu lesen und zu beten.
>
> Diese inneren Kämpfe gingen sehr lange Zeit weiter. Eines Tages fragte ich mich, was ich für Gott erreicht hatte. Die Antwort verblüffte mich: Es war nichts als Holz, Heu und Stoppeln.
>
> Einige Zeit später beschloss ich, mir einen Tag Zeit zum Gebet zu nehmen. Im Lauf des Tages machte ich eine Liste der

unerwünschten Charaktereigenschaften, die ich an mir selbst sah: ein maßloses Bedürfnis nach Anerkennung und Bestätigung, ein kritischer Geist, Bitterkeit und Groll, das Streben, im Mittelpunkt zu stehen, Konkurrenzdenken. Diese Eigenschaften stufte ich als ›Schwächen‹ ein. Es gab keine unmittelbare Veränderungen in meinem Verhalten nach diesem Tag, aber inzwischen sehe ich, dass danach mein Geist nicht mehr so verhärtet war und ich einen wachsenden Hunger nach Gott verspürte.

Sechs Wochen später, beim Abendmahl am Sonntagmorgen, sprach Gott zu mir durch Psalm 22, in dem das Leiden des Herrn Jesus beschrieben wird und sein Entsetzen, als Gott ihn verließ. Ich dachte an die vielen Male, als ich eine innige Gemeinschaft mit Gott gesucht hatte, und an all die Enttäuschungen und die Einsamkeit, die ich gespürt hatte, und da ging mir auf, dass meine Erfahrung gar nichts war gegen das, was Jesus bewusst am Kreuz auf sich genommen hatte. Die Worte aus Hebräer 5,7 kamen mir in den Sinn: *»Der hat in den Tagen seines Fleisches sowohl Bitten als auch Flehen mit starkem Geschrei und Tränen dem dargebracht, der ihn aus dem Tod retten kann, und ist um seiner Gottesfurcht willen erhört worden.«*

Plötzlich fiel mir auf: Obwohl Gott das Gebet Jesu gehört hatte, wurde seine Bitte doch nicht erfüllt. Ich begann zu begreifen, was dieser Tod Jesus gekostet hatte. Diese ›Schwächen‹, die ich für mich selbst aufgelistet hatte, waren gar keine Schwächen. Sie waren Symptome einer ernsten Sünde: Stolz.

Ich war überwältigt, als ich meine Sünde erkannte. ›Oh Herr, ich weiß nicht was ich tun soll‹, betete ich. ›Diese Sünde ist zu groß, damit kann ich nicht umgehen. Du musst sie mir wegnehmen.‹ Dieses Gebet kennzeichnete einen bedeutenden Wandel in meiner Lebenseinstellung. Ich bat Gott, mich zu verändern, und ich versuchte nicht mehr länger, mich selbst so zu verändern, dass er mit mir zufrieden sein könnte.

All diese Menschen, gegen die sich so viel Bitterkeit in mir aufgestaut hatte, kamen mir in den Sinn. Ich wusste, dass ich sie um

Vergebung bitten musste – jeden Einzelnen. Ich nahm innerhalb von zwei Tagen Kontakt mit all diesen Menschen auf. Nachdem ich mit dem Letzten von ihnen gesprochen hatte, überwältigte mich das Gefühl von Gottes Gegenwart. Ich fühlte Befreiung und eine innere Freude. Ich war mir einer großen Liebe zu Gott und zu anderen Christen bewusst.

In den folgenden Wochen bemerkte ich Veränderungen in den inneren Abläufen meines Herzens. Da gab es eine Zartheit, eine neue Bereitschaft, anderen etwas zu geben und großes Mitgefühl für Menschen, die in irgendeiner Weise litten. Außerdem wurde mir eine überströme Liebe zu Gott bewusst. Ich hatte mich ›verliebt in Gott‹. Und ich liebe ihn immer noch!

Jahre später sprach ich mit einer früheren Bekannten, und die sagte zu mir: »Ich weiß nicht, was mit dir passiert ist, aber du bist völlig verändert.«

Ich gehörte zu den Menschen, die JoAnn an jenem Tag vor langer Zeit besuchte. Zu diesem Besuch gehörten Bekenntnis, Tränen, Vergebung und Versöhnung. Seit dieser Zeit ist sie ein Vorbild für mich geworden; eine Frau, die ihr Herz ständig der genauen Überprüfung durch Gottes Wort unterwirft und es Gott gestattet, seine ausgezeichneten »Herz-Operationen« durchzuführen. Ich kann kaum ermessen, in welchem Ausmaß ihr Einfluss mir geholfen hat, eine gottesfürchtige Frau zu werden. Ihr Bibelunterricht und ihr »evangelistisches Mittagessen«, ihr Vorbild im Gebet und die Einblicke in ihre Gastfreundschaft, die auf das Evangelium hinweist, haben mein Leben geprägt.

Heilung des Herzens

Es ist in der Tat schwierig, dem Wort Gottes Zugang zu unseren Gedanken und Einstellungen zu gewähren. Es ist schmerzhaft. Vielleicht haben Sie gemerkt, dass Ihr Herz krank ist und dass Sie nie den Zaubertrank gefunden haben, der es heilen kann. Ganz gleich, wie ernsthaft Sie es versuchen, Sie können einfach die Dinge nicht tun, die Sie tun sollten oder sogar tun möchten. Dieser Zustand des Herzens heißt Sünde. Viele nette Frauen, die in eine Gemeinde gehen, versuchen »gut zu sein«, ohne sich je wirklich bekehrt zu haben. Sie haben das neue Herz noch nicht bekommen, das in der Lage ist, Gutes zu tun. Man kann zwar äußerlich eine kultivierte Höflichkeit an den Tag legen, aber es ist unmöglich, den Ursprung des Problems zu ändern – das Herz. Nur Gott kann durch Jesus Christus eine Änderung herbeiführen, und, Gott sei Dank, ist er dazu bereit.

Wenn man einen christlichen Lebensstil verwirklichen möchte, dann bedeutet das: Man handelt so, wie es dem Evangelium angemessen ist, und zwar in Kleidung, Redeweise und Lebenseinstellung. Wenn Ihr Verhalten dem Evangelium angemessen ist, dann ist der Ursprung dieses Verhaltens ein Herz, das durch das Evangelium verändert wurde. Ist Ihr Herz wirklich bekehrt? Haben Sie je ganz ernsthaft Ihre Knie gebeugt in demütiger Unterordnung unter den Herrn Jesus Christus? Falls Sie Fragen haben, lesen Sie noch einmal *Zwei Wege zum Leben* und das Ende des zweiten Kapitels. Sorgen Sie dafür, dass diese Fragen noch heute geklärt werden.

Wenn Sie sicher sind, dass Sie wirklich Christ sind, dann ist diese Angelegenheit des Herzens dennoch eine Sache, die ständige Aufmerksamkeit erfordert. Bedenken Sie die Worte des Psalmisten:

»Wodurch hält ein Jüngling seinen Pfad rein?
Indem er sich bewahrt nach deinem Wort.
Mit meinem ganzen Herzen habe ich dich gesucht.
Lass mich nicht abirren von deinen Geboten!
In meinem Herzen habe ich dein Wort verwahrt,
damit ich nicht gegen dich sündige.
Gepriesen seist du, HERR! Lehre mich deine Ordnungen!
Mit meinen Lippen habe ich erzählt alle Bestimmungen deines Mundes.

An dem Weg deiner Zeugnisse habe ich Freude,
mehr als an allem Reichtum.
Deine Vorschriften will ich bedenken und beachten deine Pfade.
An deinen Satzungen habe ich meine Lust.
Dein Wort vergesse ich nicht.« (Ps 119,9-16)

»Lass die Reden meines Mundes und das Sinnen meines Herzens wohlgefällig vor dir sein, HERR, mein Fels und mein Erlöser!« (Ps 19,15)

Denkanstöße

- Wenn Sie Ihr Herz erforschen, wo der christliche Lebensstil seinen Ursprung hat, wie hat der Heilige Geist bereits an Ihrem Herzen gearbeitet? In welchen Bereichen sind Ihrer Meinung nach weitere Veränderungen nötig? Siehe Sprüche 27,19; Jeremia 17,9; Römer 10,9-10 und Hebräer 4,12.
- Spiegelt Ihr Auftreten Ihren Wunsch nach Ehrbarkeit und angemessener Weiblichkeit wider? Erkennt man an Ihrer äußeren Erscheinung Ihr *»neues Leben«* als gläubige Frau (Eph 4,24; Kol 3,10)?
- Welche Teile einer »geistlichen Kleidung« müssen Sie noch am dringendsten in Ihren Kleiderschrank aufnehmen: Mitgefühl, Freundlichkeit, Demut, Sanftmut oder Geduld (Kol 3,12)?
- Es ist eine lebenslange Herausforderung, die Kontrolle über das zu behalten, was wir sagen. Halten Sie Ihre Gespräche im Allgemeinen im Zaum (gemäßigt) und sind Ihre Worte zuverlässig (wahr)? Warum stellt 1. Timotheus 3,11 Boshaftigkeit (Verleumdung) als eine besondere Gefahr in unseren Worten dar? Denken Sie an einige Gespräche, die Sie kürzlich geführt haben, und überlegen Sie, ob darin Klatsch und Tratsch oder Schmeichelei vorkamen; ob Sie an jemandem etwas auszusetzen hatten oder jemanden herabgewürdigt haben. Beten Sie Psalm 19,15.

- Da der Stolz so fest in unserem Herzen verankert ist, ist es äußerst schwierig, diese sündhafte Lebenseinstellung zu entlarven. Wie kann die Zeit, die Sie mit Gott verbringen, Ihnen helfen, sich selbst mit der angemessenen Demut zu betrachten? Würden Sie Ihre Einstellung vor Gott als »ehrfurchtsvolle Unterordnung« bezeichnen?

9

Ausdauer

»Lasst nun auch uns mit Ausdauer laufen den vor uns liegenden Wettlauf.«
(Hebr 12,1)

Pastor Scott Willis und seine Frau Janet hatten sechs von ihren neun Kindern in ihren Kleinbus gepackt und angeschnallt, und dann fuhren sie von ihrem Zuhause im Süden von Chicago los in Richtung Wisconsin. Es wurde ein Tag qualvoller Schmerzen und tiefen Entsetzens. Während sie auf der Schnellstraße 94 in Milwaukee in Richtung Norden unterwegs waren, fuhr der Wagen über ein großes Metallteil, das den Benzintank aufriss. Unmittelbar darauf stand der Kleinbus in Flammen. Als das Auto zum Stehen kam und die Eltern herausstürzten, waren die Kinder hoffnungslos gefangen. Alle sechs Kinder kamen um und gingen an diesem Tag zum Herrn.

Man sollte meinen, dass das Ehepaar Willis aus diesem Geschehen schließen würde, dass ihr Gott in diesem Moment ganz weit weg war. Doch die beiden, die selbst schmerzhafte Verbrennungen erlitten hatten und überall Verbände trugen, gaben in einer Pressekonferenz Gott die Ehre. Janet berichtet, dass sie zum Wagen zurückschaute und anfing zu schreien. Da legte Scott den Arm um ihre Schulter. »Er sagte: ›Janet, darauf haben wir uns doch vorbereitet.‹ Und er hatte recht. Er sagte: ›Janet, es ist schnell gegangen, und sie sind jetzt beim Herrn.‹ Er hatte recht.«

In ihrem gemeinsamen Krankenhauszimmer trösteten Scott und Janet sich, indem sie Videos von ihren Kindern anschauten, Abschnitte aus der Bibel lasen und offen über das sprachen, was passiert war. Das Zeugnis von Scott und Janet Willis inmitten von Tränen und Kummer ist erstaunlich. »Ich weiß, dass Gott nichts sinnlos tut und dass er Gründe für sein Handeln hat«, sagt Scott. »Gott hat uns und unserer Familie seine Liebe gezeigt. Es ist für uns keine Frage, dass Gott gut ist, und wir loben ihn in allen Dingen.«

»Es ist sein Recht«, stimmt auch Janet zu. »Wir gehören zu ihm. Meine Kinder gehören zu ihm. Er gibt das Leben, und er nimmt das Leben, und er erhält uns.«[47]

Mit diesen Worten haben Scott und Janet Willis der Welt und insbesondere den Gläubigen gezeigt, was es bedeutet, den vor uns liegenden Wettlauf mit Ausdauer zu laufen.

Als das schreckliche Geschehen im Fernsehen im ganzen Land gezeigt wurde, griff eine eisige Furcht nach meinem Herzen. Ich vermute, dass die meisten gläubigen Frauen still gebetet haben: »Lieber Gott, bitte erwarte so etwas nicht von mir!« Der bemerkenswerte Glaube von Scott und Janet Willis deckt auf ergreifende Weise unsere eigene Oberflächlichkeit auf; diese zaghafte Hingabe, die uns völlig aus der Bahn wirft, selbst wenn wir nur mit der Schwierigkeit zu kämpfen haben, dass wir die Autoschlüssel verloren haben.

Glaube an die Güte Gottes angesichts außerordentlicher Not erfolgt nicht einfach nur so. Solch ein Glaube erwächst aus einer beständigen Ausdauer; tagaus, tagein in der Schinderei des Alltags.

Warum Ausdauer?

Ausdauer haben oder ausharren bedeutet »durchhalten in einer Sache oder in einem Unternehmen, obwohl es Gegenwind, Gegner oder Entmutigung gibt.«[48] Das *Dictionary of Biblical Imagery* (Wörterbuch der biblischen Bildersprache) erklärt, dass »Ausharren im Gottvertrauen verankert ist. Es wird durch Leiden hervorgerufen (Römer 5,3; Jakobus 1,3) und formt den Charakter, *›damit ihr vollkommen und vollendet seid und in nichts Mangel habt‹* (Jak 1,4; Röm 5,4).«[49]

Wir wollen der Sache ins Auge sehen: Das Leiden ist verknüpft mit der Entwicklung von Ausdauer, mit Ausharren. Wenn man ein tieferes Verständnis dafür bekommt, was die Bibel über die geistlichen

Segnungen des Ausharrens lehrt, dann kann man mit Hoffnung statt mit Furcht in die Zukunft blicken. Es gibt drei besondere Gründe für unser Leiden:

Leiden ist Gottes Maßnahme, um uns vollkommener zu machen.
Leiden ist eine Maßnahme, das Evangelium zu verbreiten.
Durch das Ausharren im Leid sehen wir Gott.

Gottes Maßnahme, um uns vollkommener zu machen

Als Christen sind wir bereits völlig angenommen von Gott durch den Glauben an den Tod und die Auferstehung Jesu Christi. Die Gerechtigkeit des Christus ist uns als eigene Gerechtigkeit angerechnet worden. Durch Ausdauer im Glauben, durch Ausharren, erreichen wir also nicht Gerechtigkeit, sondern Reife. Dieser Reifeprozess erfordert regelmäßige Prüfungen.

In der Bibel werden zwei Begriffe für Prüfungen verwendet. Der erste vergleicht das, was wir in Prüfungen durchmachen, mit dem *Läutern* von Metall. Man erhitzt das Metall, und die Schlacke kommt an die Oberfläche und wird abgeschöpft, sodass die Substanz reiner wird. Der andere Begriff für Prüfung bedeutet *Versuchung*, und das Ziel des Versuchers ist die Zerstörung. Christen brauchen Ausdauer bei Prüfungen und Versuchungen, wenn sie reifen und sich weiterentwickeln sollen.

Das Leben des Apostels Petrus ist ein großartiges Beispiel für ein Leben, das durch Prüfungen geformt wurde. In der Bibel wird Petrus als sehr menschlich beschrieben. Er ist jemand, mit dem man sich identifizieren kann. Er kommt zum Herrn Jesus in liebender Unterordnung, aber im Laufe der Zeit unterliegt er seinem Drang nach Unabhängigkeit und seinem Selbstvertrauen.

Petrus hatte seinen Familienbetrieb im Stich gelassen, um Jesus nachzufolgen, und er lebte drei Jahre lang in einer engen Jüngerschaftsbeziehung mit dem Herrn Jesus. Am Vorabend der Kreuzigung des Herrn kündigte Petrus noch großspurig an: *»Herr, mit dir bin ich bereit, auch ins Gefängnis und in den Tod zu gehen«* (siehe Lk 22,33.57).

Doch so wie Jesus es vorhergesagt hatte, verleugnete Petrus am nächsten Tag sogar feige, dass er überhaupt wusste, wer Jesus war, mit diesen bitteren Worten: *»Frau, ich kenne ihn nicht.«*

Nach der Kreuzigung und der Auferstehung allerdings sehen wir einen anderen Petrus. Absolut furchtlos predigt er vor einer Volksmenge und macht den Menschen mutig Vorwürfe: *»Das ganze Haus Israel soll nun zuverlässig erkennen, dass Gott ihn sowohl zum Herrn als auch zum Christus gemacht hat, diesen Jesus,* ***den ihr gekreuzigt habt*** *«* (Apg 2,36; Hervorhebung durch die Autorin).

Am Ende seines Lebens ermahnt der nun weise alte Apostel die Gemeinde in sanftem und väterlichem Ton: *»Alle aber umkleidet euch mit Demut im Umgang miteinander! Denn ›Gott widersteht den Hochmütigen, den Demütigen aber gibt er Gnade‹«* (1Petr 5,5).

Petrus ist durch Prüfungen und Versuchungen, denen er ausgesetzt war, vollkommener gemacht worden. Er hat Ausdauer bewiesen. Er ertrug Elend und Mühsal. Er gab nicht auf bei Misserfolgen, Ängsten und wiederholten Angriffen des Satans. Die Worte, die der Herr Jesus in jenem Obersaal an Petrus richtete, geben uns einen Einblick in das Handeln Gottes: *»Der Herr aber sprach: Simon, Simon! Siehe, der Satan hat euer begehrt, euch zu sichten wie den Weizen. Ich aber habe für dich gebetet, dass dein Glaube nicht aufhört. Und wenn du einst zurückgekehrt bist, so stärke deine Brüder!«* (Lk 22,31-32).

Der Wille Gottes zur Vervollkommnung des Petrus schloss ausdrücklich mit ein, dass Satan ihn sichten und »durchsieben« durfte. Doch noch vor dem Sichten erfolgte das Gebet des Herrn Jesus und durchlief die gnädige Hand Gottes. So ist es bei uns allen.

Wenn Sie den Eindruck haben, dass Sie gerade von Satan geschüttelt werden, dann verlieren Sie nicht die Wahrheit aus den Augen, dass Gott alles im Griff hat, und dass Jesus Christus und der Heilige Geist für Sie im Gebet eintreten – genauso, wie sie es für Petrus taten. Denken Sie immer daran: Jesus *»kann ... die auch völlig retten, die sich durch ihn Gott nahen, weil er immer lebt, um sich für sie zu verwenden«* (Hebr 7,25)!

Der Römerbrief zeigt uns das unfassbar innige Werk der Fürbitte des Heiligen Geistes zu unseren Gunsten: »*Ebenso aber nimmt auch der Geist sich unserer Schwachheit an; denn wir wissen nicht, was wir bitten sollen, wie es sich gebührt, aber der Geist selbst verwendet sich für uns in unaussprechlichen Seufzern. Der aber die Herzen erforscht, weiß, was der Sinn des Geistes ist, denn er verwendet sich für Heilige Gott gemäß*« (Röm 8,26-27).

Wenn wir uns die Tatsache vor Augen führen, dass sowohl der Herr Jesus als auch der Heilige Geist für uns beten, dann werden wir in unserem Ausharren gestärkt. Meine liebe Freundin Nancy berichtete mir von einer Zeit, die im Januar 1995 mit einer Reihe von Ereignissen und Umständen begann, die nahezu jeden Bereich ihres zuvor bequemen Lebens völlig durcheinanderbrachte. Ihr Ehemann bekam eine neue Stelle innerhalb seiner Firma und wechselte anschließend zweimal den Arbeitsort. Ihre beiden Kinder wechselten die Schule. Dann wechselte auch sie selbst die Arbeitsstelle. Sie verließen eine Gemeinde nach der anderen. Das Schwierigste von alledem waren ernsthafte Gesundheitsprobleme in der direkten Familie, die jede freie Minute von Nancys Zeit und viel von ihrer Kraft beanspruchten. Jeder Tag brachte neue Herausforderungen und Ängste in ihr Leben.

Bevor dies alles anfing, hatte Nancy Lukas 22,31-32 als ihre »Bibelverse des Jahres« ausgewählt: »*Simon, Simon! Siehe, der Satan hat euer begehrt, euch zu sichten wie den Weizen. Ich aber habe für dich gebetet ...*« Nancy wurde fünf Jahre lang »gesichtet« und durchgeschüttelt. Sie wurde vertraut mit Angst, Entmutigung, tiefer Trauer und Unsicherheit. Aber während dieser ganzen Zeit schöpfte sie Trost aus der Zusage, dass Jesus Christus für sie betete, genau wie er einst für Petrus gebetet hatte.

Nancy sagt nun triumphierend: »Das Bewusstsein, dass der Herr Jesus zur Rechten Gottes sitzt und dass er Fürbitte für mich beim Vater einlegt, war mein starker Anker in all diesen schrecklichen Umständen. Das Wissen um das Gebet des Herrn Jesus rückte meinen

Blick weg von dem Sturm, der um mich herum und in mir tobte, und hin auf den Willen Gottes für mich. Wenn der Weg, der vor mir lag, völlig unklar war und es erschien, als ob Gott eine lange Zeit schwieg, oder wenn die Umstände mich überwältigten und ich das Gefühl hatte, keine weiteren Tränen mehr zu haben, dann wendete dieser Bibelvers wieder die Haltung meines Herzens von der Furcht zum Glauben. Der Zweck, den Gott mit diesem Sichten verfolgte, war es, meinen Glauben zu erproben und zu vervollkommnen. Die Vervollkommnung wird in diesem Leben auf der Erde noch nicht abgeschlossen. Aber hier und jetzt gibt der Herr uns alles, was wir brauchen, um jede beliebige Versuchung ertragen zu können, die er zulässt – er gibt sich selbst.«

Eine Maßnahme, um das Evangelium zu verbreiten

Ein Glaube, der im Leiden durchhält, ist eine kraftvolle Aussage im Hinblick auf den Gegenstand eines solchen Glaubens. Als Scott und Janet Willis öffentlich erklärten, »dass Gott gut ist«, da hörte die Welt zu. Ihr Ausharren diente als hervorragender Scheinwerfer, der das Evangelium beleuchtete.

Das Buch der Offenbarung beschreibt in seiner Schilderung des Tages, an dem Gottes Zorn über die Menschheit ausgegossen wird, wie menschliche Wesen natürlicherweise auf Leid reagieren. Die Ungläubigen weigern sich, Buße zu tun und Gott zu verherrlichen. Stattdessen verfluchen sie den Gott des Himmels aufgrund ihrer Qualen (siehe Offb 16,8-11.21).

Tatsächlich ist die menschliche Reaktion auf Schmerz und Leiden, Gott zu verfluchen. Ausdauernder und beharrlicher Glaube, so wie der von Scott und Janet Willis, verlangt unsere Aufmerksamkeit und heiligt Gottes Namen, denn er ist unverrückbar und fest in seinem absoluten Vertrauen zum Herrn. Der Schriftsteller Jeremiah Burrough aus dem 17. Jahrhundert drückt es folgendermaßen aus: »Der Mensch, der sich der Gnade ergeben hat, ist nicht beunruhigt und hält sein Herz in Ruhe auch in Verdruss und Schmerz, und er ist dennoch dabei nicht dumpf oder schwermütig, sondern er handelt, um den Namen Gottes in der Bedrängnis zu heiligen.«[50] Auch das Ehepaar Willis heiligte den Namen Gottes in seiner Bedrängnis.

Ich habe diese Art von Glauben in einem Hotelzimmer in Israel erfahren. Mein Mann und ich waren am Abend zuvor spät angekommen und wurden am frühen Morgen von einem Anruf geweckt. Kent erwartete einen befreundeten Missionar am Telefon, der uns die Altstadt von Jerusalem zeigen wollte, doch stattdessen hörten wir die ängstliche Stimme unseres jüngsten Sohnes, der uns die schlimmste Nachricht überbrachte, die wir je bekommen haben. Sein Bruder war im Krankenhaus, und die Ärzte hatten ihm gerade gesagt, dass sie nicht wussten, ob er überleben würde. Es war nicht möglich, vor Mitternacht einen Rückflug nach Hause zu bekommen. Wir verbrachten den längsten Tag unseres Lebens in tiefsten Seelenqualen, und wir beteten um das Leben unseres lieben Sohnes.

Ich schlug meine Bibel auf der Suche nach Hilfe bei einer Bibelstelle auf, mit der ich mich in Vorbereitung auf ein Frauentreffen intensiv beschäftigt hatte. Es war das 14. Kapitel des Johannesevangeliums, eine der tröstlichsten Stellen in der ganzen Heiligen Schrift. Dr. A. C. Gaebelein, ein Bibellehrer, der häufig im Radio sprach, erzählte gern, dass zu seinem wertvollsten Familienbesitz eine deutsche Bibel gehörte, die schon viele Generationen alt war. Er sagte, an manchen Stellen sähe die Bibel aus, als ob sie gerade frisch gedruckt wäre. Aber wenn man sie bei Johannes 14 aufschlüge, dann seien die Seiten befleckt, beschmutzt und abgenutzt von den Tränen von Generationen.

Ich fand mehr als Trost in Johannes 14 an diesem Tag, als ich las: *»Euer Herz werde nicht bestürzt«* (Joh 14,1). Von meinem Bibelstudium her wusste ich, dass dies bedeutet: »Euer Herz soll nicht erschrecken.« Jesus sagte zu den Jüngern (im Hinblick auf seinen baldigen Tod): »Es mag so aussehen, als ob eure Welt zusammenbricht und alles verloren ist und die Dunkelheit euch verschlingt, aber euer Herz soll nicht erschrecken.« Doch mein Herz war erschreckt und zitterte in tiefster Furcht.

Der Herr Jesus erklärt weiter, wie man es schafft, das Herz nicht erschrecken zu lassen: *»Ihr glaubt an Gott; glaubt auch an mich!«* So einfach ist das. Ich hatte kurz zuvor gelernt, dass die grammatische Form des Wortes *glauben* (»vertrauen«) bedeutet, dass man immer weiter an Gott glaubt und ihm vertraut; immer weiter an Jesus glaubt, und diese Betonung gilt ausdrücklich für Zeiten der Prüfung.

Jesus sagte mir an diesem dunklen Tag in Israel, dass ich trotz meiner tiefen Furcht ausharren und weiterhin an die Wahrheit Gottes glauben müsse – dass ich weiter an all das glauben müsse, was ich über ihn gelernt hatte: seine Herrschaft, seine Gegenwart, seine Allmacht, seine Gnade und seine liebende Barmherzigkeit. Aber Jesus tat noch mehr für mich an diesem Tag außer mir zu sagen, dass ich nicht aufgeben solle. Er zeigte mir, wie das geht.

Als ich den Bibelabschnitt aus Johannes 14 weiterlas, wurde ich getröstet – und zwar nicht, wie man annehmen könnte, durch die vertraute Verheißung, dass Jesus einen Platz im Himmel für mich vorbereitet oder dass er einen Tröster schickt. Nein, ich war vielmehr getröstet durch das Verhalten des Herrn Jesus.

Als Jesus jenen Obersaal mit seinen Jüngern verließ, da wusste er, dass ihm die größte Prüfung des ausharrenden Glaubens bevorstand – er musste standhaft bleiben, um angesichts des Kreuzes Gottes Willen zu tun. Die letzten Worte des Herrn Jesus in Johannes 14 sprangen regelrecht von der Seite und schossen in mein Herz wie eine Kugel, die das Ziel trifft: *»... aber damit die Welt erkennt, dass ich den Vater liebe und so tue, wie mir der Vater geboten hat. – Steht auf, lasst uns von hier fortgehen!«* (Joh 14,31).

Die Welt erfährt durch unseren entschlossenen liebenden Gehorsam gegenüber Gottes Willen angesichts von Schwierigkeiten, dass es sich lohnt, mit Gott zu leben. In diesem Hotelzimmer wusste ich plötzlich, dass meine Handlungen und meine Worte den Menschen um mich herum sagen würden, wie mein Verhältnis zum Herrn Jesus Christus wirklich ist. Mein Mann und ich hatten schon lange zuvor immer wieder intensiv gebetet, dass unseren Kindern eine solche Tragödie, wie sie unser Sohn nun durchmachen musste, erspart bliebe. Aber die Antwort des Himmels auf unsere Bitte war: Nein! Was sollte ich tun? Sollte ich das Handtuch werfen und es herausschreien, dass Gott uns im Stich gelassen hatte oder dass unsere Gebete nutzlos waren? Sollte ich meinem Mann sagen, dass ich mit meinem Glaubensleben am Ende war? Wenn ich diesen Weg wählte, dann würde die Botschaft an die Welt und an die Gemeinde ganz deutlich lauten: Die Sache mit Gott lohnt sich nicht.

Wenn wir weiterhin fest im Glauben bleiben, auch wenn die Antwort »Nein« lautet, dann zeigen wir der Welt den wirklichen Wert des Herrn Jesus Christus. Unser Verhalten in solchen Zeiten bekräftigt für die Welt, die uns beobachtet, die Wirklichkeit des Evangeliums.

Mit dem Wort Gottes als Trost und Wegweiser für mich, dem Beispiel des Herrn Jesus und der Hilfe des Heiligen Geistes wurde ich getröstet. Durch seine Gnade glaubte ich weiterhin, dass Gott gut ist und dass er es wert ist, dass ich ihm in Liebe gehorche. Wir konnten dem Schmerz nicht entfliehen – weder wir als Eltern noch unser Sohn. Aber von Tag zu Tag – manchmal von Stunde zu Stunde – konnten wir im Glauben ausharren. Nach langen Monaten im Krankenhaus und viel ärztlicher Hilfe waren die dunklen Tage vorbei, und unser Sohn ist nun schon seit Jahren wieder ganz gesund. Gott zeigte uns seine Treue zu unserer Familie wieder und wieder.

Durch das Ausharren im Leid sehen wir Gott

Petrus mahnt: *»Euer Widersacher, der Teufel, geht umher wie ein brüllender Löwe und sucht, wen er verschlingen kann«* (1Petr 5,8). Satan hofft darauf, Menschen in so tiefe Verzweiflung zu bringen, dass sie Gott verfluchen und die Täuschungen des Teufels verbreiten.

Das Buch Hiob beginnt mit einer Szene im Himmel. Satan erscheint vor Gott und fragt ihn: *»Ist Hiob etwa umsonst so gottesfürchtig?«* (Hi 1,9) Diese zynische Frage entlarvt Satans Ansicht, dass der Mensch absolut um sich selbst kreist und sich selbst dient, auch wenn es den Anschein hat, er sei ein treuer Diener Gottes, so wie Hiob. Satan ist ganz sicher, dass Hiob Gott ins Angesicht fluchen wird, wenn Gott nur seine Hand ausstreckt und Hiobs Besitz antastet (Hi 1,11). Aber Hiob fluchte Gott nicht. Stattdessen sah er Gott so, wie er ist, und er segnete seinen Namen.

In schwierigen Zeiten können wir am besten das Wesen Gottes und seine Liebe kennenlernen, denn dann hat Gott unsere volle Aufmerksamkeit. Für mich begann die schwierigste Prüfung im Februar 1996. Mit Kent als Begleitung ging ich zu einer anscheinenden Routineoperation ins Krankenhaus. Es wäre mir nie in den Sinn gekommen, dass ich nur wenige Stunden später um mein Leben kämpfen müsste.

Mein Leben wurde an diesem Tag durch die souveräne Vorsehung Gottes geschont, denn Gott hatte bereits viele Menschen und Ereignisse über Jahre hinaus auf diesen Punkt hin vorbereitet, sodass alles rechtzeitig zusammentraf, um mein Leben zu retten.

Meine Lebensrettung begann schon Jahre zuvor, als meine Nichte aus einer Laune heraus in unsere Nähe zog und eine Anstellung als Laborassistentin in unserem örtlichen Krankenhaus fand. Während einer öden Nachtschicht machten sie und ihre Kollegin aus lauter Langeweile gegenseitig Blutuntersuchungen, und dabei kam heraus, dass sie an einer seltenen Störung der Blutgerinnung leidet. Kurz danach zog meine Nichte an die Ostküste um.

Am Morgen meines vorgesehenen operativen Eingriffs ging die andere beteiligte Laborassistentin, Suzanne, zum Geldautomaten des Krankenhauses und kam dabei in einen Gebäudetrakt, den sie normalerweise nicht betritt. Dort sah sie meinen Mann und vereinbarte mit ihm, dass sie mich am nächsten Morgen kurz besuchen wolle.

Nach dem operativen Eingriff berichtete der Arzt, dass alles in Ordnung sei, und deshalb fuhr Kent nach Hause, um kurz zu duschen. Auf dem Rückweg traf er unsere besorgte Tochter und erfuhr, dass ich wieder im Operationssaal war, »ungefähr eine Viertelstunde«, hieß es. Aus dieser Viertelstunde wurden fünf scheinbar endlose Stunden. Kents Kollege, Pastor Larry Fullerton, und seine Frau Susan (eine Ärztin) warteten stundenlang mit Kent. Trotz wiederholter Bluttransfusionen ging es mir immer schlechter.

Am Morgen musste Susan zur Arbeit fahren, doch als sie zum Auto kam, bemerkte sie, dass sie den Autoschlüssel mit eingeschlossen hatte. Sie musste also wieder zurück ins Krankenhaus, um Larrys Schlüssel zu holen. Als sie zusammen zum Auto zurückgingen fragte Larry seine Frau, was eigentlich los sei. Sie erklärte ihm, dass das ganze Problem damit zu tun habe, dass ich irgendeine Blutgerinnungsstörung habe.

Zurück in meinem Krankenhauszimmer, begrüßte Larry meinen Bruder, der gerade angekommen war. Während Larry ihm von meinem Zustand berichtete, kam Suzanne, die Freundin meiner Nichte aus dem Labor, zu einem kurzen Besuch vorbei – ohne dass ihr Chef davon wusste. Zu diesem Zeitpunkt war ich trotz ständiger Bluttransfusionen dem Tod nahe. Suzanne war völlig schockiert, mitten in diese Familientragödie hineingeplatzt zu sein, und sie zog sich leise zurück. Im Hinausgehen hörte sie, wie Larry meinem Bruder weitergab, was seine Frau ihm erklärt hatte: »Da scheint es irgendein Problem mit der Blutgerinnung zu geben.«

Sofort fiel Susanne ein, wie sie damals diese Blutuntersuchungen gemacht hatten. Sie erinnerte sich daran, dass ein Facharzt meine Nichte gewarnt hatte: Wenn sie jemals eine ernsthafte körperliche Verletzung erleiden sollte, dann könnte sie ohne die richtige Behandlung verbluten.

Suzanne rannte zum Labor, schwang sich vor den Computer und bekam meinen Laborbericht sowie den von meiner Nichte auf den Bildschirm. Die krankhaften Erscheinungen waren vollkommen gleich! Suzanne hastete zurück zur Intensivstation und versuchte aufgeregt, all das einer Krankenschwester zu erklären – die dachte allerdings, Suzanne sei völlig verrückt geworden. Daraufhin eilte sie zu ihrem Vorgesetzten, der sie tatsächlich ernst nahm und die Ärzte erreichte, die mit meinem Fall befasst waren.

Es blieb keine Zeit mehr, weitere Laboruntersuchungen zu veranlassen – die Ärzte verließen sich ganz auf Suzannes Angaben. Auf den Rat einer Laborassistentin hin, die bei einer raschen mündlichen Aufzählung verschiedener Blutkrankheiten die Bezeichnung einer bestimmten Gerinnungsstörung erkannte, verordneten die Ärzte das einzige wirksame Medikament für diese seltene Blutgerinnungsstörung mit dem Namen Hypofibrinogenämie.

Ohne jeden Zweifel, sagten die Ärzte, hatte Suzanne mein Leben gerettet. Und möglicherweise hat sie auch das Leben von einigen meiner Familienmitglieder gerettet, denn anschließende Untersuchungen haben ergeben, dass meine Mutter, meine Tanten, zwei Schwestern, ein Bruder, eine Tochter und drei Enkelkinder die gleiche angeborene lebensbedrohliche Gerinnungsstörung haben.

Was mit mir geschah, war ein empirisch nachweisbares Wunder der Vorsehung Gottes. Wenn man allein die Leute aufzählt, die daran beteiligt waren, die zeitliche Abstimmung der Ereignisse ... Gott hatte all das im Blick – bis hin zu der Tatsache, dass Suzanne im Labor so viel zu tun hatte, dass sie erst genau dann zu Besuch kam, als Larry Fullerton die Fragen meines Bruders beantwortete und Suzanne es hören konnte.

Es war letztlich nicht Suzanne, die mir das Leben rettete, es war Gott! Für einen kurzen Moment hat Gott den Vorhang der Ewigkeit angehoben und unsere Familie und unsere Gemeinde einen Blick werfen lassen auf seine liebende Fürsorge für mich im Wirbel des Alltags – schon Jahre zuvor hatte er auf diesen entscheidenden Tag hin gewirkt.

Das Wort *Vorsehung* besteht aus den Bestandteilen vor und sehen. Wenn wir also von Gottes Vorsehung sprechen, dann beziehen wir uns darauf, dass er alle Dinge schon im Voraus kennt und sieht, und dass er alles bewirken kann. Die mathematische Wahrscheinlichkeit, dass so viel Dinge in dieser Art zusammentreffen, ist überaus gering. Nur Gott konnte das alles so anordnen, von Anfang bis Ende.

Hiob hatte buchstäblich alles verloren – seine Familie, seinen

Reichtum, seinen Besitz, sogar den Respekt seiner Frau und seiner Freunde. Dennoch sprach er diese wunderbaren Worte: *»Vom Hörensagen hatte ich von dir gehört, jetzt aber hat mein Auge dich gesehen«* (Hi 42,5). Er lobte Gott für die Möglichkeit, Gott in seinen unfassbaren Werken zu sehen!

Ich kann mit dem Psalmisten David sagen: *»Es war gut für mich, dass ich gedemütigt wurde«* (Ps 119,71). In den Wochen, Monaten und Jahren nach meiner Genesung stand ich körperlichen Herausforderungen gegenüber, die Lage um Lage meines Vertrauens auf »das Fleisch« abschälten. Am schwierigsten sind die bleibenden Schädigungen durch die Unterversorgung mit Sauerstoff. Konzentrationsstörungen machten das Lesen (bisher immer eine große Freude für mich) über Jahre hinaus unmöglich. Früher hatte ich einen regen Geist, und jetzt macht mein Kurzzeitgedächtnis mir Probleme; das enttäuscht und beschämt mich. Doch inmitten dieser Unsicherheiten wende ich mich immer wieder an die Bibel, um zur Ruhe zu kommen. Der Herr hat mir ein größeres Bild seiner selbst gegeben. Ich kenne den Herrn nun in einer Art und Weise, wie ich ihn vorher nicht kannte. Die Bibel drückt meine Erfahrungen auf wunderbare Weise aus:

> *»... damit alle Völker der Erde erkennen sollen, wie stark die Hand des HERRN ist, damit ihr den HERRN, euren Gott, allezeit fürchtet.«* (Jos 4,24)

> *»Als meine Seele in mir verschmachtete, dachte ich an den HERRN. Und mein Gebet kam zu dir, in deinen heiligen Tempel. Die, die nichtige Götzen verehren, verlassen ihre Gnade. Ich aber will dir Opfer bringen mit der Stimme des Lobes; was ich gelobt habe, werde ich erfüllen. Bei dem HERRN ist Rettung.«* (Jon 2,8-10)

> *»Ich bin der HERR und sonst keiner. Außer mir gibt es keinen Gott. ... der das Licht bildet und die Finsternis schafft, der Frieden wirkt und das Unheil schafft. Ich, der HERR, bin es, der das alles wirkt. ...*

Wendet euch zu mir und lasst euch retten, alle ihr Enden der Erde! Denn ich bin Gott und keiner sonst.« (Jes 45,5.7.22)

»Keiner ist wie du, Herr, unter den Göttern,
und nichts gleicht deinen Werken.
Alle Nationen, die du gemacht hast,
werden kommen und vor dir anbeten,
Herr, und deinen Namen verherrlichen.
Denn groß bist du und tust Wunder, du bist Gott, du allein.
Lehre mich, HERR, deinen Weg: Ich will wandeln in deiner Wahrheit!
Fasse mein Herz zusammen zur Furcht deines Namens.
Ich will dich preisen, Herr, mein Gott, mit meinem ganzen Herzen
und deinen Namen ewig verherrlichen.
Denn deine Gnade ist groß gegen mich,
und du hast mein Leben gerettet aus dem tiefsten Scheol.«
(Ps 86,8-13)

»Der Gott, der die Welt gemacht hat und alles, was darin ist, er, der Herr des Himmels und der Erde, wohnt nicht in Tempeln, die mit Händen gemacht sind, auch wird er nicht von Menschenhänden bedient, als wenn er noch etwas nötig hätte, da er selbst allen Leben und Odem und alles gibt. Und er hat aus einem jede Nation der Menschen gemacht, dass sie auf dem ganzen Erdboden wohnen, wobei er festgesetzte Zeiten und die Grenzen ihrer Wohnung bestimmt hat, dass sie Gott suchen, ob sie ihn vielleicht tastend fühlen und finden möchten, obwohl er ja nicht fern ist von jedem von uns. Denn in ihm leben wir und bewegen uns und sind wir.« (Apg 17,24-28)

»Denn David freilich entschlief, nachdem er seinem Geschlecht nach dem Willen Gottes gedient hatte.« (Apg 13,36)

»Denn so viel der Himmel höher ist als die Erde, so sind meine Wege höher als eure Wege und meine Gedanken als eure Gedanken.« (Jes 55,9)

»Das Verborgene steht bei dem HERRN, unserm Gott; aber das Offenbare gilt uns und unsern Kindern für ewig, damit wir alle Worte dieses Gesetzes tun.« (5Mo 29,28)

Hier sehen wir einen Gott, der alles im Griff hat. Er weiß, was er tut, und er benutzt alles nach seinem Willen und für seine Zwecke mit dieser Welt – und für mich. Da er es für nötig hielt, mich heimzusuchen, um mich zu lehren, kann ich nur von ganzem Herzen dem Psalmisten zustimmen: *»Es war gut für mich, dass ich gedemütigt wurde«* (Ps 119,71). Ausharren im Glauben bedeutet, dass ich mich Gott im Leiden unterwerfe in dem Vertrauen, dass Gott immer noch Gott ist: gut, weise, barmherzig, gerecht, freundlich, liebend, allwissend und allmächtig. Prüfungen sind notwendig, wenn wir mehr von Gott sehen möchten.

Wie können wir ausharren?

Meine Krankheit, mein Kummer, meine Prüfungen – sie sind natürlich anders als Ihre. Es ist wichtig, sich daran zu erinnern, dass jede Einzelne von uns dazu berufen ist, ein anderes Rennen zu laufen. Ich laufe nicht das gleiche Rennen wie die Familie Willis. Aber welche Schwierigkeiten uns auch immer begegnen – zerbrochene Beziehungen, Unfruchtbarkeit, Einsamkeit, Versagen, Krankheit, finanzielle Probleme, religiöse Verfolgung: Jede von uns muss darin Ausdauer, Ausharren zeigen. Und wahrscheinlich wird Ihr Leid nichts besonders Spektakuläres sein, möglicherweise nur die tägliche Hingabe an scheinbar unbedeutende und unangenehme Pflichten.

Wir müssen die Vergleiche mit anderen Menschen also beiseiteschieben und stattdessen unser eigenes Rennen mit der eigenen Belohnung laufen, so wie der Apostel Paulus es tat: *»Ich habe den guten Kampf gekämpft, ich habe den Lauf vollendet, ich habe den Glauben bewahrt; fortan liegt mir bereit der Siegeskranz der Gerechtigkeit, den der Herr, der gerechte Richter, mir als Belohnung geben wird an jenem*

Tag: nicht allein aber mir, sondern auch allen, die sein Erscheinen lieb gewonnen haben« (2Tim 4,7-8).

Die ewige Belohnung – die Herrlichkeit des Himmels – hat viele bemerkenswerte Frauen beflügelt wie zum Beispiel Helen Roseveare, eine Missionarin, die entführt wurde, die Qualen der Vergewaltigung ertragen musste und dabei noch für ihre Kidnapper betete; oder Elisabeth Elliot, die mit dem Evangelium zu den Auca-Indianern zurückkehrte, die ihren Ehemann und fünf andere Missionare brutal ermordet hatten.

Man ist sich darüber einig, dass der schwierigste Teil eines Rennens die Mitte ist. Zu Beginn hat man viel Energie und Enthusiasmus. Man meint, man könne alles schaffen. Aber wenn das Rennen weitergeht, dann ist man müde und abgekämpft. Es scheint schon so lange her zu sein, dass das Rennen begann, und die Ziellinie scheint noch in weiter Ferne zu liegen. Jeder einzelne Schritt wird schwerer. Aber dann kommt ein Punkt, an dem man das das Ziel vor Augen hat. Die Belohnung liegt hinter der nächsten Kurve, und man empfängt einen gnädigen »zweiten Energieschub« für den Endspurt ins Ziel, welches der Herr Jesus Christus selbst ist.

Was kann einen mitten im Rennen aufrechterhalten? Jesus allein. Denken Sie an ihn, *»der um der vor ihm liegenden Freude willen die Schande nicht achtete und das Kreuz erduldete«* (Hebr 12,2). Wir müssen uns vor Augen halten, was Paulus schreibt: *»Denn ich denke, dass die Leiden der jetzigen Zeit nicht ins Gewicht fallen gegenüber der zukünftigen Herrlichkeit, die an uns offenbart werden soll«* (Röm 8,18). Geben Sie nicht auf!

Schauen Sie weiter auf Jesus: *»Denn betrachtet den, der so großen Widerspruch von den Sündern gegen sich erduldet hat, damit ihr nicht ermüdet und in euren Seelen ermattet!«* (Hebr 12,3).

Liebe Schwestern, es gehört Disziplin dazu, die Herausforderungen des Leidens in einer Art anzunehmen, die Gott verherrlicht. Aber Ausdauer, Ausharren ist eine Eigenschaft, die jede von uns entwickeln kann. Man muss sich dazu täglich dem Willen Gottes unterordnen, ganz gleich, welche lästigen, unbedeutenden Pflichten wir ertragen oder welche grauenhaften Tragödien wir zu erleiden haben – denn dies ist der Wille Gottes für uns im Evangelium. Paulus sagt: *»Aber ich achte mein Leben nicht der Rede wert, damit ich meinen Lauf vollende und den Dienst, den ich von dem Herrn Jesus empfangen habe: das Evangelium der Gnade Gottes zu bezeugen«* (Apg 20,24). Und ich schließe mich Paulus an, der schreibt: *»Der Herr aber richte eure Herzen auf die Liebe Gottes und auf das Ausharren des Christus!«* (2Thes 3,5).

Denkanstöße

- In welcher Weise verbinden Römer 5,3-4 und Jakobus 1,3-4 das Leiden mit dem Charakter oder der Reife eines Christen? Welches ist die Quelle der Ausdauer oder des Ausharrens, die es dem Gläubigen ermöglicht, Schwierigkeiten zu ertragen?
- Wie hat der Geist Gottes Sie durch gewisse Versuchungen oder Prüfungen »vervollkommnet«? Können Sie irgendwelche Parallelen zum Leben des Apostels Petrus entdecken? Siehe Lukas 22,31-32.
- Wann haben Sie schon einmal erlebt, dass das Zeugnis eines Gläubigen in einer Zeit des Leidens einen Eindruck auf dessen Umgebung gemacht hat? Mit welchen Schwierigkeiten haben Sie zurzeit zu kämpfen? Bitten Sie den Herrn um ein unerschütterliches Vertrauen zu ihm, um das Evangelium zu verbreiten!
- Wann hat eine schwierige Zeit in Ihrem Leben Ihnen einen klaren Blick dafür gegeben, wer Gott ist? Was haben Sie entdeckt? Seine Macht? Sein Mitleiden? Seine Nähe? Dass er alle Kleinigkeiten im Griff hat? Kennen Sie irgendwelche Bibelstellen, die Ihre Antwort untermauern?
- Was hält Sie auf den Beinen, wenn Sie sozusagen *»mitten im Rennen«* sind (siehe 2Tim 4,7-8; Röm 8,18)?

Beziehungen

10

Gemeinde

»Dies schreibe ich dir in der Hoffnung, bald zu dir zu kommen; wenn ich aber zögere, damit du weißt, wie man sich verhalten muss im Hause Gottes, das die Gemeinde des lebendigen Gottes ist, die Säule und die Grundfeste der Wahrheit.«
(1Tim 3,14-15)

Ein Freund berichtete mir, dass es in seiner Studentenzeit einen beliebten Aufkleber gab, der stolz verkündete: »Jesus Christus: Ja – Gemeinde: Nein!« Obwohl es diesen Aufkleber schon lange nicht mehr gibt, geistert die Auffassung, die dahintersteckt, immer noch durch viele Köpfe: »Jesus Christus: Ja – Gemeinde: Wenn ich sie brauche und dann nur zu meinen eigenen Bedingungen.«

Heutzutage sind Gemeindebesucher oft infiziert mit einem »Virus« der bedingten Treue zur Gemeinde. Diese Einstellung hat eine ganze Armee von »Gemeinde-Touristen« hervorgebracht. Man benimmt sich wie ein Anhalter. Der hochgestreckte Daumen des Anhalters signalisiert: »Du kaufst das Auto, bezahlst die Reparaturen, den Unterhalt und die Versicherungen, kümmerst dich um die Tankfüllung – und dann fahre ich mit dir. Aber wenn du einen Unfall hast, dann ist das deine Sache, und ich werde dich wahrscheinlich verklagen.« Viele Gemeindebesucher haben eine ganz ähnliche Ansicht: »Du gehst zu den Versammlungen und arbeitest in den Gruppen mit. Du machst die Arbeit, du lehrst und unterhältst die Kinder, und ich komme auch manchmal vorbei. Aber wenn etwas mir nicht passt, dann kritisiere ich und beschwere mich, und wahrscheinlich springe ich dann ab. Mein Daumen ist immer oben, vielleicht finde ich ja etwas Besseres.«

Diese »Schnellimbissmentalität« ist immer darauf erpicht, etwas Neues auf der Speisekarte zu entdecken, nur für den Fall, dass es woanders vielleicht besser ist. Solche Schmalspurchristen haben eine verräterische Ausdrucksweise; sie sagen im Hinblick auf ihre Gemeinde zum Beispiel: »Ich gehe zu« oder »Ich besuche«, vermeiden aber typischerweise Ausdrücke wie: »Ich gehöre zu« oder »Ich bin Glied der XY-Gemeinde«.

Wenn Sie ein wahrhaftiges, erprobtes und langjähriges Mitglied einer Gemeinde sind, wird die folgende Aussage Sie nicht verblüffen: »Eine Meinungsumfrage der George-Barna-Meinungsforscher im Jahr 1999 hat ergeben, dass einer von sieben Amerikanern jedes Jahr seine Gemeindezugehörigkeit ändert, während ein Sechstel ständig innerhalb verschiedener Gemeinden kreist.«[51]

Es gibt seit einigen Jahrzehnten demnach ein Phänomen, das in jedem anderen Jahrhundert völlig undenkbar gewesen wäre – gemeindelose Christen. Es gibt eine riesige Herde bekennender Christen, die sich in Bezug auf die Gemeinde wie Nomaden verhalten: ohne Verlässlichkeit, ohne Disziplin, ohne Jüngerschaft, ohne Gemeinschaft. Sie leben abseits der üblichen Segnungen der Gemeindeordnungen.

Auf die Frage, warum die Gemeinde so unbeliebt geworden ist, antworten Historiker: Das liegt an der Überbetonung des »unsichtbaren Leibes Christi« durch evangelikale Prediger; dadurch habe sich eine tief verwurzelte Geringschätzung gegenüber der sichtbaren Gemeinde entwickelt. Dr. Robert Saucy schreibt: »Die Zugehörigkeit zu einer unsichtbaren Gemeinde ohne Gemeinschaft mit einer örtlichen Versammlung ist ein Gedanke, der im Neuen Testament überhaupt nicht vorkommt. Die weltweite Gemeinde und die weltweite Gemeinschaft der Gläubigen schließen sich sichtbar in örtlichen Versammlungen zusammen.«[52]

Mein Mann betont außerdem, dass eine weitere Ursache für die Gemeindelosigkeit vieler Christen in dem historischen Individualismus der evangelikalen Christenheit zu sehen ist. Auch ein uramerikanisches Misstrauen gegenüber Autoritäten spielt dabei eine Rolle. Natürlicherweise neigt der Mensch zu der Ansicht, dass man lediglich eine persönliche Beziehung zu Jesus Christus braucht und keine andere Autorität.

Doch Frauen, die den innigen Wunsch haben, jeden Bereich ihres Lebens dem Evangelium zu unterstellen, sollten sich entschließen, sich mit den Gedanken Gottes in Bezug auf Gemeinde zu beschäftigen, damit sie schließlich die Gemeinde so wertschätzen können, wie Gott es tut.

Die Gemeinde war zunächst einmal Gottes Idee; er hat sie eingesetzt. Apostelgeschichte 20,28 richtet einen Auftrag an die Hirten, »die Gemeinde Gottes zu hüten, die er sich erworben hat durch das Blut seines eigenen Sohnes.« Die Gemeinde muss jedem Gläubigen so wichtig sein, »weil sie von höchster Bedeutung für Jesus Christus selbst ist.«[53] Schließlich hat *»auch der Christus die Gemeinde geliebt und sich selbst für sie hingegeben«* (Eph 5,25). Missachten wir etwa das, was der Herrn Jesus Christus wertschätzt?

Der Herr Jesus liebt die sichtbare Gemeinde. Er schätzt die Struktur der *»Versammlung«*, wie die ursprüngliche Bedeutung des Wortes Gemeinde lautet (5Mo 4,10; 9,10; 31,30; Mt 18,17; Apg 5,11; Röm 16,5; 1Kor 1,2; Eph 1,22; Hebr 12,23). Die sichtbare Gemeinde ist daher die Zusammenkunft des Volkes Gottes. Ob sich zwei oder drei Gläubige treffen oder ob es fünftausend sind, Jesus Christus ist dabei: *»Denn wo zwei oder drei versammelt sind in meinem Namen, da bin ich in ihrer Mitte«* (Mt 18,20). Es ist etwas Besonderes, Wertvolles, wenn Gläubige sich versammeln; im Gegensatz zu Einzelnen, die nur im Alleingang handeln.

In der Bibel finden wir noch einige andere Bezeichnungen für diese Versammlung der Gläubigen, zum Beispiel *der Leib, die Familie, das Haus, die Braut, die Herde, der Tempel.* Die Tatsache, dass die Bibel die Gemeinde auf so viele verschiedene Arten anschaulich beschreibt, zeigt bereits ihre Bedeutung. Gott möchte, dass wir die sichtbare Gemeinde wertschätzen. Wir werden im Folgenden die ersten drei Bezeichnungen der Gemeinde untersuchen: der Leib, die Familie und das Haus.

Der Körper

Da die Gemeinde *»die Versammlung des Volkes Gottes«* ist, geht es in der Gemeinde um Beziehungen. Das wird besonders deutlich im Vergleich der Gemeinde mit einem Körper. So wie alle Teile in einem physischen Leib kompliziert miteinander in Verbindung stehen, ist auch die Gemeinde abhängig von der richtigen Funktion jedes einzelnen individuellen Teils. Wenn ein Teil nicht richtig funktioniert, dann wird der ganze Leib davon in Mitleidenschaft gezogen.

Mein Mann hat sich kürzlich ein paar Rippen gebrochen, als er auf vereistem Untergrund über den Hund stolperte, ausrutschte und hinfiel. Obwohl sich die Verletzung oben links am Rücken befand, strahlte der Schmerz doch bis in die Brust aus. Durch die Verspannungen als Folge der Schonhaltung wegen der gebrochenen Rippen begann eine Muskelgruppe nach der anderen zu schmerzen. Er konnte kaum schlafen. Er vermied das Husten, Niesen oder Lachen unter allen Umständen.

Auf die gleiche Art sind die einzelnen Gemeindeglieder auf so erstaunliche Weise miteinander verbunden, dass die Gesundheit des ganzen »Leibes« von der gesunden Funktion eines jeden Einzelnen von uns abhängt. Das ist natürlich eine große Herausforderung, denn wir Gläubigen kommen aus so unterschiedlichen Hintergründen, und jeder bringt sein individuelles Päckchen mit in die Gemeinde hinein. Doch obwohl wir so unterschiedlich sind, sollen wir in harmonischen Beziehungen zusammenarbeiten; jeder Einzelne muss den Platz ausfüllen, den er als Verantwortung und Gabe bekommen hat. Darum ist es so entscheidend, Missverständnisse aufzuklären und die verletzten und gebrochenen Teile zu versorgen; wir können es uns nicht leisten, die richtige Funktion des Leibes Christi zu beeinträchtigen. »Das Hauptthema ist die Qualität der Beziehungen und die gegenseitige Verantwortung, die wir als Gläubige füreinander haben (Röm 12,3-8 und 1Kor 12,12-31).«[54]

Welches ist das wichtigste Körperteil? Der Kopf natürlich, denn ohne Kopf kann der Körper überhaupt nicht funktionieren. Jesus Christus ist der Kopf, das Haupt des Leibes. *»Und alles hat er seinen Füßen unterworfen und ihn als Haupt über alles der Gemeinde gegeben, die sein Leib ist, die Fülle dessen, der alles in allen erfüllt«* (Eph 1,22-23). Weiter heißt es im Epheserbrief: *»Lasst uns aber die Wahrheit reden in Liebe und in allem hinwachsen zu ihm, der das Haupt ist, Christus«* (Eph 4,15). Auch im Kolosserbrief wird auf Jesus Christus hingewiesen: *»Und er ist das Haupt des Leibes, der Gemeinde«* (Kol 1,18). Unser Körper funktioniert am besten, wenn jeder Körperteil richtig auf die Impulse des Gehirns reagiert. Auf die gleiche Art und Weise funktionieren wir in vernünftigen Beziehungen miteinander im Leib Christi, wenn jeder Einzelne von uns die »Impulse« des Hauptes entgegennimmt: von Jesus Christus selbst.

Die Familie

Ich bin sehr dankbar, dass die Gemeinde auch als Familie dargestellt wird, als Familie Gottes, denn damit wird unsere gegenseitige Abhängigkeit voneinander noch einen Schritt weitergeführt über das bloße Funktionieren und Betätigen unserer miteinander verbundenen Gaben hinaus. In einer Familie geht es schließlich auch um liebevolle Beziehungen.

Eine ewige Familie

Natürlich erinnere ich mich ganz genau an die Geburt meiner vier Kinder. Von dem Moment an, als sie auf der Welt waren, begannen sie ein Netz von Beziehungen zu knüpfen: mit Mutter, Vater, Schwestern, Brüdern, Großeltern, Tanten, Onkel und Cousinen.

Ein Mitglied in der Familie Gottes wird man ebenfalls durch die Geburt – durch die geistliche Neugeburt durch den Geist Gottes (Joh 3,5-8). Das geschieht nicht, indem man irgendwelche Papiere unterschreibt, auch nicht durch Mehrheitsbeschluss; es geschieht, wenn ein einzelner Mensch Jesus Christus als Herrn und Heiland annimmt. Unmittelbar darauf ist dieser Mensch in eine Familie mit einer enormen Möglichkeit für Beziehungen hineingeboren.

Jesus machte eine erstaunliche Bemerkung über die Familie Gottes: *»Und es kommen seine Mutter und seine Brüder; und sie standen draußen, sandten zu ihm und riefen ihn. Und eine Volksmenge saß um ihn her; sie sagten aber zu ihm: Siehe, deine Mutter und deine Brüder und deine Schwestern draußen suchen dich. Und er antwortete ihnen und spricht: Wer sind meine Mutter und meine Brüder? Und er blickte umher auf die um ihn im Kreise Sitzenden und spricht: Siehe, meine Mutter und meine Brüder! Wer den Willen Gottes tut, der ist mein Bruder und meine Schwester und meine Mutter«* (Mk 3,31-35). Auf Menschen, die ihre natürliche Familie lieben und schätzen, wirkt diese Äußerung vielleicht befremdlich. Jesus gibt der Familie Gottes den Vorrang gegenüber irdischen Familienbanden.

Nach seiner Begegnung mit dem reichen Jüngling gibt Jesus seinen Jüngern einen noch tieferen Einblick in seine Familie: *»Jesus sprach: Wahrlich, ich sage euch: Da ist niemand, der Haus oder Brüder oder Schwestern oder Mutter oder Vater oder Kinder oder Äcker verlassen hat um meinetwillen und um des Evangeliums willen, der nicht hundertfach empfängt, jetzt in dieser Zeit Häuser und Brüder und Schwestern und Mütter und Kinder und Äcker unter Verfolgungen und in dem kommenden Zeitalter ewiges Leben«* (Mk 10,29-30).

Da wir denselben geistlichen Vater haben, ist die Kraft unserer Beziehungen sehr viel größer als die in unserer irdischen Familie. Es ist nicht einfach, diese Wahrheit wirklich anzunehmen, denn unsere eigene Familie bedeutet uns so viel. Aber es stimmt! Sogar die Worte, mit denen wir Beziehungen innerhalb der Gemeindefamilie beschreiben, unterstreichen diese Bedeutung. Jon Dennis, ein Pastor und früherer Kollege, erklärte mir, dass der Begriff *Ältester* auf den Beziehungen innerhalb einer Familie basiert, so ähnlich wie Opa. So sollte ein Ältester also ein besonders gottesfürchtiger und weiser Führer sein, der seine Gemeindefamilie eifrig beschützt.

Die Beziehungen in der Familie Gottes sind ewig, ganz anders als die unserer irdischen Familie. Mary Lou Bayly, eine Witwe aus unserer Gemeinde, erinnert uns daran, dass die irdische Ehe zeitlich begrenzt ist (Mt 22,30). Nachdem sie dem Herrn jahrelang als Ehefrau gedient hatte, wurde Mary Lou durch eine dauerhaftere Wirklichkeit getröstet, als ihr geliebter Ehemann Joe verstarb. Sie fühlte sich in ihrer Aufgabe als Ehefrau und Mutter von sieben Kindern »reich beschenkt«. »Aber nun bin ich keine Ehefrau mehr«, sagte sie. »Ich habe eine wunderbare Sicherheit bei dem Gedanken, dass meine Beziehung zu Jesus Christus meine wahre Identität ist, und die kann mir niemand nehmen.«

Mary Lou hat eine wichtige geistliche Wahrheit ausgesprochen: Die Beziehungen innerhalb unserer Gemeindefamilie werden nie enden. Unsere Beziehungen als Brüder und Schwestern, die denselben Vater haben, werden in Ewigkeit bestehen.

Fördern und Unterweisen

Die Gemeinde als Familie Gottes ist wunderbar. Ich habe im Laufe der Zeit viele geistliche Mütter, Väter, Tanten, Onkel, Schwestern und Brüder gehabt, und diese Familienmitglieder haben meine Seele gefördert und mich das Wort Gottes gelehrt.

Mrs Thorne war verantwortlich für die Sonntagsschulgruppe der Jüngsten; sie hatte Haare wie ein Engel: fein gekämmte Reihen weißer Wellen. Sie lehrte mich ein altmodisches Lied, das ich selbst heute noch manchmal vor mich hinsinge:

Lass die Schönheit des Herrn Jesus in mir sichtbar sein,
seine wunderbare Reinheit und sein Leid.
Lass im Geiste meines Gottes mich sein hell und rein,
seine Schönheit sei mein einz'ges Ehrenkleid.

Mrs Coleman war Sonntagsschullehrerin für die älteren Kinder. Sie war eine meiner geistlichen »Mütter«, die mir beibrachte, Bibelverse auswendig zu lernen. Ihr verdanke ich es, dass ich einige Psalmen auswendig kenne (Ps 23, Ps 100, Ps 121), außerdem das Vaterunser und die Seligpreisungen. Damals belohnte sie mich für das Auswendiglernen, aber heute, viele Jahre später, profitiere ich immer noch von den Segnungen des Wortes Gottes, das in meinem Gedächtnis verankert ist. Ich danke Gott, dass sie damals meine junge Seele gefördert hat.

Mrs Boxley kümmerte sich jeden Sommer treu um die Ferienbibelschule. Wie aufregend war es für mich, als ich von der Schülerin zur Gruppenhelferin »befördert« wurde! Dadurch hatte ich das Vorrecht, mich mit den anderen Frauen (und Mrs Boxley) zum Kaffeetrinken und zum Gebet in der Küche zu treffen. Ich war noch leicht zu begeistern, und das Beispiel dieser fleißigen »fröhlichen Tante« hinterließ einen tiefen Eindruck bei mir.

Larry Sharp war mein »großer Bruder« und Jugendleiter. Nach den Abendveranstaltungen packte er uns in sein altes Auto, und wir gingen zusammen Pommes essen und Cola trinken. Jeden Mittwochabend belehrte er uns Jugendliche geduldig und hartnäckig z. B. über die Stiftshütte, das Heiligtum Gottes in der Wüste im Alten Testament. Wie das Opfer des Herrn Jesus dadurch für mich lebendig wurde, selbst in diesem Alter! Ich danke Gott für den Dienst von Larry Sharp, einem geliebten Familienmitglied.

Zu anderen Zeiten war ich diejenige, die gab – geistliche Förderung, Unterweisung, Gebet und Ermutigung für die Mitglieder der Familie Gottes. Dieses Geben und Nehmen innerhalb der »Familie« prägt die Atmosphäre, in der wir wachsen können und in der unsere Gemeinschaft gedeihen kann.

Gemeinschaft

Die Gemeinde als Familie Gottes beschenkt uns mit einer der schönsten Gaben Gottes für seine Kinder: Gemeinschaft. Der Theologe J. I. Packer macht darauf aufmerksam, dass die Gemeinschaft bereits »in der ersten Beschreibung des jungen Gemeindelebens im

Neuen Testament« eine Rolle spielt. *»Sie verharrten aber in der Lehre der Apostel und in der Gemeinschaft«* (Apg 2,42).[55]

Packer erklärt weiterhin, dass die Gemeinschaft immer in zwei Richtungen abzielt: eine vertikale und eine horizontale Richtung. Als Gläubige haben wir Gemeinschaft miteinander (horizontal), weil wir denselben Vater im Himmel haben (vertikal). Gemeinschaft mit Gott, unserem Vater, fördert die Gemeinschaft untereinander. Gemeinschaft ist eine Sache der Familie. Und es ist weit mehr als ein freundlicher Gruß auf dem Heimweg oder ein Gespräch bei einer Tasse Kaffee. »Gemeinschaft ist die Gewohnheit, miteinander zu teilen, ein ständiges Geben und Nehmen; das ist das wahre und authentische Lebensmuster für das Volk Gottes.«[56]

Jeder, der schon einmal einen Abend mit gläubigen Freunden verbracht hat im Austausch über die Geheimnisse Gottes, wie man im Licht dieser Geheimnisse leben kann, welche Herrlichkeit uns erwartet – der weiß, dass dies stimmt. Die Emmaus-Jünger drücken dieses Gefühl aus, wenn sie über die Gespräche mit Jesus sagten: *»Brannte nicht unser Herz in uns …?«*

Ich erinnere mich an einen Abend in einem Haus in den Außenbezirken von London. Wir saßen um einen Tisch in einem winzigen Esszimmer. Mehrere Pastoren waren mit ihren Ehefrauen zu einer Bibelkonferenz angereist. Unsere Gastgeber hatten ein echtes englisches Weihnachtsessen vorbereitet, mit Plumpudding und allem Drum und Dran. Doch obwohl das Essen wunderbar war, war es doch nicht der Höhepunkt des Abends. Es war vielmehr das »geistliche Festessen«, an das wir uns mit Begeisterung erinnern. Dicht gedrängt, Schulter an Schulter, träumten wir gemeinsam als Bürger dieser Welt und, weit wichtiger noch, der kommenden Welt, wie wir die gute Nachricht des Evangeliums weiterverbreiten könnten. Wir widmeten uns geistlichen Wahrheiten, und dabei erlebten wir Gemeinschaft – und das war höchst eindrucksvoll.

Das Haus des Glaubens

Wer möchte nicht mit einer Familie gesegnet sein, in der es die Möglichkeit gibt, die eigenen Gaben zur Ehre Gottes einzusetzen, in der man sich im gegenseitigen Geben und Nehmen umeinander kümmert, in der es erfüllende Beziehungen gibt, die ewig andauern?! Doch »wie in jeder Familie werden auch hier die Beziehungen durch das angemessene Verhalten der einzelnen Mitglieder zueinander« aufrechterhalten.[57] Wir müssen uns also mit »dem richtigen Verhalten der Mitglieder im Haushalt Gottes« beschäftigen.[58]

Das ist ein Thema, das in unserer zeitgenössischen Kultur vor allem Frauen interessiert. Gottesfürchtige Frauen, die sich Gottes Wegen und Anordnungen unterordnen möchten, müssen sich also offen und vorurteilsfrei mit den Lehren des Neuen Testaments über das Verhalten der Frau in der Familie Gottes auseinandersetzen.

Paulus schrieb an Timotheus, den jungen Gemeindeleiter: *»Dies schreibe ich dir in der Hoffnung, bald zu dir zu kommen; wenn ich aber zögere, damit du weißt, wie man sich verhalten muss im Hause Gottes, das die Gemeinde des lebendigen Gottes ist, Säule und Fundament der Wahrheit«* (1Tim 3,14-15). Paulus lenkt die Aufmerksamkeit auf eine wichtige Tatsache: Genauso, wie es eine von Gott gegebene Ordnung für die irdische Familie gibt, hat Gott auch eine ähnliche Ordnung für die Gemeindefamilie vorgegeben. Da wir viele Anweisungen von Paulus für Frauen an anderer Stelle in diesem Buch betrachten, beschäftigen wir uns hier mit den oft umstrittenen Versen: *»Eine Frau lerne in der Stille in aller Unterordnung. Ich erlaube aber einer Frau nicht zu lehren, auch nicht über den Mann zu herrschen, sondern ich will, dass sie sich in der Stille hält, denn Adam wurde zuerst gebildet, danach Eva«* (1Tim 2,11-13).

Da dies nur ein kurzer Abschnitt eines Kapitels in einem umfassenden Buch ist, ist mein Kommentar zu diesen Versen zwangsläufig nicht vollständig. Ich bin mir natürlich darüber im Klaren, dass diese Worte in vielen Köpfen die roten Signallampen aufleuchten lassen. Es sind schwierige Worte – ganz besonders heutzutage, wo Frauen ihre Freiheiten schätzen und auf so viele Arten ausüben. Aber unser Wunsch, unser gesamtes Leben dem Evangelium unterzuordnen, erfordert es auch, alles anzunehmen, was Gott uns in seinem Wort vorgibt.

Es ist in der Tat kein Unterschied, ob man das Evangelium in diesem Lebensbereich einer modernen gläubigen Frau anwendet oder in irgendeinem anderen Lebensbereich, in dem sie bemüht ist, sich dem Willen Gottes unterzuordnen. Im Zusammenhang mit der Gemeinde ist es erforderlich, dass wir die »schwierigen Stellen« zur Kenntnis nehmen und ihnen gehorchen, genauso wie wir es mit den einfacheren Anweisungen tun. John Piper schreibt in *The Pleasures of God* (»Die Freuden Gottes«), wie man mit schwierigen Lehren der Bibel umgehen kann:

> »Können umstrittene Lehren die Christusähnlichkeit fördern? Bevor Sie auf diese Frage antworten, stellen Sie eine andere: Gibt es irgendeine wesentliche biblische Lehre, die nicht umstritten ist? Ich weiß nicht einmal eine einzige, ganz zu schweigen von der Anzahl, die wir alle zur täglichen Pflege unseres Glaubens brauchen. ... So gerne wir es auch hätten: Wir genießen nicht den Luxus, in einer Welt zu leben, in der die lebenswichtigen Wahrheiten unumstritten sind. Wenn wir meinen, wir könnten uns ein Urteil über alles Umstrittene ersparen und unsere Seele nur mit dem füttern, was dann übrig bleibt, dann leben wir in einer Traumwelt. Es bleibt nichts übrig.«[59]

Die Anweisung an die Frauen in 1. Timotheus, *»in der Stille und in aller Unterordnung«* zu lernen, richtet unsere Aufmerksamkeit auf unsere Einstellung zur männlichen Leitung der Gemeinde. Diese Stelle erinnert mich an die Ermahnung im Kapitel über den Wandel als gläubige Frau: wir sollen *»dem Evangelium würdig«* leben. Unsere äußeren Handlungen und Worte geben immer das preis, was in unserem Herzen ist. Glauben Sie, dass Gott immer das Beste für Sie im Sinn hat? Können Sie seiner Weisheit im Hinblick auf die Gemeindeordnung vertrauen? Falls ja, werden Stille und Unterordnung nicht das Problem sein.

Um das Verbot zu verstehen: *»Ich erlaube aber einer Frau nicht zu lehren, auch nicht über den Mann zu herrschen, sondern ich will, dass sie sich in der Stille hält«* (Vers 12), müssen wir auch begreifen, was dieses Verbot nicht aussagt. Mein Mann schreibt in seinem Kommentar zu 1. und 2. Timotheus und Titus:[60]

> »Diese Weisungen verbieten einer Frau nicht grundsätzlich, zu lehren oder Autorität auszuüben – an der Universität, im öffentlichen Rahmen. Hier geht es nur um Ordnungen in der Gemeinde. Auch erlauben diese Anordnungen keinem Mann innerhalb der Gemeinde nur aufgrund seines Geschlechts Autorität über die Frauen in der Gemeinde auszuüben. Eine solche allgemeinere ausdrückliche Autorität gibt es nur im heiligen Bund der Ehe und Familie, und auch dann darf sie nur im selbstaufopfernden Geist Christi ausgeübt werden (vgl. Eph 5,22-23).
>
> Man sollte sich ebenso vor Augen halten, dass die Anweisung des Paulus nichts über die Gleichwertigkeit von Männern und Frauen aussagt. Diese Gleichwertigkeit ist von Anfang an in 1. Mose 1,27 festgeschrieben, da sowohl der Mann als auch die Frau nach dem Bild Gottes geschaffen wurden. Und die jeweilige geistliche Gleichwertigkeit von Männern und Frauen *›in Christus‹* werden von Paulus selbst ausdrücklich bestätigt, und zwar in seinem vorher geschriebenen Brief an die Galater (Gal 3,28).
>
> Wie ist es nun also zu verstehen, dass Paulus den Frauen verbietet, zu lehren und Autorität auszuüben, zumal da nicht die Rede ist von negativ besetzten Begriffen wie bevormunden oder unterdrücken?! Der Ausdruck *lehren* und Ableitungen davon (Lehre, Lehrer) werden im Neuen Testament benutzt, um die sorgfältige, autoritative, öffentliche und lehrmäßige Unterweisung zu beschreiben[61] (vgl. 1Tim 4,11-16; 2Tim 3,16; 2Tim 4,2).

Was also hier verboten wird, ist das Predigen, so wie Paulus es in seinem Auftrag an Timotheus anordnet: ›*Predige das Wort, stehe bereit zu gelegener und ungelegener Zeit; überführe, weise zurecht, ermahne mit aller Langmut und Lehre!*‹ (2Tim 4,2). Außerdem für Frauen verboten ist die Funktion als lehrende Älteste, die autoritativ den lehrmäßigen Nachlass der Apostel festlegen und darstellen. Dies ist die Domäne der männlichen Ältesten, die ›*lehrfähig*‹ (1Tim 3,2) sind. Auch hier ist die Aussage des Textes sehr deutlich; diese Haltung der Unterordnung unter die Führung der Ältesten ist von höchster Bedeutung. ›*Eine Frau lerne in der Stille in aller Unterordnung*‹ (1Tim 2,11). Dadurch wird eine Haltung der Kritik und der Streitlust von vornherein ausgeschlossen. Das Resultat: Frauen dürfen nicht predigen und nicht die Autorität eines Ältesten ausüben.

Die von Gott gegebene Begründung, die hinter dem Verbot des Paulus steht, lautet: ›... *denn Adam wurde zuerst gebildet, danach Eva; und Adam wurde nicht betrogen, die Frau aber wurde betrogen und fiel in Übertretung*‹ (1Tim 2,13-14). Paulus begründet die Ordnung der Autorität innerhalb der Gemeinde mit der Schöpfungsordnung vor dem Sündenfall – Adam wurde vor Eva geschaffen. John Stott schreibt zu diesem Anklang an die Schöpfungsordnung:

›Alle Versuche, Paulus' Lehre über die Leitung der Gemeinde loszuwerden (und zwar aufgrund dessen, dass sie missverstanden wird, verwirrend ist, angeblich gebunden an bzw. typisch für die damalige Kultur sei), müssen für erfolglos erklärt werden. Die Lehre bleibt hartnäckig stehen. Sie ist in der göttlichen Offenbarung verwurzelt, nicht in einer menschlichen Auffassung; sie hat ihren Ursprung in der göttlichen Schöpfung, nicht in der menschlichen Kultur. Im Wesentlichen muss sie daher bewahrt werden als ständige und umfassende Autorität.‹[62]

In einem späteren ausführlichen Interview mit der Zeitschrift *Christianity Today* bekräftigt er seine Position noch einmal in aller Deutlichkeit:

›Ich kann mir nicht anmaßen, die männliche Führung in der Gemeinde zu verwerfen, wie manche evangelikale Feministinnen es zu tun pflegen. In der Lehre des Paulus über die Leitung der Gemeinde gibt es etwas, das man nicht als rein kulturelles Phänomen abtun kann, da die Wurzel bereits in der Schöpfungsordnung liegt. Wir mögen vielleicht diese Auslegung von 1. Mose 2 schwierig finden – dass die Frau nach dem Mann geschaffen wurde, aus dem Mann und für den Mann –, aber Paulus verknüpft nun einmal seine Argumentation mit der Schöpfungsordnung. Ich habe eine sehr hohe Meinung von der apostolischen Autorität. Ich fühle mich nicht in der Lage, Paulus' Auslegung zu widerlegen.‹[63]

Und auch wir können das nicht. Wir sollen freudig Gottes gute Ordnungen ausleben. Dies ist das Beste für uns, für die Gemeinde und für die hilfsbedürftige Welt! Wir verstehen Vers 13 völlig falsch, wenn wir der Meinung sind, dass Eva leichter zu verführen war als Adam und dass sie deshalb ›betrogen wurde und in Übertretung fiel‹. Die Sünde Evas war nicht Naivität, sondern ein bewusster Versuch, die Schöpfungsordnung zu Fall zu bringen. Sie hoffte, dass ihre Augen durch das Essen der Frucht von jenem Baum geöffnet würden und dass sie wie Gott sein würde (vgl. 1Mo 3,5). Wie Phillip Jensen erklärt: ›Evas Sünde schließt den Umsturz der Schöpfungsordnung und die Belehrung ihres Ehemannes mit ein. Auf ähnliche Weise entstand Adams Sünde, indem er ›auf seine Frau hörte‹, und zwar in dem Sinn, dass er ihrem Rat und ihrer Handlungsanweisung Folge leistete. Er wurde von ihr belehrt, ordnete sich damit ihrer Autorität unter und kehrte Gottes gute Schöpfungsordnung um.‹«[64]

Zahlreiche Bücher wurden geschrieben, um Widerspruch anzumelden gegen die offensichtliche Bedeutung von Paulus' Lehre in 1. Timotheus – und auch, um sie zu stützen. Als Frau, die darauf bedacht ist, jeden Bereich ihres Lebens der Herrschaft Jesu Christi unterzuordnen, muss sie diesem Thema besondere Aufmerksamkeit widmen. Wie Dr. John Piper bereits deutlich machte, können wir uns nicht den Luxus leisten, das, was uns in der Bibel gefällt, herauszupicken, und alles andere links liegen zu lassen, wenn es uns unpassend erscheint. Eine gottesfürchtige Frau liebt die Wahrheit Gottes: *»Denn dies ist die Liebe Gottes, dass wir seine Gebote halten, und seine Gebote sind nicht schwer«* (1Jo 5,3). Der Theologe Peter Bolt schreibt ganz richtig: »Ist nicht das ganze Wort Gottes für uns, ob es nun auf den ersten Blick bitter oder süß erscheint? Diese Empfindung hängt so oft von dem ab, was wir uns vorher zu Gemüte geführt haben! Man sollte es nicht verfälschen oder zurückweisen oder nur zähneknirschend anerkennen. Man sollte das Wort Gottes vielmehr willig annehmen als ein Geschenk des Lebens von unserem liebenden Schöpfer und Erlöser! Was auch immer Gottes Wort sagt, es sollte sicher als Evangelium angenommen werden, als Gottes gute Nachricht! Es trieft von süßem Honig aus Gottes Honigwabe!«[65]

Zögern Sie nicht, Ihren rechtmäßigen Platz im Leib Christi einzunehmen, in der Familie Gottes, dem Haus des Glaubens. Sie können dort Erfüllung finden und sich gemäß den Gaben, die Gott Ihnen gegeben hat, um die geistlichen Geschwister kümmern und die Beziehungen innerhalb der Gemeinde pflegen. Verlassen Sie nicht die Gemeinschaft der Gläubigen, denn diese ist Gottes Wille im Evangelium!

Denkanstöße

- Warum binden sich nicht mehr Menschen an eine gute Gemeinde?
- Welche geistlichen Schätze findet man in der Gemeinde laut Hebräer 12,22-24? Beschreiben Sie sie in eigenen Worten, und danken Sie Gott für jeden einzelnen Punkt!
- Womit verbinden Sie das Bild der Gemeinde als Leib Christi (Eph 1,22-23), als Tempel (Eph 2,19-22), als Braut (Eph 5,25-33)?
- Wie hängen Ihre Auffassungen über die Gemeinde und über Jesus Christus miteinander zusammen?
- Was reizt Sie, der Anweisung in Hebräer 10,25 ungehorsam zu sein? Welche geistlichen Segnungen könnten Ihnen entgehen, wenn Sie den Versammlungen der Gläubigen fernbleiben?
- »Im Grunde muss man nicht zur Gemeinde gehen, um Christ zu sein. Man muss auch nicht nach Hause gehen, um verheiratet zu sein. Aber in beiden Fällen leiden die Beziehungen darunter.« In welcher Weise stärkt eine regelmäßige Teilnahme am Gemeindeleben Ihre Beziehung zu Gott, zu Familienangehörigen und anderen Gläubigen? Geben Sie konkrete Beispiele!
- Listen Sie die Stärken und Schwächen Ihrer Gemeinde auf! Dann schreiben Sie auf, auf welche Art Sie persönlich jeweils dazu beitragen! Überlegen Sie auch konkret, wie Sie mithelfen können, die Schwächen auszugleichen!
- Haben Sie Schwierigkeiten mit Paulus' Lehre in 1. Timotheus 2 bezüglich des Verhaltens der Frau und ihrer Rolle in der Gemeindefamilie? Beschäftigen Sie sich zum weiteren Bibelstudium mit 1. Timotheus 3,15; 1. Petrus 3,1-7; Epheser 5,22-33; Kolosser 3,18-19 und 1. Korinther 11-14!

11

Ledig sein – Leben als Single

»Doch wie der Herr einem jeden zugeteilt hat, wie Gott einen jeden berufen hat, so wandle er.«
(1Kor 7,17)

Neun von meinen bislang sechzehn Enkelkindern sind Mädchen, und jedes dieser Mädchen ist ein ausgesprochen einzigartiges Individuum.

Catherine Rose ist 13 und so romantisch wie ihr Name. Sie vereint eine hübsche Kombination von künstlerischer Kreativität und intellektueller Neugier; man findet sie häufig mit einer feinen Handarbeit beschäftigt oder aber auf dem Sofa zusammengerollt mit einem guten Buch. Sie ist unser aufstrebender Shakespeare: Sie schreibt alle unsere Familienstücke.

Caroline wird von meinem Mann immer »Königin Caroline« genannt; sie ist eine faszinierende Mischung aus majestätischer Strenge und Humor. Sie kann scharf beobachten, und eine Unterhaltung mit ihr ist immer interessant. Sie wird allseits geschätzt für ihren Eifer, mit dem sie anderen hilft, und sie hat wahrhaft ein dienendes Herz.

Jessica hat strahlend blaue Augen, und sie ist bekannt für ihr Schreibtalent: Stunden über Stunden sitzt sie über Papier und Stift gebeugt. Nachdem sie auf sportlichem Gebiet jahrelang mit ihren beiden älteren Brüdern gewetteifert hat, ist sie ein anpackendes Mädchen, das sich jeder Herausforderung mit großer Entschlossenheit stellt.

Amandas besonders gut ausgeprägtes Gehör macht es ihr möglich, fast jeden Dialekt nachzuahmen. Mit einer nahezu vollkommenen Stimme singt sie wie ein Engel. Sie erinnert sich mit großer Genauigkeit an alle möglichen Kleinigkeiten, die anderen Menschen oft entgehen.

Isabel ist ein Wunder. Ihr äußerst zierlicher Körperbau und ihre riesigen blauen Augen lassen sie zart und zerbrechlich erscheinen. Aber sie ist ein starkes Mädchen mit gut durchdachten Ansichten, die sie auch sehr gern anderen mitteilt. Ihre Gefühlstiefe ist gepaart mit einem trockenen Humor und einem verschmitzten Augenzwinkern. Hinzu kommt noch ihre Fähigkeit, barfuß auf Bäume zu klettern: fertig ist der Champion.

Zweifellos hat Paige nicht die Absicht, so zu bleiben wie sie ist. Aber sie hat auch nichts damit am Hut, unkonventionell zu erscheinen. Mit ihrer Begabung zur Komikerin hat sie die Fähigkeit, eine Situation für ein herzliches Gelächter völlig auf den Kopf zu stellen. Paige fühlt sich in ihrer Haut sehr wohl.

Lilly ist ein Herzblatt. »Dramatisch« wäre eine Untertreibung, wenn man ihre Überschwänglichkeit im Leben betrachtet; sie ist gefühlsbetont und umgänglich, mit reizenden Augen. Für Lilly ist jedes Familienmitglied äußerst wichtig – auch die Haustiere.

Die liebenswerte Samantha ist drei, die Jüngste von fünf Geschwistern. Sie hat eine enorme Lebensfreude und wacht immer gut gelaunt auf. Man muss nur eine Minute mit Samantha verbringen, und schon lächelt man.

Hannah ist noch ein Baby; sie ist fasziniert von neuen Wörtern und versucht, mit ihren älteren Brüdern und Schwestern mitzuhalten. Es ist eine Freude, die Entwicklung ihrer Persönlichkeit zu beobachten.

Ich bin begeistert davon zu beobachten, wie diese Mädchen sich verändern und entwickeln, bis sie schließlich zu den Frauen werden, die Gott geplant hat. Sie könnten meinen, dass ich mir vielleicht Hoffnungen mache, jedes einzelne dieser Mädchen möge seinen persönlichen Traumprinzen finden, ihn heiraten und mich dann mit vielen Urenkeln beglücken. Nicht unbedingt. Ich hoffe, dass meine Enkelinnen mit dem Bewusstsein heranwachsen, dass das Leben als Single nichts ist, das man unter allen Umständen vermeiden muss, sondern dass das Ledig-Sein tatsächlich auch eine wünschenswerte

Möglichkeit für ihr Leben sein kann, vor allem in Bezug auf das Evangelium.

Das ist es, was ich meinen liebenswerten und einzigartigen Enkelinnen wünsche: dass jede von ihnen den Herrn Jesus Christus früh kennenlernt und ihm mit ihrem Leben dient.

Ein besseres Leben

Alles in unserer Kultur – Bücher, Filme, Freizeitbeschäftigungen – fördert die Vorstellung, dass das Streben nach Sex und Romantik das einzig Wahre ist. Selbst unsere evangelikalen Gemeinden neigen dazu, das Familienleben zu stark zu betonen – auch wenn das eine Reaktion auf den Niedergang der Familie und die alarmierend steigende Scheidungsrate in unserem Land ist. Das führt manchmal dazu, dass Singles sich wie das fünfte Rad am Wagen vorkommen. Viele alleinstehende gläubige Frauen bekommen von ihrer Gemeinde mehr oder weniger deutlich die Auffassung zu spüren, dass ihr Singledasein etwas ist, »das repariert werden müsste«. Meine Freundin Lois Hagger, eine ledige Frau, hat viel darüber nachgedacht, und sie behauptet, dass auch Gläubige »von unserer Kultur, die Beziehungen und Sex anbetet«, regelrecht indoktriniert sind. Lois ist meine hauptsächliche Quelle zum Verständnis des Alleinlebens im Licht der Bibel.

Was sagt der Ratgeber für unser Leben, die Bibel, dazu? 1. Korinther 7,40 erklärt, dass es besser sei, ledig zu bleiben, als zu heiraten. Besser! Lösen Sie sich von den Vorstellungen der Welt um Sie herum, und schauen Sie in Gottes Wort. Dort finden wir das Leben als Ledige beschrieben als zugeteilte Aufgabe, als Berufung und als Geschenk.

Eine zugeteilte Aufgabe

Gott ordnet jedem Menschen einen Familienstand zu; entweder ist man verheiratet oder ledig. Paulus schreibt: *»Doch wie der Herr einem jeden zugeteilt hat, wie Gott einen jeden berufen hat, so wandle er«* (1Kor 7,17). Was bedeutet es, dass jemandem ein Familienstand zugeteilt ist? Im Allgemeinen bezieht sich das Wort *»zugeteilt«* auf eine Pflicht oder eine Aufgabe, die man erfüllen soll. Eine Pflicht ist »eine Aufgabe, ein Verhalten, ein Dienst oder ein Amt, etwas, das man im Rahmen seiner Stellung im Leben erfüllen muss.«[66] Mit anderen Worten: Gott hat eine Aufgabe für uns, die wir durch unseren Familienstand erfüllen sollen.

Eine Berufung

Dieser gleiche Vers 1. Korinther 7,17 bezeichnet die zugeteilte Stellung als Berufung. Wenn jemand berufen wird, dann wird er oder sie zu einem bestimmten Dienst eingeladen oder aufgefordert. Zuerst sehen wir hier Gott in einer Art militärischen Position, der uns eine Aufgabe zuteilt und uns dazu verpflichtet, und dann sehen wir, wie er uns dazu auffordert, an seiner Seite ihm zu dienen – alles in Bezug auf unseren Familienstand.

Ihr Familienstand ist kein Zufall; er ist von Gott geplant. Apostelgeschichte 17,24-28 zeigt die Souveränität Gottes – er ist ein Gott, der die Verantwortung trägt:

> *»Der Gott, der die Welt gemacht hat und alles, was darin ist, er, der Herr des Himmels und der Erde, wohnt nicht in Tempeln, die mit Händen gemacht sind, auch wird er nicht von Menschenhänden bedient, als wenn er noch etwas nötig hätte, da er selbst allen Leben und Odem und alles gibt. Und er hat aus einem jede Nation der Menschen gemacht, dass sie auf dem ganzen Erdboden wohnen, wobei er festgesetzte Zeiten und die Grenzen ihrer Wohnung bestimmt hat, dass sie Gott suchen, ob sie ihn vielleicht tastend fühlen und finden, obwohl er ja nicht fern ist von jedem von uns. Denn in ihm leben wir und bewegen uns und sind wir.«*

Gott benötigt unseren Dienst nicht; aber er hat beschlossen, uns in seine Pläne einzubinden. Er legt sogar unsere Zeit und unseren Platz in der Geschichte fest, sodass die Umstände, die er uns zuteilt, uns zu ihm ziehen können. Meine Hoffnung für meine Enkelinnen ist, dass sie einmal verstehen, dass es im Leben nicht darum geht, Gott dazu zu bringen, dass er mir gibt, was ich will – im Leben geht es vielmehr darum herauszufinden, wo man selbst im Plan Gottes steht, ob ledig oder verheiratet.

Ein Geschenk

Die Einstellung des Neuen Testaments in Bezug auf Ledige ist ausgesprochen positiv. Neben der von Gott zugeteilten Aufgabe und der Berufung von Gott ist es eine Gabe Gottes, ledig zu sein. Paulus sagt zu diesem Thema Folgendes: *»Jeder hat seine eigene Gnadengabe von Gott, der eine so, der andere so«* (1Kor 7,7).

Als Jesus von den Pharisäern über die Scheidung befragt wurde, da sagte er, dass die einzige Rechtfertigung für eine Ehescheidung eheliche Untreue sei. Die Jünger waren schockiert und wandten ein: *»Wenn die Sache des Mannes mit der Frau so steht, so ist es nicht ratsam zu heiraten«* (Mt 19,10). Jesus widerspricht nicht. Stattdessen antwortete er: ***»Nicht alle fassen dieses Wort, sondern die, denen es gegeben ist;*** *denn es gibt Verschnittene, die von Mutterleib so geboren sind; und es gibt Verschnittene, die von den Menschen verschnitten worden sind; und es gibt Verschnittene, die sich selbst verschnitten haben um des Reiches der Himmel willen. Wer es fassen kann, der fasse es«* (Mt 19,11-12; Hervorhebung durch die Autorin).

Paulus und Jesus sagen im Grunde das Gleiche: Ledig-Sein ist eine Gabe für das Reich Gottes. Anders als eine zugeteilte Pflicht oder eine Berufung zum Dienst ist eine Gabe eine Gnade. Eine Gabe schließt häufig eine besondere Gunst Gottes ein. Die besondere Gunst des Singledaseins bedeutet: Gott hat einer Stellung besondere Würde und Ehre verliehen, die zuvor als überhaupt nicht wünschenswert betrachtet wurde. Ich wünsche mir, dass meine Enkelinnen die Gabe des Singledaseins freudig annehmen können, wenn Gott es ihnen gnädig gewähren möchte.

Eine unerwünschte Gabe?

Gelegentlich höre ich, dass eine alleinstehende Frau sich fragt, ob Gott ihr die Gabe des Ledig-Seins gegeben hat oder nicht. Normalerweise zieht sie den Schluss, dass sie die Gabe des Alleinseins wohl nicht bekommen habe, da sie unglücklich darüber ist, ledig zu bleiben.

Aber was meinen Sie, wie oft ich Frauen fragen hörte: »Woher weiß ich, ob ich den richtigen Mann geheiratet habe?« Und ich habe immer geantwortet: »Wenn Sie mit ihm verheiratet sind, dann ist es der richtige Mann.« Ob die Ehe gut läuft oder nicht, und ob die beiden Partner wollen oder nicht, ihr Status als verheiratetes Paar ist ihnen nun zugeteilt, und sie sind dazu berufen.

Die Gabe des Ledig-Seins ist nicht immer ein dauerhafter Zustand, aber sie ist eine Tatsache. Wenn Sie im Moment ledig sind, dann hat Gott in seiner Vorsehung diese Tatsache so festgelegt. Aus diesem Grund sagt Jesus in dem Vers, der diesem Kapitel zugrunde liegt: »Doch wie der Herr einem jeden zugeteilt hat, wie Gott einen jeden berufen hat, so wandle er.«

Vielleicht klingt das in ihren Ohren unschön. Gehorsam fühlt sich anfänglich oft so an. Aber denken Sie daran, was der Apostel Johannes bezeugt: *»Denn dies ist die Liebe Gottes: dass wir seine Gebote halten; und* ***seine Gebote sind nicht schwer****«* (1Jo 5,3; Hervorhebung durch die Autorin). Im Gegenteil, sie sind wunderbar und machen Freude: *»Wohl dem, der den HERRN fürchtet, der große* ***Freude*** *hat an seinen Geboten!«* (Ps 112,1; SLT; Hervorhebung durch die Autorin); *»Deine Gebote sind meine* ***Lust****«* (Ps 119,143; Hervorhebung durch die Autorin); *»Alle deine Gebote sind Treue«* (Ps 119,86).

Die gute Gabe, ledig sein zu können, scheint nicht mit dem zusammenzupassen, was Gott ganz deutlich bei der Schöpfung zum Ausdruck bringt: *»Es ist nicht gut, dass der Mensch allein ist«* (1Mo 2,18). Der renommierte Pastor und Theologe John Piper schreibt dazu:

> »Ist es nun gut oder schlecht, ledig zu sein? Wenn es nicht gut ist, wenn es nicht Gottes Willen entspricht – wie kann man es dann

eine ›Gabe Gottes‹ nennen? Wie konnte dann Jesus, der niemals gesündigt hat, das Ledig-Sein für sich selbst gewählt haben? Wie konnte Paulus sagen, dass es ein großer Vorteil für den Dienst sei, ledig zu sein?

... 1. Mose 2,18 überliefert eine Aussage über den Menschen vor dem Sündenfall. Vielleicht gäbe es keine Singles, hätte es den Sündenfall nicht gegeben. Jeder hätte eine Persönlichkeit, die vollkommen zu einem anderen Menschen passen würde; Menschen und Lebenssituationen würden auf vollkommene Weise miteinander harmonieren; keine Sünde würde uns verblenden, leichtgläubig oder voreilig handeln lassen; und keine große Herausforderung – kein Verlust, kein Hunger, keine Krankheit, kein Elend – würde außergewöhnliche Opfer für Ehepaare oder Singles erforderlich machen. Aber so ist unsere Welt nicht. Und deshalb ist es manchmal – sogar häufig – gut für einen Menschen, ledig zu sein.«[67]

Dr. Piper behauptet nicht, dass ein alleinstehender Mensch nicht vielerlei Beziehungen braucht. Er weist allerdings darauf hin, dass es für einen Menschen gut sein kann, ledig zu bleiben, und zwar wegen der vielen Dienste für den Herrn, die dadurch ermöglicht werden.

In einem Artikel in der Zeitschrift *Discipleship Journal* (»Zeitschrift für Jüngerschaft«) weist Albert Hsu auf folgende interessante Zusammenhänge hin: »Das Neue Testament verleiht dem Unverheiratet-Sein eine neue Würde, ohne die Ehe herabzusetzen. Beides steht nun gleichwertig nebeneinander als Möglichkeit, Gott zu dienen. Wenn das Alte Testament den Anschein erweckt, die Ehe mehr zu schätzen als das Ledig-Sein, dann stellt das Neue Testament beides auf die gleiche Stufe.«[68]

Woher rührt der Wert des Ledig-Seins? Man kann ihn ableiten von seiner Würde und Ehre im Zusammenhang mit dem Reich Gottes. Wenn also ein alleinstehender Mensch erkennt, dass sein Familienstand eine Gabe Gottes um des Evangeliums willen darstellt, dann ist dies wahrhaftig eine Gnade im Leben des Betreffenden.

Meine Freundin Lois hat mir gezeigt, welche Gnade es sein kann, ledig zu bleiben. Diese hübsche rothaarige Frau hat die letzten fünfzehn Jahre ihres Lebens der Aufgabe gewidmet, Jüngerschaftskurse für Studentinnen durchzuführen und ihnen durch Bibelstudien beizubringen, wie sie ihr Leben als gottesfürchtige Frauen führen können.

Lois selbst ist durch den Dienst der *Navigatoren* (christliche Studentenbewegung) zum Glauben gekommen. Als sie 35 Jahre alt war, mittlerweile Krankenschwester von Beruf, nahm sie noch einmal ein Universitätsstudium auf, um Missionarin zu werden. Während sie selbst noch studierte, ermutigte der Pastor ihrer Gemeinde sie dazu, in der missionarischen Studentenarbeit mitzuwirken. Sie nahm die Herausforderung an und ist seitdem eine effektive Mitarbeiterin am Evangelium.

Lois wird von den Menschen, mit denen sie zusammenarbeitet, geliebt und anerkannt. Sie berichten, dass Lois nicht nur ein Vorbild im gottesfürchtigen Leben ist, sondern ihren Dienst auch mit »gesundem Menschenverstand« angeht und damit einem Burnout-Syndrom vorbeugt, das häufig bei Mitarbeitern im Dienst des Evangeliums auftritt. Diesen gesunden Menschenverstand wendet sie in ihrem Dienst auf verschiedene Arten an. Sie kennt ihre Grenzen genau; wenn sie einen freien Tag braucht, dann nimmt sie einen – oder auch zwei. Sie unterhält Freundschaften auch außerhalb ihrer Arbeit. Sie ist kulturell interessiert, vor allem an Kunst und Ballett. Sie spielt regelmäßig in einem Basketballteam mit.

Und Lois macht sich nicht mit dem Gedanken an eine Ehe verrückt. Wie die meisten alleinstehenden Menschen hat sie ab und zu mit Einsamkeit und anderen Problemen zu kämpfen, aber ich kann keine Spur von Selbstmitleid bei ihr entdecken. Sie ist sich darüber im Klaren, dass verheiratete Frauen ihre ganz eigenen Sorgen haben – ob es nun die Erschöpfung und die zeitliche Einschränkung sind, wenn man sich um kleine Kinder kümmert, der Kummer in einer unglücklichen Ehe oder gar in einer Scheidungssituation oder auch Schwierigkeiten und Enttäuschung mit älteren Kindern.

Lois legt Wert darauf, die Vorteile herauszustellen, die sie als ledige Frau hat. Ich bat sie, diese Vorteile einmal aufzulisten, und sie gab mir folgende Aufzählung:

1. Ich kann sehr spontan meine Pläne ändern. Es ist eine Sache der Höflichkeit, meine Mitbewohnerin darüber in Kenntnis zu setzen, aber ich bin nicht auf ihre Zustimmung angewiesen.
2. Meine persönliche Zeit gehört mir selbst. Ich habe mehr Zeit als meine verheirateten Freundinnen, mich mit Dingen zu beschäftigen, die ich tun möchte.
3. Ich entscheide ganz allein darüber, wie ich mein Geld ausgebe. Ich muss mich nur mit dem Herrn über meine Geldangelegenheiten austauschen. Ich habe im Allgemeinen auch einen größeren Betrag zu meinem eigenen Ermessen zur Verfügung als die meisten meiner verheirateten Freundinnen; so kann ich auch recht großzügig damit umgehen.
4. *»Die unverheiratete Frau und die Jungfrau ist für die Sache des Herrn besorgt, damit sie heilig ist an Leib und Geist; die Verheiratete aber ist für die Sache der Welt besorgt, wie sie dem Mann gefallen möge«* (1Kor 7,34). Weil ich ledig bin, kann ich meine ungeteilte Aufmerksamkeit dem Herrn widmen. Da ich im vollzeitlichen Dienst stehe, ist es mir möglich, den Hauptanteil meiner Zeit dem Dienst für den Herrn zur Verfügung zu stellen, während meine verheirateten Freundinnen den Hauptanteil ihrer Zeit darauf verwenden müssen, sich um die Bedürfnisse der Familie und der Kinder zu kümmern. Doch selbst wenn ich nicht im vollzeitlichen Dienst stünde, so könnte ich aus denselben Gründen in meiner Freizeit immer noch mehr dem Herrn dienen als meine verheirateten Freundinnen.

Ledig, aber nicht allein

In 1. Mose 2 setzte Gott die Ehe ein als Lösung für das menschliche Bedürfnis nach Beziehungen und Intimität. Doch im gesamten Neuen Testament wird die Gemeinde, die Familie Gottes, als Ort der Gemeinschaft dargestellt. Menschliche Familien sind wunderbar, aber jeder Gläubige ist Teil einer weitaus wichtigeren Familie, einer Familie, die zu unserem himmlischen Vater gehört.

Erinnern Sie sich an den reichen Jüngling? In Markus 10,17-31 wird darüber berichtet, wie schwer es ihm fiel, alles aufzugeben, was ihm lieb war, um Jesus nachzufolgen. Die Jünger rühmen sich Jesus gegenüber: *»Siehe, wir haben alles verlassen und sind dir nachgefolgt.«* Aber Jesus weist sie zurecht: *»Wahrlich, ich sage euch: Da ist niemand, der Haus oder Brüder oder Schwestern oder Mutter oder Vater oder Kinder oder Äcker verlassen hat um meinetwillen und um des Evangeliums willen, der nicht hundertfach empfängt, jetzt in dieser Zeit Häuser und Brüder und Schwestern und Mütter und Kinder und Äcker unter Verfolgungen – und in dem kommenden Zeitalter ewiges Leben.«* Er hält die Verheißung größerer Segnungen bereit.

Paulus sieht voraus, dass das Bedürfnis nach einer Familie durch die Familie Gottes gestillt wird.

Nehmen Sie die Familie Gottes ernst? Sowohl verheiratete als auch unverheiratete Menschen können dort Zufriedenheit und Freude in familiären Beziehungen finden. Ein ganzes Kapitel dieses Buches befasst sich mit der gottgegebenen Rolle der Frau, die sich um andere sorgt und kümmert – und das nicht nur im Zusammenhang mit Mutterschaft. Die Gemeinde bietet die ideale Grundlage für Frauen, diese angeborene Begeisterung auszuleben, für andere da zu sein.

Ledige Frauen müssen nicht allein sein, weder in der Gemeinde noch zu Hause. Sorgfältig ausgewählte Mitbewohnerinnen können ein Geschenk Gottes sein. Lois bestätigt mir, dass eine Hausgenossin sehr dazu beitragen kann, dass das Privatleben in Verantwortung vor dem Herrn gelebt wird.

Sexuelle Einsamkeit ist allerdings natürlich etwas, das die Gemeinde einer ledigen Frau nicht nehmen kann. Und die Freude der sexuellen Vereinigung von Ehemann und Ehefrau scheint einer Ledigen wohl der wichtigste Vorteil der Ehe zu sein, der ihr entgeht. Manchmal führt diese Sehnsucht eine ledige Frau geradewegs in die Versuchung. »Es ist in der Tat so, dass viele Ledige ihre Zuflucht im Sex suchen, um der Einsamkeit zu entfliehen, der tiefen, persönlichen Einsamkeit. Im Sex gibt es Intimität, Beziehung und emotionale Blöße. Sex schafft eine Verbindung zu jemandem. Es schmiedet eine Art von Beziehung. Wenn man sich allerdings außerhalb des gottgegebenen Rahmens sexuell betätigt, ist Sex auch zerstörerisch. Er bindet uns an jemanden, der uns vielleicht verlässt (manchmal nur zu schnell) und uns verwundet und noch einsamer als zuvor zurücklässt.«[69]

Ada Lum beschreibt, wie ledige Frauen ihre Sexualität respektieren und wertschätzen können:

> »Die ledige Frau muss sich selbst als von Gott geschaffenes sexuelles Wesen annehmen. Sie ist nicht weniger sexuell, nur weil sie nicht verheiratet ist. Sex hat zu tun mit dem biologischen Trieb zur Vereinigung mit einem Angehörigen des anderen Geschlechts. Sexualität als solche hingegen hat zu tun mit unserer Gesamtpersönlichkeit als Frau oder als Mann. Sie hat damit zu tun, auf welche Art und Weise wir uns selbst in Beziehungen zu anderen ausdrücken. Sie hat damit zu tun, ein barmherziges, verständnisvolles, aufnahmefähiges sexuelles Wesen zu sein, wenn wir in Beziehung zu einer anderen Frau oder zu einem Kind oder zu einem Mann treten, der nicht im geringsten als Ehemann infrage käme! ... Ich behandle sie so, wie ich meine beiden Brüder behandle. Ich freue mich, wenn ich mit Leon und Dick zusammen bin. Ich respektiere sie. Ich mag es, wenn ich sie auf männliche Art über Männerdinge reden höre. Ich freue mich, wenn sie mich rücksichtsvoll behandeln. ... Mit Sorgfalt und Besonnenheit kann und sollte eine ledige Frau für die Männer um sie herum eine richtige Frau sein.«[70]

Eine strahlende Zukunft

Ich weiß nicht, ob Gott meinen neun Enkelinnen das Geschenk der Ehe oder die Gabe des Singleseins geben wird. Aber eines weiß ich: Ich sehne mich danach, dass sie annehmen, welche Gabe auch immer Gott für sie vorgesehen hat. Ich bin sehr zuversichtlich, dass er sie weit mehr liebt, als ich es kann, und dass seine Pläne für sie lauter Liebe und Gnade sind. Ich kenne ihre Zukunft nicht, aber ich habe bereits das Wirken von Gottes Liebe und Gnade in ihrem jungen Leben gesehen.

Erinnern Sie sich an Isabel, die so zerbrechlich wirkt, aber stark und entschlossen ist? Schon bei ihrer Geburt musste sie aufgrund ihres schlechten Gesundheitszustandes mit aller Kraft um ihr Leben kämpfen. Gott entwickelte ihre Stärken durch diese Prüfung.

Das erstaunlich scharfe Gehör hat sich bei Amanda dadurch entwickelt, dass sie erheblich sehbehindert ist. Sie hat eine stark eingeschränkte Sehkraft auf nur einem Auge. Gottes Pläne für Amanda sind durch diese Behinderung nicht durchkreuzt worden; sie wurden vielmehr durch die widrigen Umstände bewusst entwickelt.

Sowohl Caroline als auch Lilly sind adoptiert. Sie wurden zu einem ewigen Zweck buchstäblich aus einer schlimmen Situation herausgerissen und in eine Familie von gläubigen Christen hineingepflanzt. Ihre einzigartigen Lebensumstände führen dazu, dass sie sich vom Evangelium besonders angezogen fühlen; so konnte nur Gott selbst planen.

Sehen Sie? Unser souveräner Gott ist am Werk, und seine Pläne für unser Leben sind voller Wunder. Nichts an uns kann Gott überraschen, und er hat immer nur das Allerbeste für jeden im Sinn. Wenn Ihnen Gott in seiner Gnade die Gabe gegeben hat, ledig zu bleiben, dann nehmen Sie dieses Geschenk um des Evangeliums willen an, denn dort, im Evangelium, ist das gesamte Leben verborgen!

Denkanstöße

(Eine Checkliste von Lois Hagger)

- Haben Sie die Gewohnheit entwickelt, es als Unfähigkeit anzusehen, ledig zu sein? Lösen Sie sich von den Gedanken der Welt um sie herum, und betrachten Sie 1. Korinther 7,40! Wie wird das Ledig-Sein beschrieben als zugeteilte Aufgabe, Berufung und Geschenk?
- Verhalten Sie sich eher passiv, oder erweitern Sie aktiv Ihre Interessen und Kontakte? Lesen Sie Bücher, besuchen Sie Konzerte, fangen Sie an zu gärtnern – versuchen Sie etwas Neues! Laden Sie andere ein, etwas mit Ihnen zusammen zu unternehmen. Machen Sie eine Liste mit all den Dingen, die Sie gern tun möchten, und dann beginnen Sie zu planen und Termine festzulegen.
- Waren Sie so beschäftigt mit der Suche nach einem Lebenspartner, dass Sie darüber versäumt haben, Freundschaften zu vertiefen? Wie könnten Sie neue Freundschaften knüpfen, vor allem in der Familie Gottes? Lesen Sie Römer 16,3-16 und beachten Sie, wie die Familie Gottes arbeitet! Das Evangelium ist eine Familienangelegenheit, und wir haben alle teil an dieser Aufgabe. Fragen Sie sich: »Wie kann ich in der Familie Gottes mitwirken?« Werden Sie aktiv in einer Bibelstudiengruppe! Arbeiten Sie mit in einer Gemeinde mit biblischer Unterweisung – das ist Ihnen nicht freigestellt, sondern ein verbindlicher Auftrag Gottes!
- Überprüfen Sie, ob in Ihrem Leben Selbstmitleid vorkommt oder Neid auf Menschen, die verheiratet sind! Halten Sie Ausschau nach einer jungen Mutter in Ihrer Gemeinde, die einmal eine Pause von ihren Kindern gebrauchen könnte, und bieten Sie an, sich für ein paar Stunden um die Kinder zu kümmern! Das wird Sie hautnah daran erinnern, mit welchen Schwierigkeiten verheiratete Frauen mit Kindern zu kämpfen haben.
- Kämpfen Sie mit der Versuchung, Beziehungen zu Ungläubigen einzugehen? Tun Sie es nicht! Die meisten gläubigen Frauen, die

mit einem nichtgläubigen Partner verheiratet sind, werden Ihnen berichten, dass sie nie vorhatten, einen Ungläubigen zu heiraten. Tatsache ist allerdings, dass Leute schließlich oft einen Partner heiraten, mit dem sie leichtfertig eine Beziehung eingegangen sind.

- Gestatten Sie sich irgendeine Art von Doppelleben, das Sie anderen keinesfalls offenbaren würden? Tun Sie Buße und vertrauen Sie sich jemandem an, der Sie gegebenenfalls auch liebevoll zur Rechenschaft ziehen kann! Lesen Sie das Gleichnis in Lukas 18,9-14!
- Alle Gläubigen, Verheiratete und Ledige, erwarten etwas. Alle müssen voller Hoffnung in ihrer jeweils einzigartigen Versuchung durchhalten und ausharren. Das Warten ist für Gläubige eine sehr aktive Beschäftigung. Während wir warten, können wir in der Gottesfurcht wachsen und ein aufrechtes Leben in Selbstbeherrschung in dieser gegenwärtigen Zeit leben – um des Evangeliums willen (siehe Tit 2,11-14). Sind Sie zum Warten bereit?

12

Ehe

»Und Gott, der HERR, sprach: Es ist nicht gut, dass der Mensch allein sei; ich will ihm eine Hilfe machen, die ihm entspricht.«
(1Mo 2,18)

Wenn Sie verheiratet sind, verheiratet waren oder gern heiraten möchten: Wie würden Sie eine gelungene Ehe kennzeichnen? Viele haben Vorstellungen wie diese: ein Ehe-Vorbereitungskurs, eine wunderschöne Hochzeitsfeier mit Freunden und Verwandten, passende Arbeitsstellen, genug Geld für ein Eigenheim, außerdem zwei oder drei Kinder.

Doch gläubige Frauen, die die Herausforderung annehmen, jeden Bereich ihres Lebens dem Evangelium zu unterstellen, müssen bereit sein, sich auch im Hinblick auf ihre Vorstellungen bezüglich eines gelungenen Ehelebens am Wort Gottes zu orientieren. Die Ehe erfordert Heiligkeit, und Gottes Pläne im Hinblick auf die Rolle der Frau in der Ehe sind unwandelbar.

Im Epheserbrief vergleicht der Apostel Paulus das Verhältnis, das ein Ehepaar zueinander hat, mit dem Verhältnis von Christus zu seiner Braut, der Gemeinde – und er nennt es ein Geheimnis! Es ist ein Geheimnis – doch wir können es erforschen anhand der Stellen im Alten und im Neuen Testament, die die Gemeinschaft eines Mannes und einer Frau beschreiben.

Jede Generation hat ihre eigenen Erwartungen an die Ehe. Als meine eigene Mutter im Jahr 1934 heiratete, plante sie eine wunderbare Hochzeitsfeier und freute sich darauf, ihrem Ehemann hilfreich zur Seite zu stehen und ihn zu achten. Er wiederum würde sie lieben und für ihre Familie sorgen. Was dann tatsächlich passierte während der 46 Jahre Ehe meiner Eltern, hatte keiner der beiden erwartet, und dennoch hätten beide ihre Ehe als gelungen bezeichnet – und als einen Segen.

Eine gelungene Ehe?

An einem sonnigen Aprilmorgen im Jahr 1934 pflückte eine kalifornische Familie Blumen und Zweige in ihrem gut gepflegten Garten. Sie bereitete die Hochzeit ihrer geliebten Tochter Lula Ann vor. Die Braut, ihre Mutter und ihr Vater, vier jüngere Schwestern und ein Bruder, Tanten, Onkel, Cousinen und Cousins – alle halfen, Blumengirlanden aufzuhängen und einen Rosenbogen zu binden, unter dem das schüchterne Paar am nächsten Tag vor dem Pastor stehen und das Eheversprechen ablegen sollte.

An diesem Abend fielen alle in fieberhafter Vorfreude und völlig erschöpft nach den langen Stunden harter Arbeit und Gelächter in ihre Betten. Zu ihrer großen Enttäuschung erwachten sie am nächsten Morgen von Donnergrollen und heftigen Regengüssen eines düsteren Unwetters. Die Girlanden waren von den Zweigen abgerissen, der Rosenbogen von den Sturmböen zerfetzt. In aller Eile wurden die Pläne geändert. In der kurzen Zeit, die bis zum Beginn der Zeremonie noch blieb, bereitete man das Haus für die Festlichkeiten vor. Die wenigen Fotos dieses Tages wurden während der Regenpausen aufgenommen, wenn alle nach draußen stürmten. Sie zeigen einen jungen Mann und eine junge Frau, schwarz und weiß gekleidet, vor einem grauen Hintergrund – ein passendes Bild für den Beginn dieser Ehe.

Der Trauzeuge und seine Frau hatten vor, das junge Paar zum Ziel ihrer Hochzeitsreise zu fahren – keine leichte Aufgabe im Jahr 1934. Die Autobahn entlang der kalifornischen Küste bis nach Santa Barbara war nur grob gepflastert, und die minderwertigen Autoreifen bescherten ihnen mehr als einen ungeplanten Zwischenstopp. Nach etlichen Stunden war die Hochzeitsgesellschaft zu abgekämpft, um noch bis zum Ziel weiterzufahren. Sie parkten am Straßenrand und schliefen im Auto. In der Dunkelheit dieser ersten Nacht wurde der Koffer der Braut unbemerkt aus dem Auto gestohlen, während sie schliefen. Der Dieb nahm die wenigen wertvollen Dinge, die sie für die Hochzeit aufbewahrt hatte. Zum zweiten Mal in weniger als vierundzwanzig Stunden weinte die junge Braut, meine Mutter.

Der Name meines Vaters lautete Wilfred. Er hatte einen Zwillingsbruder namens Willard, und jeder auf der Farm nannte sie »Will-Doch« und »Will-Nicht«. Von Kindheit an arbeitete mein Vater hart, und er mochte es, wenn eine Arbeit gut gemacht wurde. Ich erinnere mich, dass ich als Kind diesen Spitznamen hörte und die erstaunliche Energie beobachtete, die er jeder Aufgabe widmete. Als ungelernter Arbeiter nahm er jede Arbeit an, die er kriegen konnte: als Gärtner in einem Vogelpark, als Deicharbeiter bei der Trockenlegung der Autobahntrasse, meistens aber als Holzfäller. Durch diese Art der Arbeit kam er häufig in Gefahr, und er erlitt mehr als einen ernsthaften Unfall.

Nach der Geburt meiner jüngeren Schwester fiel eine Ladung Baustämme auf meinen Vater und zertrümmerte seinen Knöchel. Selbst mit einem riesigen Gips am Bein wollte mein Vater unbedingt arbeiten; er humpelte herum und half meiner Mutter, die Wäsche aufzuhängen. In dieser Zeit fuhr meine Mutter von neun Uhr morgens bis neun Uhr abends mit einem Eiswagen umher, um unsere siebenköpfige Familie mit sechs Dollar am Tag zu versorgen – gerade genug, um uns durchzubringen. Meine Mutter und mein Vater taten einfach nur, was nötig war. Ich bin sicher, dass sie viele Tränen vergossen – aber ich habe sie nur selten gesehen.

Als ich zwölf Jahre alt war, bekehrte sich mein Vater. Eine meiner schönsten Erinnerungen ist dieser Tag seiner Bekehrung, als er mit Tränen überströmtem Gesicht zur Tür hereinkam und meine Mutter umarmte. Das waren die glücklichsten Tage meiner Kindheit. Mein Vater erzählte regelmäßig beim Abendessen, wie er daran arbeitete, seine Ausdrucksweise in den Griff zu kriegen und wie seine Arbeitskollegen ihn aufzogen. Er berichtete von seinen Versuchen, ein gutes Zeugnis für seine Kumpels zu sein. Aber vor allem strahlte er Freude aus.

Auch in diesem Sommer veranstaltete die Gemeinde, die ich allein besuchte, ihren jährlichen Gemeindeausflug, und zum ersten Mal kamen meine Eltern mit. Es gab Hähnchen vom Grill und Kartoffelsalat, Apfelkuchen und Wassermelonen. Mein Vater spielte Volleyball mit den anderen aus seinem Bibelkurs. Sein Lachen klingt noch heute in meiner Seele nach.

Am Tag nach dem Gemeindeausflug hatte er einen weiteren Unfall beim Holzfällen. Diesmal verlor mein Vater fast seine Hand bei der Arbeit mit der Kettensäge. In jenem Jahr musste mein Vater mehrere Operationen über sich ergehen lassen. Während der anschließenden Physiotherapie lernte er Bibelverse auswendig. Er bekam ein in Leder gebundenes Neues Testament mit seinem Namen in Goldprägung – das war der erste Preis des Wettbewerbs um das Bibelvers-Auswendiglernen in seinem Bibelkurs.

So schwierig es auch war, mit den körperlichen Schmerzen umzugehen – der Schmerz, den mein Vater im Anschluss daran aushalten musste, war noch erheblich schlimmer. Dieser hart arbeitende Mann konnte nun nicht länger seine Hände gebrauchen, um für seine Frau und seine Kinder zu sorgen. Die Rechtsanwälte vertraten die Interessen des Holzfällerbetriebes, und mein Vater blieb verkrüppelt und ohne einen Pfennig Geld zurück. Von dem Tag an, als die gerichtliche Entscheidung fiel, arbeitete mein Vater in dem einzigen Job, den er noch bekommen konnte: als Tellerwäscher.

Meine ältere Schwester erinnert sich, dass eine Colaflasche umfiel, als sie einmal mit Freunden in einem Lokal war. Sie alle lachten und amüsierten sich prachtvoll; dabei bemerkten sie kaum, dass ein Mann geschickt worden war, um die Schweinerei zu beseitigen. Während er aufwischte, sah meine Schwester in die schmerzerfüllten Augen unseres Vaters. Sie schämte sich sehr, und er litt darunter, dass es ihr so peinlich war.

Da ihm seine Rolle als Versorger der Familie genommen war, entwickelte mein Vater immer mehr Depressionen. Er begann zu trinken. Schließlich versumpfte er in einem heruntergekommenen Viertel in Los Angeles. Während der Jahre, in denen er von unserer Familie getrennt war, wurde meiner Mutter oft geraten, ihn aufzugeben. Sie gab ihn nicht auf; sie hielt fest an ihrer selbst gewählten Rolle, ihrem Ehemann eine Hilfe zu sein und ihm Respekt entgegenzubringen. Sie achtete sehr darauf, dass auch wir Kinder mit Liebe und Achtung von unserem Vater sprachen. Als bei ihm ein Lungenemphysem diagnostiziert wurde, kam er nach Hause. Mutter pflegte ihn liebevoll in den letzten elf Jahren seines Lebens.

Die Erinnerungen meiner Kinder an ihren Großvater stammen aus diesen elf Jahren. Sie liebten ihn, diesen vergnügten kranken Mann, der wunderbaren Chili kochen konnte und der die Oma liebte. Auf dem Sterbebett segnete mein Vater meine Mutter, so wie der Herr sie gesegnet hatte, dem sie in treuem Gehorsam in Bezug auf ihr Eheversprechen nachfolgte, das sie vor so vielen Jahren abgelegt hatte.

Als mein Vater starb, weinte meine Mutter. Ihr Liebster, mit dem sie so viel geteilt hatte – Liebe, Schmerz, Opfer, Versagen, Enttäuschung, Vergebung, Lachen und Hoffnungen – und ihr Partner, mit dem sie die Freuden und die Herausforderungen der Elternschaft gemeinsam durchlebt hatte – er war nicht mehr da.

Doch es waren auch Freudentränen, denn meine Mutter hatte die frohe Gewissheit, dass sie zu einem guten Ziel gekommen waren. Trotz mancher Schwierigkeiten auf ihrem gemeinsamen Lebensweg nahmen meine Mutter und mein Vater ohne Bitterkeit Abschied voneinander und hinterließen so ihren Kindern ein Erbe reichen Segens.

Nach heutigen Maßstäben und auch, wenn man es tatsächlich vergleicht mit den bescheidenen Hoffnungen zu Beginn ihrer Ehe, dann fehlten meinen Eltern wohl alle die Dinge, die für eine gelungene Ehe für wichtig erachtet werden. Mein Vater hat nie eine irdische Belohnung für seine harte Arbeit bekommen, auch nicht für seine guten Vorsätze und sein Verlangen, nach seiner Bekehrung ein guter christlicher Ehemann zu sein. Unglück und Verzweiflung kamen Schlag auf Schlag, viele verlorene Jahre lang. Meine Mutter, der es vorher nie in den Sinn gekommen wäre, dass sie einmal als alleinerziehende Mutter leben oder als Alleinverdiener für ihre Familie sorgen müsste, fand sich auf einmal in dieser einsamen Situation wieder.

Doch die Treue meiner Mutter zu ihrem Eheversprechen, das sie vor Gott abgelegt hatte, bewahrte ihre Ehe. Ihr Glaube an Jesus Christus half ihr, ihrem Ehemann zu dienen, ihn zu respektieren, ihn zu segnen und ihm zu vergeben.

Die biblischen Vorgaben für die Rolle der Frau in der Ehe

Das biblische Verständnis unserer Rolle in der Ehe ist von wesentlicher Bedeutung, wenn wir unsere Ehe im Licht des Evangeliums leben wollen. Nur mit diesem Wissen können wir Gottes Vorstellungen für die Ehe ausleben, und zwar vielleicht durchaus mit Schwierigkeiten, so wie meine Mutter, aber so ist es eben im wirklichen Leben und mit fehlerhaften Menschen.

Es ist erstaunlich: Zu einer Zeit, in der die Gläubigen mehr Geld und bessere Bildung und mit Sicherheit mehr Möglichkeiten haben, sich Rat und Hilfe zu holen, wie zum Beispiel Bücher, DVDs, Eheberater und Selbsthilfegruppen, fehlt es den meisten jungen Paaren am wichtigsten Bestandteil zum Gelingen ihrer christlichen Gemeinschaft: am biblischen Verständnis ihrer jeweiligen Rolle. Ganz sicher haben die zeitlosen Bibelstellen, die sich mit der Beziehung von verheirateten Paaren beschäftigen, keinen Bedeutungswandel erfahren. Doch die verschwommenen Vorstellungen bezüglich dieser Lehre, die in vielen Gemeinden herrschen, haben viele Paare unentschlossen und verwirrt »im Regen stehen lassen«.

Überlegen Sie einmal, wie Eheversprechen sich im Laufe der Jahre verändert haben. Oft sind heutzutage Eheversprechen gefühlsbetont und sehr allgemein gehalten. Typischerweise fehlt oft eine Bindung an die Vergangenheit, die an die Eheversprechen lebenslanger Treue unserer Eltern und Großeltern anknüpfen. In einem Editorial des *Time-Magazins* warnt Lance Morrow unter dem Titel »Das gefährliche Wagnis selbst gemachter Eheversprechen«: »Manche Paare unterliegen heutzutage der Versuchung, eine Hochzeit als Gelegenheit zur Selbstdarstellung zu nutzen. Dieser Versuchung sollte man widerstehen. ... Eine Hochzeit ist eine öffentliche Angelegenheit. Das ist der Knackpunkt. Das Paar heiratet nicht nur einfach einander. Sie unterwerfen sich selbst, zumindest teilweise, den höheren Geboten des Lebens, dem Überleben ihrer Gemeinschaft, dem Leben selbst.«[71]

Ja! Wenn wir gläubig sind, dann sollte unser Eheversprechen widerspiegeln, was die Bibel über die jeweilige Verantwortung von Ehemann und Ehefrau lehrt. Historisch gesehen, basieren unsere christlichen Eheversprechen auf der Bibel, insbesondere auf einigen Abschnitten von Epheser 5. Jedes gläubige Paar sollte die Anweisungen, die dort gegeben werden, verstehen und, wie ich finde, auch auswendig können. Diese heiligen Worte geben die grundlegende Richtung einer christlichen Ehe vor – wir lernen daraus, dass unsere Beziehung in der Ehe die Beziehung des Christus zu seiner Braut, der Gemeinde, widerspiegeln soll. Der Herr Jesus Christus und seine heilige Gemeinde sind beispielhaft für hingebungsvolle Liebe und Unterordnung, die auch wir in unserer Ehe verwirklichen wollen.[72]

Hören wir auf Gottes Wort: »*Ordnet euch einander unter in der Furcht Christi, die Frauen den eigenen Männern als dem Herrn! Denn der Mann ist das Haupt der Frau, wie auch der Christus das Haupt der Gemeinde ist, er als der Heiland des Leibes. Wie aber die Gemeinde sich dem Christus unterordnet, so auch die Frauen den Männern in allem. ... die Frau aber, dass sie Ehrfurcht vor dem Mann habe!*« (Eph 5,21-24.33b).

Der Apostel Paulus nennt dies ein großes Geheimnis. Das Geheimnis ist in der Tat mehr als groß. Es ist äußerst eindrucksvoll! Das Geheimnis der Ehe begann nicht erst, als Jesus Christus kam und seine Gemeinde gründete. Es begann schon Jahrhunderte vorher. Es war Gottes Plan von Anfang an. Wenn man also die Lehre des Neuen Testaments zur Ehe verstehen will, dann muss man mit dem Schöpfungsbericht in 1. Mose anfangen.

In ihrem viel gekauften Buch *Rückkehr zur Bescheidenheit* (A Return to Modesty) beklagt die junge jüdische Autorin Wendy Shalit, dass »die Leute heutzutage die Tatsache außer Acht lassen, dass unsere Unterschiede der Schlüssel zu unserer Beziehung sind.« Sie erklärt: »Die sexuelle Revolution scheint in erster Linie deshalb gescheitert zu sein, weil sie die Unterschiede zwischen den Geschlechtern leugnete. ... Wir sind nicht nur der Meinung, dass es Unterschiede zwischen den Geschlechtern gibt, sondern wir finden auch, dass diese Unterschiede eine wunderbare Bedeutung haben können – dass sie nicht irgendwelche unwichtigen Eigenschaften bei uns sind, sondern vielmehr unser Leben beeinflussen und leiten können. Das ist der Grund, weshalb wir angesichts der Dramen und der Kleidung aus dem 19. Jahrhundert glatt in Ohnmacht fallen könnten.«[73]

Sie hat Recht. Und wir, die wir an Gottes Wort glauben, müssen nicht raten oder uns den Kopf zerbrechen, welche Bedeutung diese Unterschiede haben. Die ersten Kapitel von 1. Mose geben uns »ein besseres Verständnis der tiefgründigen und komplexen Ordnung, in der die Unterschiede zwischen Mann und Frau sinnvoll sind«,[74] und damit auch ein besseres Verständnis der jeweiligen Rolle von Mann und Frau.

Einheit

Die verblüffenden Worte in 1. Mose 1,26 geben uns wesentliche Informationen über Gott, und, da wir in seinem Bilde geschaffen sind, auch über uns selbst. Beachten Sie das Geheimnis der Erklärung Gottes: *»Lasst* uns *Menschen machen in* unserem *Bild.«* Wenn Gott hier von sich selbst in der Mehrzahl spricht (uns und unserem), dann erkennen wir: Obwohl Gott einer ist, ein einziger Gott, ist er nicht allein. Was immer es auch sonst noch bedeutet, nach Gottes Bild geschaffen zu sein, dieser Vers macht deutlich, dass wir auf Beziehung angelegt sind.

Die erstaunliche Wahrheit lautet folgendermaßen: »Wie Gott sind auch die Menschen sowohl eins als auch unterschiedlich. Wir wissen aus vielen anderen Bibelstellen, dass die drei Personen der Gottheit (Vater, Sohn und Heiliger Geist) nichtsdestotrotz ein einziger Gott sind und dass sie sich von Ewigkeit her an der Gemeinschaft miteinander erfreut haben. Die Menschheit ist in diesem Bild geschaffen, als einzelne Personen (männliche und weibliche), um sich an einer tiefen Einheit zu erfreuen.«[75] Diese Einheit geht noch tiefer als die Verbindung mit dem eigenen Fleisch und Blut. In dem Moment, in dem ich jedes meiner neugeborenen Kinder in den Armen hielt, vollzog sich eine kraftvolle Bindung. Sie waren aus meinem Fleisch. Ich bin ihnen nahe, mit ihnen verwoben. Dennoch bin ich nicht *»ein Fleisch«* mit ihnen; ich bin nur ein Fleisch mit meinem Ehemann. Die sexuelle Gemeinschaft zwischen Ehemann und Ehefrau bewirkt, dass aus zwei Personen tatsächlich eine Einheit wird – körperlich und seelisch. Im Laufe der Zeit werden wir mehr und mehr ein Fleisch, es findet ein Austausch der Seelen statt, eine gegenseitige Anteilnahme am Leben des anderen.

1. Mose 1,27 sagt weiterhin: *»Und Gott schuf den Menschen nach seinem Bild, nach dem Bild Gottes schuf er ihn; als Mann und Frau schuf er sie.«* Bereits an dieser Stelle klingen die Geschlechtsunterschiede an. Das sind sowohl körperliche Unterschiede als auch Unterschiede in den jeweiligen Aufgaben. Das Verständnis dieser Unterschiede hilft uns, Paulus' Anweisungen im Epheserbrief schätzen zu lernen, dass wir uns nämlich unseren Ehemännern unterordnen und sie achten und respektieren sollen. Ein solches Verständnis wird jungen Frauen zeigen, wonach Wendy Shalit sucht: ein Gespür für die Bedeutung der Geschlechtsunterschiede in unserem Leben.

Verschiedenheit

Claire Smith drückt es in ihrem Artikel »Zwei Anweisungen für Frauen« folgendermaßen aus: »Gott ist ein Gott der Ordnung, und wir sind auf Beziehungen hin geschaffen, die seine Ordnung und seine Absicht widerspiegeln.«[76] Selbst innerhalb der Dreieinheit Gottes gibt es eine Ordnung der Beziehungen. Die Bibel zeigt Unterschiede in den Rollen des Vaters, des Sohnes und des Heiligen Geistes. Diese Unterschiede sind nicht etwa herabsetzend. Der Theologe Wayne Grudem erklärt es so: »Der Vater plante die Erlösung und sandte seinen Sohn in die Welt; der Sohn gehorchte dem Vater und vollbrachte die Erlösung für uns; und der Heilige Geist bringt das Werk zur Vollendung, das vom Vater geplant und vom Sohn begonnen worden war. Der Vater gibt die Richtung vor und hat Autorität über den Sohn, und der Sohn gehorcht und richtet sich nach den Anweisungen des Vaters. Der Heilige Geist ist den Anweisungen sowohl des Vaters als auch des Sohnes gehorsam.«[77]

Da sie im Bild Gottes erschaffen sind, sind Männer und Frauen ebenso gleichwertig, aber unterschiedlich. Sie sind gleich als Person vor Gott, aber Mann und Frau haben ausgesprochen unterschiedliche Rollen bekommen. In der ehelichen Beziehung soll der Mann führen, und die Frau soll seiner Führung folgen. Zu Anfang lehnte sich Eva gegen Gott auf; sie missachtete seinen Willen bezüglich des verbotenen Baums, und sie ermunterte ihren Ehemann, ihrer Führung zu folgen. Als Adam ihr tatsächlich nachgab, da versagte er bei der Aufgabe, seine Frau in Gottesfurcht zu führen, und auf diese Weise hebelten sie die gute Schöpfungsordnung aus. Seit jenem Tag entbrennt ein ständiger Kampf zwischen den Geschlechtern.

Gegen den Strom schwimmen

Wenn man die biblischen Maßstäbe für die Rollenverteilung in der Ehe ernst nehmen und ausleben will, dann schwimmt man allerdings in unserer modernen Kultur völlig gegen den Strom. Und nicht nur die weltliche Gesellschaft reagiert ärgerlich auf die Vorstellung unterschiedlicher Rollen. Es gibt außerdem eine weitverbreitete Verwirrung unter Gläubigen, was die Bibel tatsächlich zu diesem Thema zu sagen hat. In einem Artikel, der kürzlich in der *Chicago Tribune* erschienen ist, wurde eine Frau aus einer christlichen Organisation zitiert: »Wir glauben nicht, dass es in der Ehe um Unterordnung geht, sondern vielmehr um Gegenseitigkeit. Intimität ist unmöglich, wenn man sich irgendjemand anderem unterordnen muss. Das ist nicht das, was in der Bibel steht, und wir glauben nicht, dass es Gottes Wille für uns ist, so zu leben.«[78]

Also entschuldigen Sie mal! Vom allerersten Buch der Bibel an wissen wir, dass »Intimität in Unterordnung« nicht nur möglich ist, sondern in der Tat Gottes Plan für uns; und zwar nachgebildet der Intimität, die innerhalb der Gottheit existiert. So ist also die Unterordnung unter meinen Ehemann für mich als gläubige Frau nicht nur eine Möglichkeit; vielmehr bedeutet die Unterordnung, dass man Gottes Vorstellung zur Ordnung in der Ehe im Gehorsam folgt, und dieser Plan hat von Anfang an bestanden.

Das Wunder meiner Hochzeitsnacht ist eine zarte, aber bleibende Erinnerung. Mein Gesicht war sanft gerötet von Schüchternheit und Verlegenheit, entstanden durch die Verwundbarkeit, die ich zum ersten Mal erlebte. Mein Mann und ich hatten gerade erst begonnen, das Geheimnis zu entdecken, das Gott auf wunderbare Weise für uns bereithielt. Von Anfang an schuf Gott uns nach seinem Bild, als Mann und Frau – gleichwertig, aber unterschiedlich. Und wenn wir Frauen dieses tiefe Geheimnis ausleben, dann erfreuen wir Gott, indem wir unser Leben nach seiner wunderbaren Ordnung führen.

Es gibt dabei nur ein Problem – und das ist ein besonders großes: Wir leben nicht in einer idealen Welt und auch nicht mit idealen Männern, die in Vollkommenheit den Anweisungen des Epheserbriefs folgen und ihre Frauen lieben, wie Christus die Gemeinde liebt und sein Leben für sie hingibt. Genau wie Adam versagen viele Ehemänner, wenn sie die Führung in der Ehe übernehmen sollen (oder hingebungsvoll lieben sollen). Und genau wie Eva machen sich viele Frauen ihre Gedanken über Unterordnung und plappern innerlich die herablassende Frage Satans nach: *»Hat Gott das wirklich so gesagt?«*

Aber Gott hat es so gesagt, und die Stellen über die Ehe im Neue Testament stützen sich alle durchweg auf die Grundlage der Lehre in 1. Mose.

Leitlinien im Neuen Testament

Drei der Stellen im Neuen Testament, die Frauen zur Unterordnung unter ihre Ehemänner aufrufen, bieten eine wichtige und lehrreiche Begründung. In Epheser 5,21-22 heißt es: *»Ordnet euch einander unter in der Furcht Christi, die Frauen den eigenen Männern als dem Herrn!«* Kolosser 3,18 ist ganz ähnlich: *»Ihr Frauen, ordnet euch euren Männern unter, wie es sich im Herrn ziemt!«* Diese parallelen Ausdrücke dienen als Erinnerung an alle Ehefrauen, dass Unterordnung in der Ehe ebenso in Liebe und von ganzem Herzen erfolgen muss wie die Unterordnung unter den Herrn. Wenn wir uns unserem Ehepartner unterordnen, so stimmen wir damit Gott zu, dass sein wohlgeordneter Plan es allemal wert ist, dass man ihm gehorcht und dass es sich lohnt, das Geheimnis zu bewahren. Wenn wir so handeln, dann bestätigen wir damit noch einmal, dass Jesus Christus der Herr ist.

Die dritte Bibelstelle, 1. Petrus 3,1a, lautet: *»Ebenso ihr Frauen, ordnet euch den eigenen Männern unter …«* Dieser entscheidende Ausdruck von Petrus, *»ebenso«*, ist der Schlüssel, der uns die Kraft gibt, uns so zu verhalten, wie wir es sollten – selbst wenn es unmöglich scheint.

In dem Abschnitt unmittelbar vor dieser Bibelstelle (1Petrus 2,13-25) lehrt Petrus, dass alle Gläubigen sich unbedingt jeder Autorität unterordnen müssen, die von Gott eingesetzt ist. *»Denn so ist es der Wille Gottes, dass ihr durch Gutestun die Unwissenheit der unverständigen Menschen zum Schweigen bringt«*, stellt Petrus in 1. Petrus 2,15 fest. Der Apostel erklärt weiter: *»Wenn ihr aber ausharrt, indem ihr Gutes tut und leidet, das ist Gnade bei Gott«* (Vers 20b). Der Wille Gottes und sein Wohlgefallen sind immer der entscheidende Punkt, wenn es um unser Verhalten geht.

Petrus richtet unseren Blick auf wunderbare Weise auf Jesus Christus als ein Beispiel für die Schönheit und die Wirksamkeit der Unterordnung:

> *»Denn hierzu seid ihr berufen worden; denn auch Christus hat für euch gelitten und euch ein Beispiel hinterlassen, damit ihr seinen Fußspuren nachfolgt; der keine Sünde getan hat, auch ist kein Trug in seinem Mund gefunden worden, der, geschmäht, nicht wieder schmähte, leidend, nicht drohte, sondern sich dem übergab, der gerecht richtet; der unsere Sünden an seinem Leib selbst an das Holz hinaufgetragen hat, damit wir, den Sünden abgestorben, der Gerechtigkeit leben; durch dessen Striemen ihr geheilt worden seid. Denn ihr gingt in der Irre wie Schafe, aber ihr seid jetzt zurückgekehrt zu dem Hirten und Aufseher eurer Seelen. Ebenso ihr Frauen, ordnet euch den eigenen Männern unter ...«* (1Petr 2,21–3,1)

Es könnte sein, dass Sie und ich diese Anweisung für Ehefrauen schon oft gelesen haben, als ob sie dort ganz allein stünde, unabhängig von den vorhergehenden Versen. Doch das Wort *»ebenso«* verbindet uns mit dem Beispiel und der Person des Herrn Jesus Christus. Wir sollen uns unseren Ehemännern ebenso unterordnen wie Christus sich dem Willen Gottes unterordnete und an das Kreuz ging. Er *»überließ seine Sache dem, der gerecht richtet«* (1Petr 2,23; NeÜ). Der beständige Glaube des Herrn Jesus an die Güte und Weisheit Gottes in allen Dingen war unbeirrbar. Es war sein größtes Anliegen, dem Willen Gottes zu gehorchen.

Das war der Punkt, an dem Eva versagte: Gehorsam gegenüber Gottes Willen. Sie zweifelte an der Güte und der Weisheit Gottes, die ihr den Baum der Erkenntnis des Guten und Bösen vorenthielt. Durch das Evangelium sind wir nicht nur Töchter Evas, sondern auch Kinder Gottes, und wir haben die Kraft bekommen, ein Leben wie Jesus Christus zu führen. Doch der Gehorsam liegt noch immer bei uns.

Vertrauen zu Gott ist das A und O bei der Unterordnung unter den Ehemann – daran scheiterte Eva. Auch für meine Mutter war das Vertrauen zu Gott von Anfang bis Ende das Entscheidende, ganz gleich, wie schwer ihre Prüfungen waren. Ich kann mich nicht erinnern, dass sie jemals Gottes Liebe oder Fürsorge für sie und ihre Familie infrage gestellt hätte.

So ist dieses Wort, mit dem die gläubigen Frauen heute so viel Probleme haben, *Unterordnung*, noch immer das Wort Gottes für uns: *»Ebenso ihr Frauen, ordnet euch den eigenen Männern unter.«*

Eine Hilfe

Schon ganz zu Anfang war die Bestimmung der Frau klar dargelegt. Gott schaute Adam an und sagte: *»Es ist nicht gut, dass der Mensch allein ist; ich will ihm eine Hilfe machen, die ihm entspricht«* (1Mo 2,18). Warum bloß steigt bei uns der Blutdruck an, wenn wir das Wort *»Hilfe«* hören? In unserer Kultur verbindet man mit diesem Wort Schwachheit und sogar Minderwertigkeit; eben jemanden, der nur einem anderen behilflich ist. Niemand möchte gern die zweite Geige spielen. Aber es ist eine Tatsache, dass es ohne die zweite Geige keine Harmonie gibt.

Wie sollte Hilfe denn aussehen, damals und heute? Bei welchen Aufgaben sollte Eva beispielsweise Adam helfen? Sie sollte ihm behilflich sein bei der Ausführung der göttlichen Anweisung, über die Erde zu herrschen und das Land zu kultivieren. Aber sie versagte vor Gott, als sie Adam dazu verführte, mit ihr gemeinsam Satan zu gehorchen. Wir modernen Töchter Evas dürfen nicht versagen wie unsere Urmutter. Unsere Aufgabe ist es, unsere Ehemänner zu ermutigen, dem Wort Gottes und seinem Willen ihr ganzes Leben lang zu gehorchen.

Zum ersten Mal habe ich diese Vorstellung auf eine persönliche Art verstanden, als mein Mann ein junger Pastor in Kalifornien war. Ich hatte bemerkt, dass er ziemlich guter Dinge war, wenn in der

Gemeinde alles gut lief; doch wenn etwas schiefging, war er schnell entmutigt. Wenn der Gemeindebesuch gut war, dann war er auch gut drauf; wenn nur wenige Leute kamen, dann ging es ihm schlecht. Und dann kamen tatsächlich immer weniger – eine ganze Zeit lang. Er vertraute sich mir nicht an, aber er überlegte ernsthaft, ob er seinen Dienst als Pastor fortführen sollte.

Eines Abends, als die Kinder schon schliefen, sprach er mit mir darüber, was ihn so unglücklich machte. Meine Versuche, ihn zu trösten, riefen nur resignierte Antworten hervor. Als ich sagte: »Liebling, deine Predigt hat mich letzte Woche wirklich sehr angesprochen«, da antwortete er bloß: »Ja, aber nächste Woche bin ich wieder auf dem Prüfstand.« Ich versuchte es noch einmal: »Denk doch nur an Noah! Er hat 120 Jahre lang gepredigt, ohne dass sich ein einziger Mensch bekehrt hat.« Kents bissige Antwort darauf war: »Ja, aber da war auch nicht ein anderer Noah gleich nebenan in derselben Stadt, in dessen Arche die Leute strömten.«

Schließlich hörte ich auf, ihm gute Ratschläge zu geben, und ich hörte nur noch zu. Was er an diesem Abend sagte, waren die Worte eines Mannes, der den Blick dafür verloren hatte, worum es in einem biblischen Dienst überhaupt geht. Eine wilde Mischung weltlicher Gedanken, die uns von einem Fachmann für Gemeindewachstum vorgestellt worden waren, verbanden sich mit seinen eigenen Ängsten zu versagen, und beides zusammen hatte Kent zu einer verzweifelten Suche nach Erfolg angestachelt. Während er sich über seine negativen Beobachtungen in Bezug auf Pastoren und auf den Dienst für den Herrn im Allgemeinen verbreitete, kam er zu einem Schluss, den er selbst nicht zugeben wollte. Über eine lange Zeit hinweg war in ihm ein Gedanke gewachsen, und er war schrecklich: »Gott hat mich zu etwas berufen. Aber er hat mir nicht die Gaben gegeben, diese Aufgabe auch zu erfüllen. Deswegen ist Gott nicht gut.« Voller quälender Verzweiflung fragte er mich: »Barbara, was soll ich tun?«

Wenn wir heute an diesen Abend vor langer Zeit zurückdenken, dann sagt mir Kent: wenn ich ihm anders geantwortet hätte und nicht so, wie ich es tatsächlich tat, dann hätte das für ihn genügt, um alles »an den Nagel zu hängen«. Wenn ich in seine bitteren Beschuldigungen und Klagen über unsere Situation eingestimmt hätte, dann hätte er vermutlich den Dienst für den Herrn aufgegeben und den Rest seines Lebens mit dem Versuch verbracht, seinen eigenen Wert und Gottes Ungerechtigkeit zu beweisen.

Aber, Gott sei Dank, war meine Antwort voller Hoffnung auf Gott. »Ich weiß nicht, was du jetzt tun wirst. Aber für den Moment, für heute Abend, hänge dich an meinen Glauben, denn ich glaube. Ich glaube, dass Gott gut ist. Ich glaube, dass er uns liebt und dass er auch durch diese Erfahrung an uns arbeitet. Also halte dich an meinen Glauben, ich habe genug für uns beide!«

Zusammen schlugen wir die Bibel auf und suchten nach Gottes Ansichten über »Erfolg«. Gemeinsam fanden wir sie, und sie sahen nicht so sehr nach der geistlichen Achterbahnfahrt aus, die wir erlebt hatten. Die Wahrheit, die wir gefunden haben, diente als Polarstern in unserem Leben, zu dem wir gemeinsam immer wieder und wieder zurückkehren. Ob es um die Ehe geht oder um den Dienst für den Herrn, das Gelingen hängt vom Wissen um den Willen Gottes, wie er in der Bibel offenbart ist, und dem diesbezüglichen Gehorsam ab.

Bei dieser Gelegenheit ist mir zum ersten Mal bewusst geworden, welch eine starke Rolle ich habe als »Hilfe« meines Mannes. Gleichzeitig entdeckte ich auch noch etwas Wunderbares in Bezug auf die Rolle der Geschlechter. In Johannes 14,16 tröstet Jesus seine Jünger mit der Verheißung des Heiligen Geistes, und er nennt ihn *»einen anderen Beistand«*. Durch die Bezeichnung des Heiligen Geistes als *»Beistand«* wertete Jesus für alle Zeiten die Bedeutung von jemandem auf, der unterstützt. Wenn man die Spuren des Heiligen Geistes im Neuen Testament verfolgt, dann sieht man den Geist immer wieder, wie er ermutigt, tröstet, mitträgt und hilft. Die Arbeit des Heiligen Geistes, des Helfers, ist wunderbar! Und Frauen wirken nie hoheitsvoller und schöner, als wenn sie seinem Beispiel folgen und ihre Verantwortlichkeit als »Hilfe« wertschätzen.

Gläubige Ehefrauen dürfen sich also über den Begriff *»Hilfe«* nie ärgern oder ihn gering schätzen oder ihn sogar als erniedrigend betrachten. Helfen ist göttlich! Es gibt kein besseres Wort als »Hilfe«, um die Rolle einer Ehefrau zu beschreiben.

Ein sanfter und stiller Geist

Den meisten Frauen heutzutage ist es wichtig, wie sie aussehen; Schönheit ist in unserer Gesellschaft so wesentlich. Doch die Ansicht Gottes über das, was schön ist, widerspricht auch hier den Ansichten unserer Kultur. Die Schönheit, die Gott sich für Frauen wünscht, ist das Ergebnis von Vertrauen und Gehorsam – ein sanfter und stiller Geist.

> *»Euer Schmuck sei nicht der äußerliche durch Flechten der Haare und Umhängen von Gold oder Anziehen von Kleidern, sondern der verborgene Mensch des Herzens im unvergänglichen Schmuck des sanften und stillen Geistes, der vor Gott sehr kostbar ist. Denn so schmückten sich auch einst die heiligen Frauen, die ihre Hoffnung auf Gott setzten und sich ihren Männern unterordneten; wie Sara dem Abraham gehorchte und ihn Herr nannte, deren Kinder ihr geworden seid, indem ihr Gutes tut und keinerlei Schrecken fürchtet.«* (1Petr 3,3-6)

Sanftheit ist nicht Schwäche oder das Fehlen von Rückgrat oder Schüchternheit oder auch Nettigkeit. Der Begriff wurde im klassischen Griechisch benutzt, um ein zahmes Tier, eine beruhigende Medizin, ein mildes Wort oder einen leichten Wind zu beschreiben.[79] In diesem Wort schwingt Zärtlichkeit mit.[80]

Sanftheit schließt auch Selbstbeherrschung ein. Aristoteles sagte, dass Sanftheit die Mitte zwischen überschäumendem Zorn und übermäßiger Gleichgültigkeit darstellt. Ein sanfter Mensch ist in der Lage, seinen Zorn im Zaum zu halten. Er hat ihn unter Kontrolle.

Sanftheit oder Sanftmütigkeit ist Stärke, die unter Kontrolle ist.[81] Eine sanfte Frau ist stark. Sie hat ihre Ängste im Griff. Sie ist stark wie Stahl. Jesus sagt in den Seligpreisungen: »*Glückselig die Sanftmütigen, denn sie werden das Land erben*« (Mt 5,5). Jesus bezeichnet auch sich selbst als sanftmütig: »*Nehmt auf euch mein Joch, und lernt von mir! Denn ich bin sanftmütig und von Herzen demütig*« (Mt 11,29). Und im 1. Petrusbrief dienen die heiligen Frauen des Alten Testaments, insbesondere Sara, als Beispiel für diese sanfte Schönheit. Wir lernen aus dieser Stelle, dass ein sanfter und stiller Geist das direkte Ergebnis von Saras Vertrauen zu Gott in der Unterordnung unter ihren Ehemann war.

Dies ist eine Schönheit, von der die meisten von uns zu Beginn des neuen Jahrtausends nur wenig hören. Wir haben eine Menge Zeitschriften und allerlei Werbematerial für körperliche Fitness, die uns darüber auf dem Laufenden halten, wie wir noch schöner werden und unseren Körper fit und gesund halten können. Wir nehmen die Hautpflege sehr ernst, benutzen exotische Cremes und Lotionen, die uns vor schädlichen Umwelteinflüssen und frühzeitiger Faltenbildung bewahren sollen. Wir legen Wert darauf, dass die Farben, die wir tragen, auch zusammenpassen. Und wenn das Bankkonto es zulässt, dann können wir sogar Behandlungen in Anspruch nehmen, die uns ein paar Jahre länger eine jugendliche Erscheinung versprechen. Wir tun all das im Streben nach der Schönheit, die die Welt schätzt, und verlieren dabei die Bibelstellen aus den Augen, die uns klarmachen, wo die Schönheit wohnt, an der Gott Gefallen hat.

Ehrfurcht und Respekt

Weiter vorne in diesem Kapitel haben wir schon die wichtige Stelle über die Ehe in Epheser 5 betrachtet. Am Ende dieses Abschnitts wird die Aufmerksamkeit auf eine andere Eigenschaft der Ehefrau gelenkt, die Gott für wichtig hält: »*... die Frau aber, dass sie Ehrfurcht vor dem Mann habe!*« (Eph 5,33b).

Die meisten Frauen meinen anscheinend, dass ihr Ehemann Ehrfurcht (oder Respekt) erst verdienen müsse, bevor die Ehefrau ihn wirklich respektiert. Man könnte nicht falscher liegen mit dieser Einstellung. Selbst wenn ein Ehemann offensichtlich nicht so lebt, dass man ihn respektieren kann, kann seine Frau ihn ehren, indem sie seine Stellung achtet. Sara hat das verstanden: »Sie lebte mit einem Mann voller Fehler zusammen, der von ihr erwartete, dass sie etwas Undenkbares tun sollte, und dennoch hielt sie ihm sein scheußliches Versagen nicht sein ganzes restliches Leben lang vor, sondern sie erneuerte ihren Respekt ihm gegenüber in ihrem Herzen und lebte weiterhin mit ihm zusammen, nannte ihn sogar ›Herr‹.«[82]

Erinnern Sie sich an die Geschichte meiner Mutter? Genauso, wie sie nie Gottes Güte und seine Sorge für uns infrage stellte, so schien sie immer an ihrer Liebe und ihrer Achtung für unseren Vater festzuhalten. Sie hat kein schlechtes Gerede seinetwegen von uns Kindern oder irgendjemandem sonst geduldet. Ich kann mich nicht erinnern, dass ihr jemals ein kritisches Wort über meinen Vater über die Lippen kam. Selbst zu seinen schlimmsten Zeiten – und die waren wirklich schlimm! – konnte er immer sicher sein, dass die Liebe und der Respekt meiner Mutter ihm gegenüber beständig waren.

Diese Geisteshaltung meiner Mutter zahlte sich auf die Dauer verblüffend für ihre Ehe und Familie aus. Durch ihre Treue und Vergebungsbereitschaft konnte er die letzten elf Jahre bis zu seinem Tod wieder zu unserer Familie zurückkehren. Da meine Mutter sich aus freien Stücken entschlossen hatte, meinen Vater zu respektieren und zu achten, haben ihre Kinder und ihre Enkel Erinnerungen an eine gute Beziehung zu ihm. Wir erinnern uns an die kleinen Dinge, wie zum Beispiel riesige Geburtstagskarten mit der fast unlesbaren Schrift seiner verkrüppelten Hand, oder auch das Essen, das er mit großer Anstrengung für sie gekocht hatte, wenn sie von ihrer Arbeit als Hausmeisterin im Kindergarten nach Hause kam.

Heutzutage hört man nur zu oft von einer Liebe, die an Bedingungen geknüpft ist: »Ich liebe dich, solange du mich liebst.«

Meine Mutter jedoch hatte verstanden, dass wahre Liebe unabhängig von Umständen ist, dass sie den Gegenstand ihrer Liebe mit allen Fehlern sieht – und ihn dennoch liebt. Wahre Liebe ist eine Willensentscheidung. Man achtet und ehrt, denn der Herr selbst erwartet, dass dem Ehemann Respekt entgegengebracht wird.

Wenn ich höre, wie Ehefrauen ihren Freundinnen gegenüber die Fehler und Schwächen ihrer Ehemänner bejammern, und wenn ich mich selbst dabei erwische, dass ich über meinen Mann nicht gerade respektvoll spreche, dann möchte ich am liebsten schreien: »Halt! Hör auf, Barbara! Denk an die Konsequenzen!« Unsere Ansichten und unsere Worte prägen die nächste Generation.

Wo haben Sie gelernt, mit und über ihren Ehemann zu sprechen? In Talkshows oder seichten Komödien im Fernsehen – oder aus Gottes Wort? Es ist Gottes Wille, dass Sie Ihrem Ehemann liebenden Respekt entgegenbringen – selbst dann, wenn er es nicht verdient. Achten Sie auf Ihre Handlungen, und horchen Sie auf Ihre eigenen Worte. Gott sieht und Gott hört.

Ein Lebensziel als Ehefrau

Als Eva versucht wurde, da wollte sie etwas haben, das Gott in seiner Güte ihr nicht gegeben hatte. Die Dinge haben sich nicht geändert. Manchmal wünsche ich mir ein leichteres, ruhigeres Leben. Es gibt Zeiten, in denen ich mich danach sehne, mich nicht um die Probleme anderer Leute kümmern zu müssen. Und ich verzweifle manchmal an den Stimmen, die mich ständig mit dem Streben nach persönlicher Macht und Prestige bombardieren. Ich weiß, dass solche Gedanken albern sind. Eine weise Frau sagte einmal zu mir, dass die Frau von heute auf der Suche nach Gleichberechtigung oft das eine übersehe, das sie am meisten brauche: die Gleichberechtigung in der Hingabe an Gott, in der Erkenntnis Gottes und im Gehorsam. Es ist tatsächlich so: Wenn eine Frau diese Hingabe an Gott mit ihrem Mann zusammen auslebt, oder auch, wenn sie, wie meine Mutter viele Jahre lang, allein mit Gott lebt, dann hat sie die wesentlichen Bestandteile für ein erfülltes glückliches Leben.

Man könnte den Eindruck haben, dass unsere evangelikalen Gemeinden eine Gemeinschaft von lauter intakten Ehe seien. An der Oberfläche wirkt alles so gut: ausführliche Ausbildung, finanzielle Sicherheit, elegante Wohnungen, freundliche Gemeinden, schöne Menschen, und falls es mal knackt im Gebälk, dann geht man zur Ehetherapie. Aber wie beurteilt Gott unsere Ehen? Jedenfalls nicht nach diesen Maßstäben.

Die Ehe meiner Eltern war weit entfernt von diesen sauberen evangelikalen Idealen, und dennoch lag eine Echtheit und Schönheit in dem Eheversprechen, das sie einander gegeben und gehalten haben, obwohl sie als Paar hart dafür arbeiten mussten und scheinbar unüberwindlichen Schwierigkeiten gegenüberstanden. Das Ergebnis war eine Ernte der Gnade, und ich bin ein Teil davon.

Kent und ich sind nun 38 Jahre verheiratet. Wir haben vier erwachsene Kinder und sechzehn Enkel. Wir haben gemeinsam versucht, die Anweisungen zur Ehe in Gottes Wort zu befolgen und umzusetzen. Unsere Kämpfe waren ganz anders als die meiner Eltern, und dennoch ist durch die Schwierigkeiten auch unsere gegenseitige Hingabe zu einer tiefen und beständigen Liebe füreinander gewachsen, so wie bei meinen Eltern. Unsere gegenseitige Verpflichtung, in Übereinstimmung mit Gottes Plan für Mann und Frau zu leben, hat uns dazu befähigt, eine frohe Einheit zu erleben – etwas Seltenes und Wunderschönes in dieser kaputten Welt.

Mit tiefstem Bedauern denke ich an die Zeiten meines Versagens, wenn ich den Herrn betrübt habe, indem ich meinem Mann nicht mit der nötigen Achtung begegnet bin, mich ihm nicht unterordnete und ihm keine Hilfe war. Meine größten Freuden waren das direkte Ergebnis eines Lebens in Übereinstimmung mit Gottes Plan für mich als Frau, geschaffen in seinem Bild, gleichwertig, aber unterschiedlich.

Während der Zeit, als mein Mann und ich uns bemühten, eine biblische Sicht von »Gelingen« oder »Erfolg« zu bekommen, suchte ich für mich selbst Antwort auf die Frage: »Was ist mein Ziel als Ehefrau?« Seit jenem Tag vor 25 Jahren ist mein Ziel das Gleiche geblieben. Ich möchte eines Tages hören, wie Gott zu Kent sagt: *»Gut gemacht, guter und treuer Knecht. Gehe ein in die Freude deines Herrn.«* Als Kents Hilfe in diesem Leben werden jene Worte meine Freude sein.

Liebe Schwestern, wir müssen daran arbeiten, uns selbst Gottes Willen für unsere eheliche Beziehung unterzuordnen, d.h. eine Hilfe für unseren jeweiligen Ehemann zu sein, uns ihm unterzuordnen und seine Stellung zu respektieren, einen sanften und stillen Geist zu entwickeln. Das ist der Wille Gottes im Evangelium.

Denkanstöße

- Mit welchen Erwartungen sind Sie in die Ehe gegangen? Wie passt das Ziel der Heiligkeit zu Ihren gegenwärtigen Erwartungen (siehe Eph 5,22-31; besonders die Verse 27-28)?
- Als Gläubige müssen wir die Autorität Gottes anerkennen und es uns zum Lebensziel setzen, jeden Bereich unseres Lebens seinen Regeln und Anordnungen zu unterwerfen. Welche Erkenntnis ziehen Sie aus 1. Mose 1,26-28; 1. Mose 2,7.18-25; 1. Mose 3,1-7.14-17 und Epheser 5,22-24 über Gottes Ordnungen bezüglich der Autorität in der Ehe? Was bedeutet Unterordnung für Sie persönlich in Ihrer Ehe?
- Wenn Sie und Ihr Ehemann »gleichwertig, aber unterschiedlich« sind, was glauben Sie, warum Gott eine Ordnung für die eheliche Beziehung geschaffen hat? Wie spiegelt diese Ordnung die Ordnung der Gottheit wider?
- Wie reagieren Sie spontan, wenn jemand Sie als passende Hilfe für Ihren Ehemann bezeichnet? Wie kann das Verständnis der Rolle des Heiligen Geistes als Helfer diese Rolle für Sie annehmbar machen (siehe Joh 14,16)?
- Warum widerspricht Sanftheit für eine Frau in der heutigen Gesellschaft den kulturellen Normen? Warum ist die Sanftheit einer

Frau ihre wahre Schönheit (1Petr 3,3-6)? Wer ist das beste Beispiel für Sanftheit beziehungsweise Sanftmütigkeit (Mt 11,29)?

- Warum sollen Sie Ihren Ehemann respektieren, ganz gleich, ob er Ihre Achtung verdient oder nicht (siehe Eph 5,33; 1Petr 3,6)? Überdenken Sie, was Sie selbst in letzter Zeit diesbezüglich getan oder gesagt haben! Spiegeln Ihre Handlungen und Ihre Worte Respekt für Ihren Ehemann wider?
- Was ist im Hinblick auf das Evangelium Ihr persönliches Ziel als Ehefrau?

13

Für andere sorgen

»Und der Mensch gab seiner Frau den Namen Eva, denn sie wurde die Mutter aller Lebenden.«
(1Mo 3,20)

Die sensationelle Schlagzeile war riesengroß: »ICH WOLLTE UNBEDINGT EIN BABY HABEN, UND ICH HABE ARZTRECHNUNGEN ZUM BEWEIS!« So begann Charles Krauthammers Sonderartikel in der *Washington Post*.[83] In dem Artikel heißt es weiter: »Irgendein liebesverrückter Filmstar? Eine prominente Lesbe? Nein. Es handelt sich um Germaine Greer, die Ikone des Feminismus im 20. Jahrhundert. ›Ich träume immer noch von einer Schwangerschaft‹, bekennt sie, ›und ich warte mit großer Freude und Zuversicht auf etwas, das nie geschehen wird.‹«

Welch eine Ironie! Frau Greer ist, wie Krauthammer es ausdrückt, »das beste Beispiel einer entschieden unabhängigen ›neuen Frau‹ mit draufgängerischer Sexualität. Bekannt als bissige Querdenkerin, schwelgte sie in ihren Liebschaften und nahm dabei kein Blatt vor den Mund.« Im Jahr 1970 schrieb Frau Greer in *The Female Eunuch* (»Der weibliche Eunuch«), dass eine Frau Mutterschaft als Behinderung und Schwangerschaft als eine Krankheit ansehen solle. Greer drängte die Frauen, »ganz bewusst in wechselnden sexuellen Beziehungen zu leben« und dabei sicherzustellen, kein Kind zu empfangen.[84]

Krauthammer meint in seinem Artikel weiter: »Das Adjektiv, das man mit Frau Greer eher nicht in Verbindung brachte, war ›häuslich‹. Und nun enthüllt sie, dass sie unter ihrem hohlen Leben leidet, dass ihr schrecklich leidtut, was sie verloren hat: ihre Chance auf Mutterschaft. Vor vielen Jahren, so berichtete sie nun, hatte sie sich um die kleine Tochter einer Freundin gekümmert: ›Ruby hat mein Leben so hell gemacht wie kein Mensch zuvor, ganz gewiss keiner meiner Liebhaber.

Die glühende Sinnenhaftigkeit dieses kleinen Kindes, die Großzügigkeit ihrer unschuldigen Liebe traf mich völlig unvorbereitet.‹«

Wie kam es zu dieser veränderten Herzenseinstellung? Warum empfindet eine Frau, die so entschieden gegen die Mutterschaft eingestellt war, genau das, was sie immer hasste, plötzlich als qualvollen Verlust? Weil Mutterschaft das Wesen der Weiblichkeit ist.[85] Ich glaube, dass jede Frau – ob sie nun Kinder hat oder nicht – dazu berufen ist, sich um andere zu kümmern, für andere zu sorgen. Diese Aspekte der Weiblichkeit gehen weit über das körperliche Gebären von Kindern hinaus.

Fürsorge liegt in unserer Natur

Die Begriffe »sorgen für« oder »sich kümmern um« bedeuten im weitesten Sinne »jemanden nähren, aufziehen, erziehen, fördern«. Es ist wesentlich für das Wohlbefinden jedes Menschen, dass sich jemand um ihn kümmert. Daraus folgt, dass eine Gesellschaft, in der die zärtliche Fürsorge der Frau fehlt, mit Sicherheit in ungute Entwicklungen abgleitet. Man muss nicht lange nach Beweisen suchen, da genau dies überall um uns herum geschieht. Die Kinder der Welt schreien geradezu danach, dass man sich mütterlich um sie kümmert. Doch es braucht Disziplin, sich dem Plan Gottes in Bezug auf unser mütterliches Wesen unterzuordnen, vor allem im Hinblick auf die uns umgebende öffentliche Meinung.

Das Wort Gottes lehrt, dass es eine einzigartig weibliche Aufgabe ist, für das Leben zu sorgen. Wir sind alle Töchter von Eva, deren Name *»Mutter aller Lebenden«* bedeutet, wie wir in 1. Mose 3,20 erfahren. Jede von uns hat, genau wie Eva, einen Körper, der dazu bestimmt ist, das Leben weiterzugeben. Wir werden jeden Monat daran erinnert, dass das abgehende Blut eigentlich für Wachstum und Ernährung eines ungeborenen Kindes gedacht ist. Unsere Brüste sind ebenso dazu bestimmt, ein neugeborenes Kind zu ernähren. Wenn man schwanger wird und ein Kind zur Welt bringt, dann erlebt man die vollständige Bestimmung dieser göttlichen Gaben und macht die wundervolle persönliche Entdeckung, dass ein Säugling zum Überleben vollständig abhängig ist vom Körper der Mutter.

Aber es gibt viele Frauen, die nie ein Kind bekommen; sie kümmern sich deshalb notwendigerweise um solche, die nicht ihre eigenen Kinder sind. Nicht eine tatsächliche Schwangerschaft und Geburt macht die Töchter Evas zu einer Person, die sich um andere kümmert. Auch Germaine Greer hat das erfahren, als sie sich um die kleine Ruby kümmerte. Wunderbare Gefühle wurden in ihr geweckt. Welche Eigenschaften machen eine Frau zur »Lebensspenderin«?

Aus der Bibel wissen wir, dass alle Frauen als »Mutter« geschaffen sind, um sich um andere zu kümmern. Mutterschaft ist mehr als der bloße Mechanismus von Gebärmutter und Brüsten; Mutterschaft geht viel tiefer. Und Frauen werden noch fraulicher, wenn sie Mutter werden.

Wir haben alle schon von Paaren gehört, die kurz nach der Adoption eines fremden Kindes in der Lage waren, ein leibliches Kind zu empfangen. Das ist mehr als Zufall. Eine Studie hat kürzlich herausgefunden, dass weibliche Hormone im Körper freigesetzt werden, wenn eine Frau sich um ihr adoptiertes Kind kümmert und es versorgt – das wiederum schafft günstigere Bedingungen für eine Empfängnis. Das Sorgen für andere, das mütterliche Verhalten, fördert ihre Weiblichkeit.

Ist es möglich, dass das, was Germaine Greer erfahren hat, als sie sich um die kleine Ruby kümmerte, tatsächlich daher rührte, dass ihre unterdrückte Weiblichkeit dadurch zum Vorschein kam? Ich nehme es an.

Gerettet durch das Kindergebären?

Eine schwierige Bibelstelle betont die Wichtigkeit der Fürsorge. In 1. Timotheus 2,15 schreibt Paulus: *»Sie wird aber durch das Kindergebären hindurch gerettet werden, wenn sie bleiben in Glauben und Liebe und Heiligkeit mit Sittsamkeit.«* Heutzutage übergehen viele diese Bibelstelle, denn sie passt nicht zu der allgemeinen Auffassung unserer Kultur, die so sorgfältig darauf bedacht ist, dass Aufgabe und Stellung einer Frau auf keinen Fall mit einer fürsorglichen Rolle in Verbindung gebracht werden. Oberflächlich betrachtet scheint die Formulierung *»durch das Kindergebären hindurch gerettet«* außerdem der wesentlichen Lehre des Neuen Testaments zu widersprechen, dass wir nämlich durch Gottes Gnade allein gerettet sind, nicht durch Taten.

Natürlich meint Paulus an dieser Stelle auch nicht, dass gläubige Frauen bei der Entbindung vor dem Tod »gerettet« werden. Zahllose gläubige Frauen sind bei der Geburt eines Kindes gestorben. Der Kontext des Verses zeigt deutlich, dass Paulus hier von einer »Rettung« in geistlichem Sinn spricht. Wir wissen aber auch, dass Frauen, die nie ein Kind geboren haben, dennoch Erben der Errettung sind. Was also meint der Apostel?

Im unmittelbaren Zusammenhang dieser Bibelstelle belehrt Paulus uns über das Verhalten der gläubigen Frau im Unterschied zu dem des gläubigen Mannes, vor allem in Bezug auf das Verhalten zu Hause und in der Gemeinde. Paulus lenkt unsere Aufmerksamkeit zurück auf die Schöpfung und die von Anfang an festgesetzten Unterschiede zwischen Adam und Eva. Er benutzt das Kindergebären als allgemeines Beispiel für die von Gott bestimmten Unterschiede zwischen der Rolle des Mannes und der Rolle der Frau. Männer können keine Kinder gebären.[86] Wenn Paulus also sagt: »Frauen werden durch das Kindergebären gerettet«, dann meint er, dass sie durch das Ausleben ihrer von Gott gegebenen Rolle, nicht durch das Streben nach der Rolle eines Mannes, eher die Herzenseinstellung bewahrt, die die Errettung ermöglicht und Segen erwartet. Die wesentliche Haltung ist auch hier die Unterordnung. Natürlich beginnt Gottesfurcht sowohl für Männer als auch für Frauen immer mit der Unterordnung unter Gottes Willen. Aber in diesem Bibelvers werden wir Frauen ermutigt, uns dem von Gott gegebenen Bereich unterzuordnen, für den wir erschaffen sind, und den vier genannten Tugenden bewusst treu zu bleiben: *»Glaube, Liebe, Heiligkeit mit Sittsamkeit «*.

Als gläubige Frauen sind wir uns darüber im Klaren, dass wir unsere Gedanken und Taten ausschließlich an den Werten des Wortes Gottes ausrichten. Wir sind entschlossen, nicht »gleichförmig dieser Welt« zu sein, sondern »verwandelt« zu werden »durch die Erneuerung des Sinnes« (Röm 12,2). Das schließt notwendigerweise ein, dass wir die Welt um uns herum wahrnehmen und gut über sie informiert sind. Wir müssen ständig gängige Auffassungen am Maßstab der Bibel neu bewerten.

Ich erinnere mich noch gut daran, wie ich als junge Mutter versuchte, das, was die Bibel über den Wert der Mutterschaft lehrt, zu verstehen und umzusetzen – und zwar im ständigen Vergleich zu den radikalen neuen Ideen, die durch das Land wehten. Es war Mitte der 60er-Jahre. Kent war im Bibelseminar, und zusätzlich arbeitete er in Wechselschicht in einer Fabrik im Osten von Los Angeles, um unsere junge Familie zu versorgen. Dort lernte er einen Jurastudenten kennen, der ebenfalls in der Fabrik arbeitete, um sein Studium abschließen zu können und außerdem die bereits erfolgreiche Berufslaufbahn seiner Frau zu fördern. Der Ehrgeiz dieser beiden schloss jeden Gedanken an Elternschaft oder geistliche Dinge von vornherein aus. Wir waren besorgt und versuchten, sie mit dem Evangelium zu erreichen, aber wir stießen nur auf Ausflüchte und Vorwände. Solch ein Wertekontrast!

Schließlich war das Studium abgeschlossen, und unsere Wege trennten sich. Während wir dafür sorgten, dass unsere Familie größer wurde, vermehrten sie ihr Vermögen. In den Zeitungen stand, dass die Frau, inzwischen weltbekannt, eine Abtreibung vornehmen ließ, damit sie ihre Ziele ungehindert erreichen konnte. Später kam die Nachricht von ihrer Scheidung und einer neuen Lebensgefährtin – ihrer lesbischen Geliebten. Natürlich wurde die Geschichte ohne kritische Kommentare veröffentlicht, denn sie lebte schließlich nach den Werten der modernen Lebensauffassung. Tragischerweise hatte sie nicht nur ihre Bestimmung zur Mutterschaft, sondern auch die Möglichkeit zu ihrer Errettung abgelehnt.

Liebe Schwestern, wir müssen einen Geist der Fürsorglichkeit in uns kultivieren, ob wir ledig sind oder verheiratet. Das hat nichts damit zu tun, ob ich Mutter bin oder nicht. Fürsorge für andere ist meine Verantwortung vor Gott als Mensch und insbesondere als weibliches Wesen. Die Art und Weise, wo und wie ich mich um andere kümmern kann, ist abhängig davon, wohin Gott mich stellt: in meine Familie, in eine Schule, in ein Krankenhaus, wo auch immer. Eines Tages werde ich Gott Rechenschaft ablegen müssen darüber, wie ich mich um das Leben auf diesem Planeten gekümmert habe.

Ganz gewiss errettet uns die Mutterschaft und die Fürsorge für andere weder körperlich noch geistlich. Aber wenn wir um des Herrn willen ein mütterliches Herz haben und eine fürsorgliche Rolle einüben, dann wird der Geist der Unterordnung den Weg der Errettung gehen und zum größten Nutzen für das Reich Gottes sein.

Die Veranlagung zur Fürsorge fördern

Wie ich bereits erwähnte, müssen wir uns bemühen, die Veranlagung zur Fürsorge bei uns selbst und anderen zu wecken; vor allen Dingen deshalb, weil überall um uns herum Frauen bewusst und nachdrücklich dazu aufgefordert werden, die Rolle des Dienens und der Fürsorge abzulehnen. Barbara Dafoe Whitehead schreibt in ihrem hervorragenden Artikel »Die Mädchen der Generation X«, dass diese Frauen, die in den 60er- und 70er-Jahren des 20. Jahrhunderts geboren wurden, die Erben dessen sind, was man das »Mädchenprojekt« zur Umerziehung nennen könnte. »Das Mädchenprojekt«, schreibt Whitehead, »ist begründet in der Rebellion gegen traditionelle Rollenbilder für Mädchen. ... Feministinnen verlangten stattdessen nach einem neuen sexuellen Standard für alleinlebende Frauen, angelehnt an das traditionelle Rollenbild für Jungen. In ihrem Spiel und in ihrer ganzen Art sollten sich kleine Mädchen mehr wie Jungen verhalten. ... Heute wird alles, was natürlicherweise weiblich ist – insbesondere alles, was mit dem Gebären von Kindern zu tun hat – von einigen Gesellschaftsschichten als etwas betrachtet, das man irgendwie regeln, unterdrücken oder besiegen muss.«[87]

Das müssen wir wissen, und wir müssen unsere Töchter (und andere junge Mädchen in unserem Umfeld) dazu anleiten, gottesfürchtige Mütter für das Reich Gottes zu werden. Wenn wir unsere Töchter nicht dazu anleiten, werden sie durch unser Versäumnis anderweitig geprägt: durch die Vorstellungen der Welt.

Suchen Sie einmal bewusst nach Hinweisen auf die Veranlagung zur Fürsorge bei Ihren Töchtern oder anderen Mädchen, die Sie kennen, und lernen Sie die Unterschiedlichkeit schätzen. Meine eigenen beiden Töchter waren beide als Kinder sehr fürsorglich veranlagt, aber sie zeigten es auf völlig unterschiedliche Art und Weise. Heather liebte Babypuppen, spielte stundenlang »Mama« und sorgte hingebungsvoll für ihre »Babys«. Holly hingegen interessierte sich nicht für Puppen. Ihre Aufmerksamkeit galt stattdessen eher jungen Ratten, Vögeln, Katzen, Kaninchen und Schildkröten. Einmal fing sie einen wild lebenden Papagei ein, der in unseren Garten in Kalifornien gekommen war, indem sie ganz geduldig Futter und Wasser für ihn bereitstellte, bis sie ihn in einen Käfig locken konnte. Big Bird war acht Jahre lang ihr Haustier.

Wir haben nie versucht, Holly eine Puppe aufzudrängen oder Heather zu ermuntern, Tiere zu lieben. Wir unterstützten sie in ihrer Entwicklung – auch der Entwicklung ihrer Fürsorglichkeit – so wie Gott sie geschaffen hatte, nämlich unterschiedlich. Beide Spielarten der Fürsorge waren Teil ihrer Erziehung zum Verständnis ihrer Weiblichkeit. Wir wollten ihnen bewusst machen, dass es in der Welt viele Möglichkeiten für mütterliches Verhalten gibt.

Fürsorge zu Hause

Meine erwachsenen Töchter sind nun viel beschäftigte Mütter, die sowohl zu Hause als auch in ihrer Umgebung für andere sorgen, und sie werden mit Schwierigkeiten konfrontiert, die ich nicht kannte.

Ich zog meine vier Kinder während einer Zeit groß, als die meisten Mütter den ganzen Tag zu Hause waren. Die Unterstützung von Müttern aus der Nachbarschaft war für mich selbstverständlich, wenn wir beispielsweise zusammenarbeiteten, um die Kinder in unserer Umgebung zu schützen und ihnen etwas beizubringen. Obwohl sich die Werte schnell änderten, erfuhren die Mütter damals doch noch eine große Anerkennung für ihre Arbeit für die gesamte Gesellschaft. Und natürlich wurden sie auch von der Gemeinde besonders unterstützt.

Heutzutage werden Mütter in viele andere Richtungen gedrängt und typischerweise weg von den Aufgaben zu Hause, die als zu geringfügig oder zu selbstlos für moderne Frauen des 21. Jahrhunderts angesehen werden. Man legt Wert auf Status, Bildung und Macht. Die heutigen Mütter sind oft isoliert und werden von der modernen Lebensauffassung in ihrer Arbeit als Mutter überhaupt nicht mehr unterstützt.

Wir müssen wieder tief im Inneren davon überzeugt sein, dass die Fürsorge für andere eine besonders wichtige Sache ist. Und wir müssen den Frauen um uns herum diese Wahrheit nahebringen und betonen, dass die Rolle einer Mutter ein unglaubliches Privileg darstellt. Die älteren Frauen haben die von Gott gegebene Verantwortung, den jüngeren Frauen mit Familie zu helfen, sodass sie nicht von ihren mütterlichen Pflichten überrollt werden, denn diese sind eine großartige Aufgabe (Tit 2,3-5).

Fürsorge außerhalb der Familie

Vor 25 Jahren gründete eine Freundin unserer Familie, Deborah Bayly, in der Innenstadt von Chicago eine Schule für Kinder, die aus dem regulären Schulsystem herausgefallen waren. Jugendliche, die aus verschiedenen Gründen keine öffentliche Schule mehr besuchen konnten, bekamen an der *Lakeview Academy* eine zweite Chance. Deborah ist eine hervorragende Lehrerin, aber in ihrer Fürsorge für die Schüler geht sie weit über die Rolle des Lehrers hinaus. Deborah kümmert sich um ihre Jugendlichen in einer Art, die viele von ihnen nie zuvor erfahren haben.

Geduldig bringt sie ihren Schülern bei, wie man einen Stadtplan liest. Dann drückt sie ihnen etwas Kleingeld in die Hand, und sie können ausprobieren, wie der öffentliche Nahverkehr funktioniert. Sie fahren damit nach ihrer Anweisung von einer Haltestelle zur anderen, bis sie schließlich am Ende der Stunde triumphierend zu Deborah zurückkehren.

Deborah lädt diese Kinder auch in das Haus ihrer Mutter auf dem Land ein, wo sie ein Mittagessen bekommen und spielen können. Sie erteilt Leseunterricht und zeigt ihnen dann, wie sie ein Rezept lesen und ein Essen kochen können. Ja, und wenn sie ihre zugeteilte Aufgabe nicht erledigen, dann rügt sie sie und erlegt ihnen Konsequenzen auf wie eine Mutter. Und wie eine liebende Mutter ermutigt sie die Kinder, wenn es ihnen nicht gut geht. Deborah Bayly, eine ledige Frau, hat nie selbst ein Kind geboren, aber ist für viele zur Mutter geworden.

Sharon Luthey liebte schon als Kind alle möglichen Tiere, aber am meisten liebt sie Pferde. Als sie am *Wheaton College* studierte, besuchte sie mich ziemlich häufig und erzählte mir, wie gern sie einmal Mutter werden wollte, aber sie fühlte außerdem eine Berufung Gottes, als Missionarin in die Mongolei zu gehen.

Sharon wusste genau, wenn sie in die Mongolei ginge, dann wären ihre Möglichkeiten zu heiraten und eine Familie zu gründen nur noch sehr gering. Dennoch gehorchte sie Gott und ging tatsächlich in die Mongolei. Heute setzt Sharon ihre einzigartige, sanfte fürsorgliche Persönlichkeit für den Dienst unter jungen Mongolen ein. Ihre Familie sieht ganz anders aus als meine, aber Gott hat ihr Kinder jeden Alters gegeben. Sie ist tatsächlich eine Mutter. (Übrigens: Gott kennt auch ihre Liebe zu Pferden. Sie reitet nun mit dem Wind über die mongolische Steppe.)

Mütter sind von Gott dazu bestimmt, ihren Mädchen den Wert und den Reichtum einer fürsorglichen Rolle vorzuleben. Eine meiner wertvollsten Erinnerungen bezieht sich auf einen Tag kurz nach der Geburt meines jüngsten Bruders. Ich war 14 Jahre alt. Meine Mutter hatte arbeiten gehen müssen – aus Notwendigkeit. Wenn ich von der Schule nach Hause kam, bedeutete das also normalerweise für mich, dass ich in ein leeres Haus kam. Das Geschirr vom Frühstück wartete noch darauf, abgewaschen zu werden – kein Essensduft empfing mich. Aber an diesem Tag hörte ich die Stimme meiner Mutter, als ich zur Haustür hereinkam. Sie sang ein Wiegenlied. Das Haus war hell und aufgeräumt, und es duftete wunderbar aus der Küche. Mutter wiegte meinen kleinen Bruder auf dem Arm. Sie sah glücklicher aus, als ich sie jemals gesehen hatte. In diesem Moment wusste ich, dass meine Mutter an keinem Ort der Welt lieber sein wollte als zu Hause, um für uns zu sorgen. Natürlich hatte sie keine Wahl; sie musste bis zum Alter von 65 Jahren arbeiten gehen. Aber der schreckliche Gedanke, dass meiner Mutter ihre Arbeit außerhalb wichtiger sein könnte als ich, kam mir nie in den Sinn. Ihre Auffassung zu diesem Thema war so ausgesprochen kraftvoll. Das hat mich für mein Leben geprägt.

Eine hübsche, frisch verheiratete Frau sagte mir einmal im Vertrauen, dass sie nicht wisse, ob sie Kinder haben wolle. Sie war als Missionarskind aufgewachsen. Jahrelang hatte ihre Mutter ihr und ihrer Schwester immer wieder erzählt, dass sie wünschte, sie hätte nie Kinder gehabt, weil sie ihr so viel Zeit von ihrem »Dienst« raubten. Diese Mutter bewirkte, dass die Töchter sich schuldig fühlten, ihr berufliches Leben behindert zu haben.

Ganz gleich, ob Sie innerhalb oder außerhalb Ihres Hauses arbeiten, Sie bemühen sich, die biblische Wahrheit über den Wert der Fürsorge für die Menschen um Sie herum weiterzugeben – selbst wenn Sie von Ihren Pflichten erschöpft sind. Zugegebenermaßen ist dies für ledige berufstätige Frauen schwieriger, aber es geht.

Sich um die vergessenen Kinder kümmern

Lassen Sie die Nöte der Kinder Ihr Herz berühren! Noch niemals zuvor in der Geschichte gab es ein größeres Bedürfnis nach der fürsorglichen Liebe einer Frau. Es gibt heutzutage mehr Waisen, Pflegekinder und alleinerziehende Eltern als jemals zuvor. In den Vororten sieht es im Hinblick auf vernachlässigte und ungewollte Kinder genauso trostlos aus wie in den Innenstädten. In den Abendnachrichten findet man immer wieder aufrüttelnde Reportagen über Kindesmissbrauch überall in der Welt. Das Bedürfnis nach Fürsorge ist verzweifelt groß.

Die Bibel fordert die Kinder Gottes wiederholt dazu auf, für die bedürftigen und leidenden Menschen zu sorgen, besonders für Witwen und Waisen. In Jakobus 1,27 heißt es: *»Ein reiner und unbefleckter Gottesdienst vor Gott und dem Vater ist dieser: Waisen und Witwen in ihrer Bedrängnis zu besuchen.«* Jesus selbst sagte: *»Wenn jemand ein solches Kind aufnehmen wird in meinem Namen, nimmt er mich auf«* (Mt 18,5).

Das Wort Gottes fordert uns klar dazu auf, uns um die »vaterlosen« Kinder in der Welt zu kümmern. Um uns herum werden viele Kinder von alleinerziehenden Müttern versorgt – Frauen, deren verzweifelte Lage nicht viel anders ist als diejenige der Witwen zu biblischen Zeiten. Wenn wir uns um sie kümmern möchten, dann müssen wir konkrete Ansätze haben, um Geschiedenen, Witwen und alleinerziehenden Müttern zu helfen und sie dabei zu unterstützen, ihre Kinder großzuziehen.

Als gläubige Frauen sollten wir auch den Wert der Adoption zu schätzen wissen, sind wir doch selbst ebenso in die Familie Gottes hinein »adoptiert« worden. Paulus stellt in Epheser 1,5-6 freudig fest: *»Aus Liebe hat er uns schon damals dazu bestimmt, durch Jesus Christus seine Kinder zu werden. Das war sein eigener gnädiger Wille, und es dient zum Lob seiner herrlichen Gnade, mit der er uns durch seinen geliebten Sohn beschenkt hat«* (NeÜ; vgl. Röm 8,23). Es ist eindeutig, dass Gott selbst die Adoption als einen göttlichen Weg sieht, eine Familie zu gründen.

Vor Kurzem fragte ein bekannter Hollywood-Komiker in einer abendlichen Talkshow: »Wenn all diese Abtreibungsgegner Kinder doch so gern haben, wie kommt es dann, dass die Waisenhäuser immer noch so voll sind?« Das hat gesessen! Natürlich gibt es bereits viele, die sich aus ihrer eigenen Bequemlichkeit herausgewagt und einem bedürftigen Kind ein Zuhause gegeben haben. Solche christusähnliche Liebe würde das Gesicht der Gemeinde – und nicht zuletzt auch der Welt – für immer verändern.

Es ist ein unhaltbarer Mythos, dass es nicht genug Kinder gibt für alle Familien, die gern ein Kind adoptieren möchten. In Wahrheit ist es so, dass die Zahl der Kinder weitaus größer ist als die Anzahl der Familien, die ein Kind adoptieren möchten. Es handelt sich allerdings dabei um ältere Kinder, die zur Adoption freigegeben sind, Kinder, die während der Schwangerschaft Alkohol oder Drogen ausgesetzt waren, Kinder von Minderheiten, Kinder mit besonderen medizinischen Bedürfnissen und Kinder mit körperlichen oder geistigen Behinderungen. Wenn wir daran festhalten, dass jedes menschliche Leben wertvoll ist, dann müssen wir an dieser Stelle mehr tun als nur zustimmend nicken.

Meine eigene Familie hat die besondere Freude erlebt, adoptierte Kinder aufzunehmen. Drei meiner sechzehn Enkelkinder kamen auf diese Art zu unserer Familie.

Ein befreundeter Pastor und seine Frau, Steve und Lois Krogh, geben ein bewegendes Zeugnis davon, wie Gott ihre Herzen darauf vorbereitet hat, ein siebzehnjähriges Waisenkind in ihre Familie aufzunehmen. Sie hatten über die Schwierigkeiten gelesen, mit denen Gläubige im Südsudan konfrontiert sind, und sie begannen, für die Christen zu beten, die zwischen die Fronten dieses Bürgerkriegs gerieten. Sie beschreiben selbst, wie Gott sie geführt hat:

> »Als wir in den Schlagzeilen unserer örtlichen Tageszeitung lasen, dass 80 ›verlorene Kinder‹ aus dem Sudan hier bei uns

unterkommen sollten, da fragten wir uns, ob das wohl die Hand Gottes sein könnte, die in unser Leben eingreift. Wir machten ein paar Telefonate, stellten eine Menge Fragen, sammelten seitenweise Information, beteten in unserer Familie und mit den Ältesten der Gemeinde, und damit begann die Entwicklung. Wir wollten Pflegeeltern für einen dieser Jungen werden.

Es gab keinen bestimmten Augenblick, in dem wir feststellten, dass dies Gottes Wille für uns war. Wir gingen nur einfach den Weg weiter, und es wurde für uns immer deutlicher, dass dies die ›guten Werke‹ waren, die Gott zuvor bereitet hatte, damit wir darin leben sollten.

Und so werden wir nun in weniger als einer Woche Emanuel in unsere Familie aufnehmen. Alles, was wir von ihm wissen, haben wir aus einem Fragebogen des Roten Kreuzes erfahren. Er ist 17 Jahre alt und lebt schon seit ungefähr acht Jahren als Waisenkind ohne Geschwister. Er hat die Grausamkeiten des Krieges hautnah erlebt. Er kennt bisher nichts als Armut. Er sagt, dass er in Amerika studieren möchte, um Pastor zu werden. Den Rest seiner Geschichte und die Abenteuer, die uns erwarten, wenn er zu unserer Familie gehört, werden wir erst hören und erleben, wenn wir den weiteren Weg mit ihm zusammen gehen. ...

Gott hat meine Furcht vor dem Unbekannten zur Ruhe gebracht; er erinnert mich unablässig daran, dass er alles in der Hand hält und für alles sorgt. Es entspricht meiner natürlichen Neigung, mich zu sorgen und zu versuchen, alle Lebensumstände unter Kontrolle zu haben, aber Gott hat mein Herz mit der Gewissheit erfüllt, dass er alles im Griff hat. Mit Freude und Frieden im Herzen erwarten wir das von ihm vorbereitete Geschenk, dass er uns in seiner Weisheit und Liebe überlässt.«[88]

Für alleinstehende Frauen, für solche, die unter Unfruchtbarkeit leiden, und auch für Frauen, die bereits Kinder haben, wiegt die Freude, sich um ein wertvolles Leben kümmern zu dürfen, alle

Schwierigkeiten auf. Obwohl viele abgeschreckt werden, sei es durch aufwendige Adoptionsverfahren, Platzmangel oder finanzielle Schwierigkeiten, so ist es doch die Erfahrung meiner Kinder (und die Erfahrung vieler anderer Adoptiveltern), dass Gott alles Nötige bereitstellt, wenn man den Willen hat, ein Kind aufzunehmen.

Es ist ein weitverbreitetes Vorurteil, dass die Verantwortung für elternlose Kinder am besten nur jemand mit besonderen erzieherischen Fähigkeiten übernehmen sollte, oder nur Eltern, die bereits Kinder haben. Aber ob verheiratet oder nicht, ob bereits Mutter oder nicht, wir müssen einfach Gott vertrauen, dass er uns befähigt, uns so um das anvertraute Geschenk zu kümmern, wie er es möchte. Gott der Vater wird uns die Stärke geben, die Weisheit und die Kraft und alle Unterstützung, die wir brauchen, um verlassene Kinder zur Ehre Gottes zu erziehen. Es ist in der Tat so, dass wir durch jedes Kind, das Gott uns anvertraut und das wir in der Liebe und Ermahnung des Herrn aufziehen, das Reich Gottes erheblich erweitern können. Stellen Sie sich nur vor: Jedes Kind, das in einer Familie aufwächst und dadurch die Liebe des Herrn Jesus Christus erfährt, hat die Möglichkeit, während seines späteren Lebens viele andere auf den Herrn aufmerksam zu machen, und dadurch werden viel mehr Menschen erreicht, als eine einzelne Person sonst jemals erreichen könnte.

Gehorsam ohne Scham

Man braucht Mut, um gegen den gesellschaftlichen Strom zu schwimmen. Wenn man Christ ist, dann ist man dazu berufen, ein Leben nach den Richtlinien des Evangeliums zu führen, und das steht der öffentlichen Meinung strikt entgegen. Als Christen schätzen wir Dinge, die kein Mensch verstehen kann, der sein Herz an irdische Angelegenheiten hängt. Wenn Paulus erklärt: *»Ich schäme mich des Evangeliums nicht«*, dann erinnert er uns daran, dass die Predigt des Evangeliums für die Welt eine Torheit ist.

Ungläubige mögen uns tatsächlich als Verrückte ansehen, und wenn es nichts weiter als diese Welt gäbe, dann wären wir in der Tat verrückt, wenn wir irgendetwas anderes täten, als nur an uns selbst zuerst zu denken und das bestmögliche Leben zu leben. Aber wir leben in Christus, und deshalb geht es nicht darum, was wir bekommen, sondern was wir geben. Unser Leben bedeutet, dass wir uns seinem Willen unterordnen, ganz gleich, was es uns kostet. Und Gottes Wille für die Frau ist von Anfang an, dass sie für andere sorgt.

Mutterschaft ist das Wesen der Weiblichkeit. Wenn Sie ein Leben der Fürsorge in unserer selbstsüchtigen, gottlosen Umgebung leben, dann wird es Sie etwas kosten. Aber der Lohn ist, wie Germaine Greer zu spät feststellte, wirklich groß.

Denkanstöße

- Warum beschränkt sich die Fürsorge nicht unbedingt auf Ihre eigenen Kinder? Gab es Zeiten, zu denen Sie sich um andere gekümmert haben (nicht nur um die eigenen Kinder)?
- Was meint der Apostel Paulus, wenn er feststellt, dass Frauen *»durch Kindergebären gerettet«* werden (1Tim 2,15)? In welcher Weise ermutigt diese Aussage Frauen zur Fürsorge?
- Für wen sollen Christen nach Jakobus 1,27 sorgen?
- Welche modernen Möglichkeiten sprechen Ihre von Gott gegebene Veranlagung an, die Jüngsten zu schützen und zu versorgen? In welcher Weise nehmen Sie die Möglichkeiten wahr?
- Wie können Sie andere junge Frauen beeinflussen, eine fürsorgliche Rolle in einer Gesellschaft einzunehmen, die gerade diese Fürsorge ständig abwertet? Auf welche Weise wird Fürsorglichkeit üblicherweise abgewertet?
- Durch welchen Gedanken hat Gott Sie in diesem Kapitel besonders stark angesprochen? Sprechen Sie jetzt mit ihm darüber!

Dienst

14

Gute Werke

*»Denn wir sind sein Gebilde,
in Christus Jesus geschaffen zu guten Werken, die Gott vorher bereitet hat, damit wir in ihnen wandeln sollen.«*
(Eph 2,10)

Gute Werke sind nicht mehr so beliebt, wie sie einstmals waren. Aber es gab eine Zeit, zu der unsere Gesellschaft gute Werke sehr hoch schätzte. Die Historikerin Joan Jacobs Brummberg dokumentiert in »Das Körperprojekt: eine intime Geschichte der Mädchenzeit« akribisch genau den Niedergang der Hoffnungen und Ziele eines Mädchens im Verlauf des vergangenen Jahrhunderts – von der Verbesserung des Charakters durch gute Werke bis hin zur Verbesserung des Körpers durch anstrengendes Training.[89] Die Entwicklung des Charakters durch selbstlose Werke der Barmherzigkeit wurde ersetzt durch das eitle Streben nach einem wohlgeformten Körper. Einst wurde geschätzt, was eine Frau tat; jetzt schätzt man nur noch, wie eine Frau aussieht. Unglücklicherweise ist das nicht nur ein Problem unserer weltlichen Umgebung. Oft genug gilt das Gleiche für die Gemeinde.

Heutzutage sind selbstlose Taten selten genug, sodass sie es sogar wert sind, in den Nachrichten zu erscheinen. In der bekannten Talkshow von Oprah Winfrey treten manchmal Frauen auf, die sehr selbstlos gehandelt haben. Unweigerlich werden dann im Publikum Taschentücher gezückt. Aber die Reaktion scheint einzig und allein gefühlsbetont zu sein – und sie geht schnell vorüber. Wenn die Talkshow vorbei ist, dann ist das aufopferungsvolle Handeln schnell vergessen; nur selten ruft es einen Wandel im Herzen derjenigen hervor, die sich die sentimentalen Tränen aus den Augen wischen.

Aber wir als gläubige Frauen haben ebenso ein aufopferungsvolles Handeln für uns vor Augen. Unser Leben wurde ganz neu durch das Opfer des Herrn Jesus Christus für uns. Unsere Reaktion darauf hat nichts zu tun mit sentimentalen Gefühlen; vielmehr ist ein ganz praktisch anpackendes Handeln die Haltung, auf die es ankommt. Lesen Sie dazu Epheser 2,10 im Zusammenhang: *»Denn aus Gnade seid ihr gerettet durch Glauben, und das nicht aus euch, Gottes Gabe ist es; nicht aus Werken, damit niemand sich rühmt. Denn wir sind sein Gebilde, in Christus Jesus geschaffen zu guten Werken, die Gott vorher bereitet hat, damit wir in ihnen wandeln sollen«* (Eph 2,8-10).

Wir sind also nicht durch Werke errettet, aber wir sind zu guten Werken geschaffen. So wie der Gott, zu dessen Ebenbild wir geschaffen sind, haben auch wir die Bestimmung zu arbeiten, etwas zu schaffen. Gute Werke sind die dankbare Antwort eines erlösten Herzens auf das Geschenk der Gnade Gottes. Gute Werke sind für einen Christen mehr als eine Möglichkeit. Wir können das Beispiel des Herrn Jesus Christus nicht einfach links liegen lassen. Gute Werke sind unser Lebensstil.

Die bemerkenswerte Abfolge von Gedanken im zweiten Kapitel des Epheserbriefs wendete sich von der erstaunlichen Gnade zu den erstaunlichen Werken. Zunächst einmal definiert uns die Gute Nachricht der Errettung als menschliche Wesen: Wir sind sein Gebilde. Die beste Übersetzung für das Wort »Gebilde« stammt von F. F. Bruce: »sein Kunstwerk, sein Meisterwerk«.[90] Wir sind Gottes Kunstwerk. Wir sind erschaffen in seinem Bild. Und, noch besser, wir sind eine neue Schöpfung in Christus Jesus. Paulus beschreibt es folgendermaßen: *»Daher, wenn jemand in Christus ist, so ist er eine neue Schöpfung; das Alte ist vergangen, siehe, Neues ist geworden«* (2Kor 5,17).

Vielleicht fühlen Sie sich nicht gerade wie ein Meisterwerk, weil Sie schwierige und schmerzliche Erfahrungen machen mussten, die Sie an Ihrem eigenen Wert zweifeln lassen. Übersehen Sie diese wunderbare Wahrheit der Bibel nicht! Sie sind sein Gebilde – sein Meisterwerk.

Epheser 2,10 stellt den Zweck unserer Schöpfung und Neuschöpfungen heraus: gute Werke. Das Evangelium bestimmt unser Leben, und es erklärt uns, was wir tun sollen. Paulus' großartige Feststellung verbindet an dieser Stelle Gottes Handeln zu unserer Errettung und unsere Verantwortung Gott gegenüber. Was wird also aufgrund unserer herausragenden Stellung als Meisterwerk von uns erwartet? Wenn wir erst einmal durch seine Gnade errettet sind, dann sollen wir ans Werk gehen. Werke sind Anzeichen dafür, dass wir sein Gebilde sind. »Keiner wies gute Werke als Grundlage der Errettung schärfer zurück als Paulus; aber keiner bestand auch so ernsthaft darauf, dass gute Werke eine Frucht der Errettung sind.«[91] Ernsthafte Gläubige reagieren auf die Gnade Gottes mit guten Werken.

Denken Sie einmal darüber nach! In Gottes großartigem Plan wurden gute Werke bereits vor Grundlegung der Welt vorbereitet; sie warten auf Sie und auf mich, dass wir sie tun. Sie wurden für uns maßgeschneidert. Und wir, jeder als einzigartiges Individuum, wurden geschaffen im Hinblick auf diese besonderen Aufgaben.

Entfaltungsmöglichkeiten für gute Werke

Gute Werke sind Gott wichtig, und die Bibel macht es ganz deutlich, dass gute Werke auch uns wichtig sein sollten. Das Wort Gottes stellt uns klar und deutlich den Wert von guten Werken in unserem Leben vor, und das zeigt uns, dass gute Werke etwas zu tun haben mit unserem Ruf, unserer Erscheinung und unseren Möglichkeiten.

Unser Ruf

Bei der Beschreibung der Eignung, die eine Witwe vorweisen musste, um auf die Versorgungsliste der Gemeinde gesetzt zu werden, gibt uns 1. Timotheus 5,9-10 einige Hinweise in Bezug auf gute Werke: *»Eine Witwe soll ins Verzeichnis eingetragen werden, wenn sie ...* ***ein Zeugnis in guten Werken hat,*** *wenn sie Kinder auferzogen, wenn sie Fremde beherbergt, wenn sie der Heiligen Füße gewaschen, wenn* *sie Bedrängten Hilfe geleistet hat, wenn sie jedem guten Werk nachgegangen ist«* (Hervorhebung durch die Autorin). Dieser Vers macht es unwiderlegbar deutlich, dass eine gläubige Frau in der Urgemeinde einen guten Ruf aufgrund ihrer guten Taten haben sollte.

Tabita hat diesen Anforderungen entsprochen: *»In Joppe aber war eine Jüngerin mit Namen Tabita, die übersetzt heißt: Dorkas. Diese war reich an guten Werken und Almosen, die sie übte«* (Apg 9,36). Wenn jemand Sie mit nur einem einzigen Satz beschreiben sollte, würden Sie sich dann nicht wünschen, dass es eine so herrliche Zeile wäre wie diese? Dieser Vers zeigt uns, was es bedeutet, einen Ruf aufgrund guter Werke zu haben. Sogar noch nach zwei Jahrtausenden ist Dorkas bekannt für ihre guten Werke.

In meiner eigenen Gemeinde ist Carol Carlburg eine solche Frau. Carol scheint in ihrer Arbeit für jeden in unserer Gemeinde, der Hilfe braucht, unermüdlich zu sein. Ihr selbst gekochtes und freigebig serviertes Essen hat schon Tausende erfreut. Ihre Arbeiten mit den Behinderten in unserer Gegend ist weitbekannt. Bevor Recycling allgemein üblich wurde, fuhr Carol jeden Dienstagmorgen durch die Stadt und sammelte alte Zeitungen ein, die zur Beseitigung am Straßenrand lagen. Die kleinen Geldbeträge, die sie bei den Recycling-Zentren für die Zeitungen bekam, spendete sie für die Mission. Im Laufe der Jahre addierten sich diese wenigen Dollar pro Woche zu einem erstaunlichen Betrag. Und es gibt kaum einen Zweijährigen in unserer Gemeinde, der nicht Frau Carlburg vom Kinderklub am Mittwochmorgen kennt, das ist die Kinderbetreuung parallel zum Bibelstudium für Mütter.

Auch der schon legendäre gute Ruf von Henrietta Mears beruht auf ihren guten Werken zur Verbreitung des Evangeliums. Der Einfluss einer einzelnen Frau, die ihr ganzes Leben lang unverheiratet blieb und durch eine ernsthafte Augenkrankheit behindert war, ist wirklich erstaunlich. In ihren eigenen Worten schildert Frau Mears ihr Anliegen folgendermaßen: »Das Erste, was ich in Hollywood tat, war aufschreiben, wie ich mir die Sonntagsschule vorstellte.[92]

Ich notierte mir die Ziele für die ersten fünf Jahre. Das beinhaltete Verbesserungen bei der Organisation, beim Aufbau des Mitarbeiter-Teams, des Lehrplans und der Erneuerung des Geistes. Ich wünschte mir ein nach Schwierigkeitsgraden abgestuftes Programm, Lehrmaterial, das Jesus Christus und seine Ansprüche in jeder einzelnen Stunde deutlich machen sollte, ein gut ausgebildetes Mitarbeiterteam, ein neues Sonntagsschulgebäude, Chöre, Vereine, Ferienlager, eine missionarische Sicht, eine Jugend, die für die Sache des Herrn geschult wird.«[93]

Und genau das hat Henrietta Mears auch erreicht. Der angesehene Autor und Theologe Dr. Wilbur Smith schreibt über sie: »Sie war die Vordenkerin der großartigen Sonntagsschule der *First Presbyterian Church* in Hollywood mit mehr als 6000 Mitgliedern! ... Sie war die Gründerin des Verlags *Gospel Light Publication*, dessen Bücher viel dazu beigetragen haben, etliche Sonntagsschulen von verwässerten oder zerstörerisch liberalen Sonntagsschulmaterialien zu befreien. Sie erlebte die Verwirklichung ihrer Vorstellung von einem Bibelkonferenzzentrum in Forest Home, wo, wie man wohl sagen kann, Jahr für Jahr bei der *College Briefing Conference* hervorragende Arbeit geleistet wurde, und zwar besser als in jeder ähnlichen Versammlung seit den Konferenzen in Northfield mit Dwight L. Moody.«[94]

Frau Mears verschwendete keine Zeit damit, herumzusitzen und in Selbstmitleid zu versinken, weil sie nicht verheiratet war oder weil sie sehbehindert war. Sie glaubte an das Evangelium. Sie wusste, dass sie nach den Worten der Bibel *»sein Gebilde«* war, *»in Christus Jesus geschaffen zu guten Werken, die Gott vorher bereitet hat, damit (sie) in ihnen wandeln (soll)«* (Eph 2,10). Noch lange nach ihrem Tod lebt ihr guter Ruf aufgrund ihrer guten Werke weiter.

Wofür sind Sie bekannt? Wenn jemand eine Liste Ihrer Freizeitbeschäftigungen schreiben sollte, wären dann irgendwelche Arbeiten für das Reich Gottes dabei? Als gläubige Frauen sollen wir entschlossen sein, gute Werke zu tun. Paulus schreibt in seinen Ratschlägen an Titus: *»Ich will, dass du auf diesen Dingen fest bestehst,* *damit die, die zum Glauben an Gott gekommen sind, darauf bedacht sind, sich um gute Werke zu bemühen. Dies ist gut und nützlich für die Menschen«* (Tit 3,8).

Unsere Erscheinung

Wir haben uns bereits im Kapitel über den christlichen Lebensstil ausgiebig damit beschäftigt, wie unsere äußere Erscheinung aussehen soll. Aber einen sehr wichtigen Satz in den Anweisungen für Timotheus haben wir noch nicht betrachtet. Wir sollen uns mit guten Werken schmücken. »*... ebenso, dass auch die Frauen sich in anständiger Haltung mit Schamhaftigkeit und Sittsamkeit schmücken, nicht mit Haarflechten und Gold oder Perlen oder kostbarer Kleidung, sondern mit dem, was Frauen entspricht, die sich zur Gottesfurcht bekennen, durch* ***gute Werke***« (1Tim 2,9-10; Hervorhebung durch die Autorin).

Wie können wir uns also in gute Werke kleiden? Zunächst einmal sollten wir überlegen, was wir nicht tun sollen. Nach Paulus' Beschreibung sollten wir nicht übermäßig viel Zeit oder Geld auf unsere äußere Erscheinung verwenden. Wir sollten in erster Linie nicht auf Äußerlichkeiten bedacht sein – also auf das, was wir anziehen –, sondern auf das, was wir tun. Unsere guten Werke bestimmen unsere Erscheinung.

Wie zieht sich also Carol Carlburg für ihre erfolgreichen guten Werke an? Zweifellos trägt sie Jeans und ein Sweatshirt, wenn sie Altpapier sammelt. Wenn sie das Essen bei einer Beerdigung oder für eine Hochzeit serviert, dann trägt sie wahrscheinlich ein Kleid, das man gut waschen kann. Es hängt also von der Gelegenheit ab, wie sie sich für ihre guten Werke kleidet. An einem beliebigen Mittwochabend findet man in unserer Gemeinde Frauen, die für alle möglichen guten Werke passend gekleidet sind. Lorraine ist Mitarbeiterin bei einer Mädchengruppe, und sie trägt dabei meist ein T-Shirt und einen Overall. Jane arbeitet mit bei der Bibelstudiengruppe für berufstätige Frauen; dazu zieht sie eine elegante Hose und einen Pullover an. Nancy ist Bankangestellte, und sie kleidet sich natürlich entsprechend; mit ihrem Fachwissen auf finanziellem Gebiet hilft sie Familien dabei, mit ihrem Geld klarzukommen. Die äußere Erscheinung ist so unterschiedlich wie die guten Werke, die getan werden. Unsere Kleidung sollte zu unseren jeweiligen guten Werken passen, sie sollte sie nicht übertönen. Und unsere äußere Erscheinung sollte unsere Arbeit für den Herrn widerspiegeln.

In Offenbarung 19,6-8 wird beschrieben, was wir an jenem wunderbaren und herrlichen Tag tragen werden: bei der Hochzeit des Lammes und seiner Braut, der Gemeinde. *»Halleluja! Denn der Herr, unser Gott, der Allmächtige, hat die Herrschaft angetreten. Lasst uns fröhlich sein und jubeln und ihm die Ehre geben; denn die Hochzeit des Lammes ist gekommen, und seine Frau hat sich bereitgemacht. Und ihr wurde gegeben, dass sie sich kleidete in feine Leinwand, glänzend, rein; denn die feine Leinwand sind die* ***gerechten Taten*** *der Heiligen«* (Hervorhebung durch die Autorin). Eines Tages wird mein Gewand aus den *»gerechten Taten gewoben«*, also aus meinen guten Werken, die ich für den Herrn als Kind Gottes auf dieser Erde getan habe. Wenn es je eine Gelegenheit gibt, zu der man passend gekleidet sein muss, dann ist sie das. Gute Werke sind Gott wichtig, und sie sollten uns mindestens ebenso wichtig sein wie das, was wir jeden Tag anziehen.

Unsere Möglichkeiten

Wir sollen unseren Besitz – unseren Reichtum – für gute Werke einsetzen. So schreibt es Paulus in 1. Timotheus 6,17-19: *»Den Reichen in dem gegenwärtigen Zeitlauf gebiete, nicht hochmütig zu sein, noch auf die Ungewissheit des Reichtums Hoffnung zu setzen – sondern auf Gott, der uns alles reichlich darreicht zum Genuss –, Gutes zu tun, reich zu sein in guten Werken, freigebig zu sein, mitteilsam, indem sie sich selbst eine gute Grundlage auf die Zukunft sammeln, um das wirkliche Leben zu ergreifen.«*

Selina Hastings war eine reiche Frau, die Gräfin von Huntington, geboren im Jahr 1717 in Leicestershire in England. Als sie sich bekehrte, »warf sie sich selbst für ihr Leben und für ihre Errettung völlig auf Christus. ... Erfüllt mit seiner Freude und seinem Frieden entschloss sie sich, von da an ihr Leben ganz Christus und seinem Dienst zu widmen.«[95] Der Rest ihres Lebens war die Erfüllung dieses Entschlusses.

Selina Hastings nutzte ihre Stellung und ihre Möglichkeiten, um gute Werke im Sinne des Evangeliums zu tun. Sie kaufte Grundstücke und ließ Kirchen in ganz England bauen, dann stattete sie diese mit gottesfürchtigen Pastoren aus, die das Evangelium predigten. Weil sie nicht genug Pastoren finden konnte, gründete sie ein theologisches Seminar zur Ausbildung von Predigern. Sie ging so weit, dass sie sogar für die Kleidung eines jeden Studenten an ihrem theologischen Seminar aufkam, und zwar für jedes der drei Studienjahre. Das ist praktische Starthilfe!

Lady Elisabeth Catherwood schreibt über Lady Huntington: »Es ist nicht so, dass sie alle diese Kirchen aus ihrem Überfluss heraus bauen konnte; das Geld floss ihr nicht einfach so zu. Sie konnte zum Beispiel die Kirche in Brighton nur bauen, weil sie dafür all ihren Schmuck verkaufte. ... Sie gab ihr Geld großzügig – 100.000 englische Pfund von damals müssen heute einige Millionen wert sein – und sie spendete alles aus ihren eigenen Mitteln.«[96] Die Einflussmöglichkeiten der Gräfin waren atemberaubend. George Whitefield und Charles und John Wesley gehörten auch zu den Männern, deren Dienst sie ermöglichte. Ihr Interesse an der Mission auf der anderen Seite des Atlantischen Ozeans unterstützte George Whitefield in seinem Dienst in Amerika. Außerdem setzte sie sich für Mission unter den Juden ein.

Lady Catherwood berichtet weiter: »Ihr ganzes Leben lang arbeitete sie überdies unermüdlich, um anderen zu helfen. Sie sagte einmal: ›Ich habe viele Verbindungen‹ – damit meinte sie ihre Stellung in der Gesellschaft – und sie setzte diese Verbindungen ein. Sie engagierte sich auch in der parlamentarischen Arbeit, und als sich einmal der Erzbischof von Canterbury im Lambeth Palace völlig ungehörig benahm, da benachrichtigte sie den König persönlich und bat ihn, den Erzbischof zur Ordnung zu rufen. Sie benutzte ihren Einfluss, denn alles, was sie hatte, hatte sie Gott überlassen; daher benutzte sie es, und Gott segnete es reichlich.«[97]

Wenn Sie eine Frau mit vielen finanziellen Möglichkeiten oder in einer einflussreichen Stellung sind, dann hat Gott Ihnen diese Segnungen zu einem bestimmten Zweck überlassen. Ich fordere Sie heraus, aus der Menge derer herauszutreten, die nur einen kleinen Teil ihres Reichtums für gute Werke einsetzen. Folgen Sie dem Beispiel von Selina Hastings, deren Hauptanliegen es war, das Evangelium zu verbreiten! Benutzen Sie das, was Sie haben, um gute Werke zu tun – und zwar so weit, bis es Sie wirklich etwas kostet!

Doch auch Frauen, die in finanzieller Hinsicht nur wenig besitzen, haben die gleichen Möglichkeiten, großzügig zu sein. Die meisten Frauen (in Amerika) kennen Christy, die Heldin eines Buches und eines darauf basierenden Fernsehfilms. Christy hat tatsächlich gelebt; sie war mit einem Prediger verheiratet, der 40 Jahre seines Lebens unter bescheidenen Lebensumständen im Dienst für eine kleine ländliche Gemeinde verbrachte. Ihre Geschichte wurde von ihrer Tochter, Catherine Marshall, erzählt, die die erstaunliche Fähigkeit ihrer Mutter beschreibt, ihre kärglichen finanziellen Möglichkeiten großzügig in gute Werke zu verwandeln.

»Auch wenn wir auf vieles verzichten mussten, versorgte uns Mutter doch stets mit dem Gefühl, dass es uns eigentlich gut ging. Das kam zum Beispiel durch ihre einzigartige Weise, wie sie sich etwas einfallen ließ, um anderen zu helfen. Zwar hatten wir selbst nicht viel, doch sie verstand sich darauf, einem kranken Nachbarn ein Tablett mit einigen Köstlichkeiten zu schicken, die sie selbst zubereitet hatte: einen samtweichen gekochten Pudding, ein paar federleichte selbst gebackene Brötchen – und das alles serviert auf unserem besten Porzellan und immer mit einem hübschen Blumenstrauß aus unserem Garten.«[98]

Einmal, als meine Kinder noch klein waren, ging ich zu den Nachbarn, um meine Kinder zum Essen zu holen. Als ich das Haus betrat, duftete es köstlich nach Essen. Ich ging in die Küche meiner Nachbarin und fragte: »Was gibt's zum Abendessen?« Zu meinem großen Erstaunen war es ein bloß ein Topf mit klein geschnittenen Möhren, gewürzt mit etwas Zwiebeln und Butter. Das war das ganze Abendessen für die Familie an diesem Tag – nur diese Möhren. Es war gegen Ende der Woche, und ein Beutel Möhren war alles, was im Kühlschrank noch übrig geblieben war. Ich war schockiert, dass Janes Familie nichts weiter als klein geschnittenen Möhren zu essen bekäme, aber ihre Haltung dazu war noch viel erstaunlicher – und lehrreich. Ich hatte Jane immer bewundert (sie war fünf Jahre älter als ich), und sie brachte mir an diesem Abend etwas Wichtiges bei. Jane hatte sich dazu entschlossen, dankbar zu sein; ohne jegliches Selbstmitleid und ohne auch nur in Erwägung zu ziehen, dass klein geschnittene Möhren zum Abendessen eigentlich keine volle Mahlzeit ergeben können.

Dieses Bild von Janes stiller Kraft, alles Selbstmitleid von sich zu weisen, hat mich beeindruckt! Ich habe erkannt, wie oft Selbstmitleid eine Frau lähmen und sie mit Scheuklappen versehen kann, sodass sie nicht mehr über ihren eigenen Tellerrand hinaus die Nöte ihrer Mitmenschen wahrnehmen kann.

Das Heilmittel gegen Selbstmitleid ist laut Catherine Marshalls Mutter die Freigebigkeit. »Wir haben es nur unbewusst wahrgenommen, aber Mutter hat uns ständig mit Gegenstandslektionen zum Thema Freigebigkeit versorgt. Die Botschaft lautete: Ganz gleich, wie wenig du hast, du kannst immer noch etwas davon verschenken. Und wenn du das tust, dann kannst du kein Selbstmitleid haben, und du kannst dich auch kaum für besonders arm halten.«[99]

Wir Frauen des 21. Jahrhunderts haben so viel. Und so leicht tappen wir in die Falle, die uns weismachen will: »Wenn ich erst etwas erreicht habe, dann werde ich auch davon abgeben.« Oder aber wir vergleichen ständig unsere eigenen finanziellen Möglichkeiten mit denen, die mehr haben als wir selbst. Wir sollten es lieber genau umgekehrt machen und uns immer mit denen vergleichen, die viel weniger haben als wir selbst. Die Wahrheit, die wir von Catherine Marshalls Mutter lernen können, lautet: Egal, wie bescheiden unsere Mittel sein mögen, man kann immer noch etwas davon jemandem abgeben, der in Not ist.

Schauen Sie doch einmal in Ihren Küchenschrank! Könnten Sie jemandem zum Segen sein, indem Sie ihm etwas aus Ihrem Überfluss zubereiten? Wie sieht es mit Ihrem Kleiderschrank aus? Gibt es da etwas, das jemand brauchen könnte, der bedürftiger ist als Ihre eigene Familie? Christen sind nie arm. Das Problem ist nur, wir verstehen nicht immer, dass das, was wir haben, uns von Gott für einen bestimmten Zweck gegeben wurde. Es kann sein, dass wir manchmal die Aufgabe bekommen, auch schwierige Zeiten durchzustehen, aber ganz gleich, wie lange solche Zeiten anhalten, wir sind Kinder eines Königs. Wir sind auf einer vergleichsweise kurzen Reise zum Haus unseres Vaters, wo wir mit allen Reichtümern begrüßt werden, die der Himmel bereithält.

Wenn wir uns nur gründlich umsehen, dann finden wir leicht Menschen in unserem Umfeld, die wirklich arm und bedürftig sind. Noch einmal Catherine Marshall: »Mutter bot ihre Dienste bei der örtlichen Wohlfahrtspflege an, und zu unserer Überraschung (allerdings überhaupt nicht zu ihrer eigenen!) bekam sie die Aufgabe, auf alle nur mögliche Art und Weise die Lebensbedingungen von Menschen zu verbessern. Tag für Tag schickte sie uns in unserer abgetragenen und kunstvoll ausgebesserten Kleidung zur Schule, und dann kümmerte sie sich um die – wie sie sagte – ›armen Leute‹.«[100]

Der Zweck der guten Werke

Gute Werke sind Gott wichtig im Hinblick auf Ihr Betätigungsfeld, aber sie sind ihm auch wichtig in Bezug auf ihren Zweck in der Gemeinde, in der Welt, zu unserer Heiligung und zur Ehre Gottes.

Für die Gemeinde

Im Galaterbrief gibt es eine erschreckende Stelle: »*Lasst uns aber im Gutestun nicht müde werden! Denn zur bestimmten Zeit werden wir ernten, wenn wir nicht ermatten. Lasst uns also nun, wie wir Gelegenheit haben, allen gegenüber das Gute wirken,* ***am meisten aber gegenüber den Hausgenossen des Glaubens!***« (Gal 6,10; Hervorhebung durch die Autorin).

Diese Bibelstelle hat mich umgehauen, denn sie streicht ganz deutlich heraus, dass wir gute Werke in erster Linie innerhalb der Gemeinde tun sollen. Jahrelang hielt ich die Verbreitung des Evangeliums für das wesentliche Bestreben eines Christen, und ich richtete meine ganze Aufmerksamkeit darauf. Natürlich dürfen wir unsere Sorge um die Nichtchristen nicht vernachlässigen, aber unsere Familie – das heißt, die Familie Gottes, die Gemeinde – kommt an erster Stelle.

In der Bibel finden wir eine große Anzahl von Versen über gute Werke eines Christen. Vielfach dienen die Werke, von denen die Rede ist, unserer geistlichen Familie. Gute Werke sind Gott wichtig, denn wer diese guten Werke tut, der kümmert sich und trägt Sorge für die Bedürfnisse der Familie Gottes hier auf Erden. Gottes Absicht im Hinblick auf gute Werke geht jedoch über die Gemeinde hinaus.

Für die Welt

Das Alte Testament betont immer wieder die Verantwortung des Volkes Gottes, den Armen zu helfen. So war es zum Beispiel bei den Israeliten üblich, dass die Armen das, was nach der Ernte auf dem Feld liegen blieb, aufsammeln durften: »*Und wenn ihr die Ernte eures Landes erntet, darfst du den Rand deines Feldes nicht vollständig abernten und darfst keine Nachlese deiner Ernte halten. Und in deinem Weinberg sollst du nicht nachlesen, und die abgefallenen Beeren deines Weinbergs sollst du nicht auflesen; für den Elenden und für den Fremden sollst du sie lassen*« (3Mo 19,9-10). Viele Male werden wir in der Bibel dazu aufgefordert, die Armen nicht zu vernachlässigen (siehe Hi 31,16-22; Jes 58,7; Mt 25,34-36; Jak 1,27; 2,1-7).

Aber vom ersten Buch Mose bis zur Offenbarung macht die Bibel deutlich, dass ein Mensch Gott selbst viel dringender braucht als die Erfüllung seiner körperlichen Bedürfnisse. Jesus hatte Mitleid mit den körperlichen Bedürfnissen der Menschen, aber er stellte immer klar heraus, dass die geistliche Not eines Menschen noch bedeutend größer ist. Er sagte: *»Es steht geschrieben: ›Nicht von Brot allein soll der Mensch leben, sondern von jedem Wort, das durch den Mund Gottes ausgeht‹«* (Mt 4,4). Und er sagte außerdem: *»Ich bin das Brot des Lebens: Wer zu mir kommt, wird nicht hungern«* (Joh 6,35). Unsere guten Werke haben den Zweck, diese Wahrheit zu verbreiten – das Evangelium zu verbreiten.

Meine Freundin Linda musste das auf schmerzliche Weise lernen. Sie war mit ihrer Familie von einem schwierigen Missionsdienst auf den Philippinen zurückgekehrt. Sie zogen in eine neue Wohnanlage mit Eigentumswohnungen, und sie war begeistert, zur Abwechslung mal ein Heim für sich allein zu haben. Ich schaute ihr zu, während sie die Räume mit ihren künstlerischen Fähigkeiten dekorierte. Ich hatte sie immer darum beneidet, dass sie mit wenig Aufwand etwas Schönes herstellen konnte. Und in der Tat, als sie fertig war, sah die Wohnung bezaubernd aus. Wenn man hereinkam, sah man als Erstes die große Glastür mit Ausblick auf die Terrasse – ein Gartenparadies.

Linda war begeistert von diesem ruhigen, abgeschiedenen Plätzchen. Es war ihr kleines Heiligtum – ein Ort zum Beten und zum Bibellesen. Ihre Begeisterung und Abgeschiedenheit waren allerdings nur von kurzer Dauer. Eine neue Familie zog nebenan ein. Die beiden Wohnungen waren durch eine einfache Wand getrennt, ebenso die Terrasse. Die Nachbarn waren keine ruhige Familie, und die gemeinsame Wand war dünn. Lindas entzückendes neues Heim hatte seinen Glanz quasi über Nacht verloren.

Die neuen Nachbarn waren rau – sie beleidigten ihre Mitmenschen mit Worten und Taten. Die Erwachsenen brüllten einander und ihre Kinder mit unflätigen Ausdrücken an. Die Kinder waren ungezogen und schmutzig. Das gesamte Grundstück verlotterte; der Rasen war von Unkraut überwuchert, die Fliegengitter an den Fenstern waren dreckig und kaputt. Das Schlimmste von allem war, dass die Kinder tatsächlich ab und zu aus dem Fenster pinkelten. Linda war mit ihrem Latein am Ende.

Regelmäßig berichtete sie mir von ihrem Frust angesichts dieser Situation. Sie wusste, dass sie diese bemitleidenswerten Leute eigentlich mit dem Evangelium erreichen sollte, aber sie hatte dabei ein kleines Problem: Sie konnte sie überhaupt nicht ausstehen. Sie hatten ihr Leben kaputtgemacht!

Als sie schon meinte, sie könne es nicht länger aushalten, da kam sie eines Tages nach Hause und erlebte eine böse Überraschung. Als sie die Wohnungstür öffnete, fiel ihr Blick auf die Glastür, die auf die Terrasse führte. Noch bevor sie die Tür schließen konnte, begann sie zu schreien, und als die Tür zu war, war sie in Tränen aufgelöst und kreischte laut vor Enttäuschung. Die Nachbarsjungen waren über den Terrassenzaun geklettert und hatten überall orange Farbe versprüht. Ihre ganze hübsche Terrasse – die Pflanzen, die Terrassenmöbel und der Zaun – war ruiniert.

Sie weinte und begann dabei zu beten: »*Herr, ich kann diese Nachbarn nicht ausstehen. Ich weiß, dass ich sie eigentlich lieben sollte, aber ich habe nicht ein winziges bisschen Liebe für sie übrig.*« Während sie noch betete, schlug sie ihre Bibel auf und begann in Kolosser 3,12-14 zu lesen: »*Zieht nun an als Auserwählte Gottes, als Heilige und Geliebte: herzliches Erbarmen, Güte, Demut, Milde, Langmut! Ertragt einander und vergebt euch gegenseitig, wenn einer Klage gegen den anderen hat; wie auch der Herr euch vergeben hat, so auch ihr! Zu diesem allen aber zieht die Liebe an ...*«

»Wie soll ich Liebe anziehen?«, schrie sie zum Herrn. »Mein Herz ist voller Hass.« Sanft machte der Herr ihr klar, was sie tun sollte. »Wie zieht man einen Mantel an?«, fragte sie sich. »Es ist ein bewusster Willensakt; ich hebe meinen Arm und stecke ihn in den Ärmel.« Liebe anziehen muss ein bisschen ähnlich sein, dachte sie.

Und dann fragte sie sich: »Was würde ich tun, wenn ich diese Nachbarn wirklich gern hätte?« Sie nahm sich einen Stift und Papier und machte eine Liste:

1. Ich würde ihnen Plätzchen backen.
2. Ich würde die Frau zum Kaffee einladen.
3. Ich würde anbieten, auf die Kinder aufzupassen. (Unmöglich!)

Während sie weiter an ihrer Liste schrieb, merkte Linda, dass sie die Taten der Liebe – die guten Werke – *»anziehen«* und einfach darauf vertrauen könnte, dass Gott ihr die entsprechenden Gefühle schon rechtzeitig geben würde. Und genau das ist tatsächlich passiert.

Mit viel Angst und einer Menge Gebet begann sie systematisch die Dinge auf ihrer Liste zu tun. Es war wirklich ein denkwürdiger Tag, an dem sie zum ersten Mal Plätzchen hinüberbrachte und die Nachbarin traf. Die Nachbarin war sehr bewegt von Lindas Freundlichkeit. Und Linda war ebenfalls berührt. Sie begann einiges in Bezug auf das Ehepaar zu verstehen.

In den folgenden Monaten trafen sie sich häufiger zu einer Tasse Kaffee, und die Frau schüttete Linda ihr Herz aus. Linda erfuhr, dass die Kinder nicht ihre leiblichen Kinder waren. Sie hatten sie aufgenommen, weil Verwandte sie schrecklich vernachlässigt hatten. Obwohl die Erwachsenen nicht besonders gebildet waren, versuchten sie doch, so gut sie konnten, diesen heimatlosen Kindern zu helfen. Linda konnte sie plötzlich in einem ganz anderen Licht betrachten. Das Leben mit diesen Nachbarn war keineswegs einfacher geworden, und wenn sie ab und zu auf die Kinder aufpasste, dann stieß sie schnell an ihre Grenzen. Doch während sie begann, ein Licht für das Evangelium zu sein, geschah etwas mit Linda selbst.

Ungefähr ein Jahr später rief Linda mich an. Sie weinte. Diesmal weinte sie allerdings nicht wegen irgendetwas, was die Nachbarn getan hatten; sie weinte vielmehr, weil diese Nachbarn ausziehen wollten, und Linda war wirklich traurig darüber. Sie stellte fest, dass Gott sie benutzt hatte, um dieser Familie zu helfen, aber sie wusste auch, dass Gott diese Leute benutzt hatte, um Linda in ihrer Heiligung zu fördern. Der Gehorsam gegenüber dem Wort Gottes hatte ihr Herz verändert. Es war nicht mehr voller Hass, sondern voller Liebe.

Überall um uns herum gibt es Menschen, die das Evangelium durch unsere guten Werke sehen müssen; gute Werke, die wir tun können, weil unser Herz durch genau dieses Evangelium verändert wurde. Es reicht nicht, Menschen in Not etwas zu schenken, wenn wir uns dabei nur um ein paar materielle Bedürfnisse kümmern, selbst wenn diese Nöte nicht unwichtig sind. Unsere Freunde, Arbeitskollegen und Nachbarn (auch die schwierigen) brauchen das Brot des Lebens, den Herrn Jesus Christus. Welche guten Werke hat er in dieser Hinsicht für Sie geplant?

Für mich selbst

Was meiner Freundin Linda passierte, illustriert sehr schön einen wichtigen Punkt. Wenn wir uns bezüglich der guten Werke dem Wort Gottes unterordnen, dann geschieht etwas Wesentliches auch mit uns selbst. Gott hat uns dazu berufen, ein Volk zu sein, das auch im Angesicht seiner Feinde Gutes tut. Die Heiligung in unserem Herzen ist einfach eine Nebenwirkung, wenn wir Gottes Plan gehorchen.

Petrus behandelte dieses Thema mehrfach: *»Wenn ihr aber ausharrt, indem ihr Gutes tut und leidet, das ist Gnade bei Gott«* (1Petr 2,20), und: *»Und wer wird euch Böses tun, wenn ihr Eiferer des Guten geworden seid? Aber wenn ihr auch leiden solltet um der Gerechtigkeit willen, glückselig seid ihr!«* (1Petr 3,13-14).

Achten Sie auf den besonders wichtigen kleinen Satz »er hat sich gesetzt« hier im Zusammenhang in Hebräer 10,11-12: *»Und jeder Priester steht täglich da, verrichtet den Dienst und bringt oft dieselben Schlachtopfer dar, die niemals Sünden hinwegnehmen können. Dieser aber hat ein Schlachtopfer für Sünden dargebracht und sich für immer gesetzt zur Rechten Gottes.«*

Jesus setzte sich erst, als sein Werk vollbracht war. Gott arbeitet in uns und durch uns – durch unsere guten Werke – manchmal im Angesicht unserer Feinde. Für uns ist jetzt noch nicht die Zeit gekommen, uns »niederzusetzen«. Es ist eine Zeit, um ans Werk zu gehen: *»Wir müssen die Werke dessen wirken, der mich gesandt hat, solange es Tag ist; es kommt die Nacht, da niemand wirken kann«* (Joh 9,4).

Für die Ehre Gottes

Petrus fordert uns schließlich auf: *»Führt euren Wandel unter den Nationen gut, damit sie, worin sie gegen euch als Übeltäter reden, aus den guten Werken, die sie anschauen, Gott verherrlichen am Tage der Heimsuchung«* (1Petr 2,12). Haben Sie schon einmal gehört, was Ungläubige als Gründe vorbrachten, warum sie sich nicht für den Glauben interessierten: »In der Kirche gibt es viel zu viele Heuchler!« Das kommt daher, dass wir nur allzu oft Gott nicht durch unsere guten Werke verherrlichen.

Wenn man zwar gute Werke tut, aber nicht aus der Motivation eines Herzens, das vom Evangelium verändert wurde, dann bringt das unweigerlich eher Schande als Ehre über den Namen Gottes. Linda hätte ihren Nachbarn auch jeden Tag ein Traktat in den Briefkasten werfen können, aber wenn die Gute Botschaft nicht durch Liebe und Dankbarkeit in gute Werke gekleidet wird, dann hätten ihre Taten vermutlich am Ende Gott keine Ehre gemacht.

Ausrüstung

Gott hat uns alles gegeben, was wir brauchen, um gut ausgerüstet zu sein für die guten Werke, die er für uns vorgesehen hat. Erstens hat er uns seinen Geist zur Stärkung gegeben: *»Dem aber, der über alles hinaus zu tun vermag, über die Maßen mehr, als wir erbitten oder erdenken, gemäß der Kraft, die in uns wirkt, ihm sei die Herrlichkeit in der Gemeinde und in Christus Jesus auf alle Geschlechter hin von Ewigkeit zu Ewigkeit! Amen«* (Eph 3,20-21).

Zweitens hat er uns seinen Leib gegeben, die Gemeinde: »*Und er hat die einen als Apostel gegeben und andere als Propheten, andere als Evangelisten, andere als Hirten und Lehrer, zur Ausrüstung der Heiligen für das Werk des Dienstes, für die Erbauung des Leibes Christi*« (Eph 4,11-12).

Drittens gab er uns sein Wort: »*Alle Schrift ist von Gott eingegeben und nützlich zur Lehre, zur Überführung, zur Zurechtweisung, zur Unterweisung in der Gerechtigkeit, damit der Mensch Gottes richtig ist, für jedes gute Werk ausgerüstet*« (2Tim 3,16-17).

Gute Werke sind Gott wichtig. Er hat uns erschaffen und wiedergeboren und ausgerüstet mit allem, was wir brauchen, um Werke zu seiner Ehre zu tun. Der Tag wird kommen, an dem auch wir uns »*niedersetzen können*« von unserer Arbeit hier auf der Erde. Doch bis dieser Tag kommt, müssen wir uns bemühen, seinen Plan für unsere Werke zu befolgen; wir wollen seinem Geist erlauben, uns mit seiner Kraft zu erfüllen. Seine Gemeinde soll uns leiten, und sein Wort uns lehren, sodass wir die Wahrheit sprechen und unsere guten Werke nicht vergebens sind. »*Daher, meine geliebten Brüder, seid fest, unerschütterlich, allezeit überreich in dem Werk des Herrn, da ihr wisst, dass eure Mühe im Herrn nicht vergeblich ist!*« (1Kor 15,58).

Ermutigung

Schließlich gibt es eine wunderbare Ermahnung in Hebräer 10,24-25, die den frühen Christen gegeben wurde, damit sie in ihrem Kampf durchhalten: »*Und lasst uns aufeinander achthaben, um uns zur Liebe und zu guten Werken anzureizen, indem wir unser Zusammenkommen nicht versäumen, wie es bei einigen Sitte ist, sondern einander ermuntern, und das umso mehr, je mehr ihr den Tag herannahen seht!*«

Mitten in ihren Schwierigkeiten warteten die Christen des 1. Jahrhunderts auf den Tag, an dem ihre Kämpfe und ihre Arbeit vorbei sein würden. Und der Autor des Hebräerbriefs ermutigt sie überraschenderweise, weiterzumachen mit »*Liebe und guten Werken*«.

Erstaunlich! Wir tendieren dazu, dass uns die Menschen leidtun, wenn sie in ihrer Arbeit entmutigt sind. Aber der Hebräerbrief bietet kein plattes Mitgefühl; stattdessen feuert er die Gläubigen an: »Macht weiter! Bleibt dran! Gebt nicht auf!« Und aus welchem Grund sollten sie weitermachen, dranbleiben, nicht aufgeben? Der Schreiber wusste, dass der Tag nicht mehr weit ist.

Der Tag kommt immer näher! Im Jahre 1810 schrieb die zukünftige Frau von Adoniram Judson folgende Worte nieder: »Wenn nichts Unvorhergesehenes geschieht und unsere Pläne durchkreuzt, werde ich mein Leben in einem heidnischen Land verbringen müssen. Ich bin ein Geschöpf Gottes, und er hat ein nicht anzuzweifelndes Recht, mit mir so zu verfahren, wie es in seinen Augen gut ist. ... Er hält mein Herz in seinen Händen. ... Es kümmert mich nicht, wo ich seine Arbeit tun soll oder wie schwer sie sein mag. Siehe, ich bin die Magd des Herrn; mir geschehe nach deinem Willen.«[101]

36 Jahre später, nachdem er seine Frau Ann in burmesischer Erde begraben musste, sprach Adoniram vor seiner Rückkehr nach Burma folgende Worte zu einer Versammlung amerikanischer Christen:

> »Wir haben ein großes Vorrecht und eine wertvolle Gelegenheit, mit unserem Erlöser in seinem heiligen Werk zusammenzuarbeiten, sein Reich in dieser Welt aufzurichten und zu vergrößern. ...
>
> Lasst uns nun nicht den Verlust derer betrauern, die vor uns gegangen sind und uns nun in der Heimat erwarten, um uns einst willkommen zu heißen. Lasst uns auch nicht zurückschrecken, wenn wir abberufen werden. Lasst uns vielmehr fest entschlossen sein, denen zu folgen, die durch Glauben und Geduld die Verheißungen erben. Lasst uns nun den Rest unseres Lebens darauf verwenden und auch so dahinscheiden, dass unsere Nachkommen von uns sagen werden, dass wir Ihnen vorausgegangen sind. ›*Glückselig die Toten, die von jetzt an im Herrn sterben! Ja, spricht der Geist, damit sie ruhen von ihren Mühen, denn ihre Werke folgen ihnen nach*‹ (Offb 14,13).«[102]

Der Tag rückt näher. Heute ist unsere Gelegenheit, ans Werk zu gehen. Ich flehe im Gebet, dass der Herr unsere Generation nicht unvorbereitet antrifft, wenn der Tag kommt. Ich bete, dass unsere Werke uns nachfolgen. Lasst uns unsere Tage mit guten Werken ausfüllen, denn dies ist Gottes Wille im Evangelium!

Denkanstöße

- Was war nach Epheser 2,10 der Zweck oder die Absicht unserer ursprünglichen Schöpfung und unserer Wiedergeburt als Gläubige in Jesus Christus?
- Wie war der Ruf von Tabita in Apostelgeschichte 9,36? Kennen Sie gläubige Frauen, die einen ähnlichen Ruf für gute Werke haben? In welcher Weise sprechen diese Beispiele Sie an?
- Im Timotheusbrief ist die Rede davon, dass wir gute Werke anziehen sollen (1Tim 2,9-10). Wie können Ihre guten Werke den Eindruck Ihrer äußeren Erscheinung in den Schatten stellen? Für welches Ihrer »Erscheinungsbilder« bringen Sie mehr Zeit und Aufmerksamkeit auf?
- Was auch immer Sie besitzen – finanziellen Reichtum, soziale Stellung, außergewöhnliche Begabungen – sollte nach 1. Timotheus 6,17-19 zu guten Werken benutzt werden. Was haben Sie in Ihrem Küchenschrank oder in Ihrem Kleiderschrank, was Sie mit anderen teilen könnten? Welche Zeiten sind in Ihrem Terminkalender noch frei, die Sie für Ihre Mitmenschen verwenden könnten? Machen Sie eine Bestandsaufnahme, und seien Sie erfinderisch darin, Ihre Möglichkeiten in gute Werke zu verwandeln!
- Wie können Sie Ihre Geschwister in der Gemeinde mit Freundlichkeit überschütten (siehe Gal 6,7-10)? Warum ist es Gott so wichtig, dass wir uns innerhalb der Gemeinde um gute Werke bemühen? Und was ist mit der Welt außerhalb der Gemeinde?

15

Zeugnis geben

»Denn es ist uns unmöglich, von dem,
was wir gesehen und gehört haben, nicht zu reden.«
(Apg 4,20)

Im September 1979 zogen wir aus Südkalifornien nach Wheaton. Die Pastorenstelle der *College Church* war zwei Jahre lang nicht besetzt gewesen. Jeden Tag bemerkten wir, wie Gemeindemitglieder an unserem Haus vorbeifuhren und durch die Fenster spähten. Sie waren eigentlich nicht übermäßig neugierig. Sie waren einfach glücklich – glücklich darüber, endlich wieder einen Pastor mit Familie zu haben. Aber das junge Paar, das auf der anderen Straßenseite ein riesiges altes viktorianisches Haus bewohnte, schien nicht so beglückt darüber zu sein. Sie waren hochmoderne erfolgsorientierte junge Großstadtmenschen, die erst kürzlich mit ihren beiden kleinen Kindern aus ihrem restaurierten Sandsteinhaus in einem gehobenen Wohnviertel von Chicago in diesen Vorort gezogen waren. Sie hatten ihr bisheriges Leben mit eleganten Restaurants, Museen, Theatern, Konzerten sowie gehaltvollen und anregenden Unterhaltungen eingetauscht gegen dieses langweilige Vorortleben, wo der neue Nachbar ausgerechnet der frisch angestellte Pastor der evangelikalen Gemeinde am Ende der Straße war: mit vier Kindern, Hund, Katze und Vogel!

Aus unserer Sicht hielten sich Deby und Jamie ganz für sich, zeigten nur wenig Interesse, uns kennenzulernen, und schienen nicht die geringsten Bedürfnisse irgendwelcher Art zu haben. Aber Deby kämpfte innerlich mit vielen Dingen, und als ich sie zu unserem Bibelstudium am Mittwochmorgen einlud, da sagte sie zu. (Das Zeugnis dieses Ehepaares finden Sie in diesem Buch im Anhang A).

Kent und ich beteten regelmäßig für Deby und Jamie. Ab und zu stellte Deby eine Frage nach dem Bibelstudium, aber äußerlich schien sie vom Christsein nicht besonders angesprochen zu sein. Später erzählte sie mir, dass sie und ihr Mann unsere Familie damals mit skeptischer Neugier beobachtet haben.

Eines Tages bekamen wir einen Anruf, der unsere Gebete noch dringender werden ließ. Einige unsere Gemeindeglieder hatten ein evangelistisches Abendessen in Chicago für Geschäftsleute und deren Ehefrauen organisiert. Unsere Nachbarn waren auch dazu eingeladen, und sie hatten ihre Teilnahme zugesagt. Am Morgen nach der Veranstaltung sah ich Deby mit ihrer zweijährigen Tochter draußen, als ich gerade in unsere Einfahrt einbog. Ich betete: »Herr, wenn du möchtest, dass ich mit ihr spreche, dann mach doch bitte, dass sie mich anspricht!« Ich konnte natürlich nicht wissen, dass Deby gebetet hatte, dass ich herüberkommen und mit ihr sprechen möge. Gott führte es, dass sie mich rief, und ich ging zu ihr in ihren Vorgarten.

Mit dem tiefgreifenden Bewusstsein ihrer Sünden und von Emotionen erfüllt, hatte Deby die ganze Nacht über die Dinge nachgedacht, die sie am vergangenen Abend gehört hatte. Nun hatte sie viele Fragen. Wir verabredeten, dass ich auf einen Kaffee zu ihr herüberkommen würde, wenn ihre kleine Elisabeth ihren Mittagsschlaf hielt. Als wir dann später in ihrer Küche saßen, bat Deby mich, ihr das Evangelium ganz genau zu erklären. Als sie 1. Petrus 2,24 las und dabei ihren eigenen Namen einsetzte, brach sie in Tränen aus: »... der Debys Sünden an seinem Leib selbst an das Holz hinaufgetragen hat, damit Deby, den Sünden abgestorben, der Gerechtigkeit lebe; durch dessen Striemen Deby geheilt worden ist.« Ihre Augen wurden geöffnet, und sie sah deutlich die Bedeutung des Todes von Jesus Christus für ihre Sünde. Sie war gläubig geworden!

Tägliche Freuden

Die bleibenden geistlichen Freuden unserer Familie kamen immer durch das alltägliche persönliche Zeugnis bei Leuten wie Deby oder Susi, der Erzieherin im Kindergarten unserer Tochter Holly. Susi versprach Holly jede Woche, dass sie einmal zur Gemeinde kommen würde; und schließlich kam sie – und sie kam immer wieder, wurde eine gute Freundin von uns und fand zu Jesus Christus. Zwanzig Jahre später sorgte sich Hollys kleiner Sohn um seinen Spielgefährten, und er schrie von der Spitze des Klettergerüsts herunter: »He, Mama, Joey kennt Jesus noch gar nicht.«

Da war auch noch unser Nachbar John, Ausbilder in einem Handwerksbetrieb, der netteste Mann in unserem Viertel, der nach mehreren Jahren der Freundschaft mit uns auch Christ wurde und später als Diakon in unserer Gemeinde mitarbeitete.

Besonders gern erinnern wir uns außerdem an unseren Briefträger Damon, einen ehemaligen Marinesoldaten, und seine junge Frau Bobbie. Das tägliche Grüßen entwickelte sich zu einer Freundschaft, die darin gipfelte, dass Bobbie im Rahmen eines Frauenbibelkreises zum Glauben kam und Damon sich bei einer Männerfreizeit ebenfalls bekehrte.

Mein Mann ist Pastor, aber wir haben im Laufe der Zeit festgestellt, dass wir die größten Freuden im Dienst für den Herrn nicht bei besonderen Gemeindeveranstaltungen erlebt haben, sondern in den ganz normalen alltäglichen persönlichen Beziehungen, bei denen wir Zeugnis gegeben haben – und das ist etwas, das jeder Christ tun kann, ganz unabhängig von seinen Gaben oder seiner Berufung.

Wenn man als Christ in der Bibel nach einem Beispiel für das Zeugnisgeben sucht, dann denkt man oft zuerst an Andreas – das war ein völlig durchschnittlicher Mann, der anderen offenbar ganz einfach von Jesus Christus erzählt hat. Aus der Bibel wissen wir, dass Andreas von Anfang an mit Jesus unterwegs war. Als er Jesus kennenlernte, war er bereits ein Jünger von Johannes dem Täufer (Joh 1,35ff.); das zeigt, dass er ein geistlich sensibler Mensch war. Ihm war bewusst, dass die Tage böse waren – er hatte die Bußtaufe für seine Sünden empfangen und wartete auf den Messias. Außerdem hatte er die Ehre, der Bruder von Simon Petrus zu sein, dem baldigen Anführer der Apostel (Joh 1,40).

Doch das, was Andreas besonders auszeichnet, ist die Tatsache, dass er mit Johannes zu den ersten der zwölf Jünger zählte, die Jesus nachfolgten. Die frühe Gemeinde gab ihm aufgrund dessen den Ehrentitel Protokletos, das bedeutet: der Erstberufene.[103]

Trotz dieses beneidenswerten Anfangs erreichte Andreas nie eine besondere Stellung innerhalb des Jüngerkreises. Bei den großen Glaubenserfahrungen im engsten Jüngerkreis von Petrus, Jakobus und Johannes war er nicht dabei. Er erlebte nicht hautnah die Verklärung, die Heilung der Tochter des Jairus, Jesu Gebetskampf im Garten Gethsemane. Er war keine besondere Führungspersönlichkeit. Er hielt keine Predigt, die es wert war, überliefert zu werden. Er schrieb kein Evangelium, und es wird von keinem Wunder von ihm berichtet. Er war stets im Hintergrund und schien nichts von der kühnen Verwegenheit seines Bruders Petrus zu haben. Was zeichnete ihn nun besonders aus? Er war ganz besonders eifrig dabei, andere zum Herrn zu führen.

Diese bescheidene Auszeichnung des Andreas hat ihn vielen Menschen lieb gemacht. Heutzutage ist er sogar der Schutzpatron drei verschiedener Länder.[104] Eine alte Tradition besagt, dass Andreas in seinem Dienst bis zum heutigen Russland vorstieß, dass er in Griechenland an einem X-förmigen Kreuz gekreuzigt wurde und dass ein Mönch aus dem 18. Jahrhundert einige von Andreas' Knochen nach Schottland brachte.

War Andreas tatsächlich in Griechenland oder Russland oder Schottland? Das weiß niemand. Diese drei Länder erheben einen Anspruch auf Andreas aufgrund seines gewinnenden Wesens, das im Wort Gottes beschrieben wird. Er war ein großherziger Mann mit durchschnittlichen Fähigkeiten, der liebend gern seine Mitmenschen mit Jesus Christus bekannt machte. Sein evangelistisch eingestelltes Herz ist ein wunderbares Beispiel für das, was ganz normale Durchschnittschristen wie Sie und ich üblicherweise erleben sollten.

Ein sachkundiges Herz

Andreas mag in seinen Fähigkeiten völlig durchschnittlich gewesen sein, er hatte jedoch ein außergewöhnliches Wissen über Jesus Christus. Andreas hatte Jesus persönlich kennengelernt. Das geschah, als Andreas und ein anderer Jünger neben Johannes dem Täufer standen, als Jesus vorbeiging. Der Täufer rief: *»Siehe, das Lamm Gottes!«* (Joh 1,35). Andreas und der anderer Jünger folgten Jesus und verbrachten den Rest dieses Tages im Gespräch mit ihm (Verse 39-40). Dieses Gespräch ist uns nicht überliefert, aber es war sicherlich ein geistlicher Wendepunkt für Andreas. Andreas hörte die Worte Jesu; es waren Worte der Wahrheit, wie er sie nie zuvor gehört hatte, und sein Herz brannte.

Andreas' außergewöhnliches Herz wurde von Jesus Christus angezogen. Er fühlte sich so zu seinem Erlöser, dem Messias, hingezogen, dass er ganz sicher war: Wenn andere Menschen nur einmal Jesus kennenlernen könnten, dann wäre dies genug. Die Bibel berichtet uns: *»Dieser* (Andreas) *findet zuerst seinen eigenen Bruder Simon und spricht zu ihm: Wir haben den Messias gefunden – was übersetzt ist: Christus«* (Joh 1,41).

Andreas hatte die richtige Einstellung. Der Christus der Bibel ist so gewinnend, so vollkommen anders, ganz und gar nicht so wie die gängigen religiösen Klischeevorstellungen – wenn man ihn in Wahrheit sieht, dann zieht er sogar die widerspenstigsten Menschen zu sich.

Die unmittelbare Reaktion von Andreas' Herz auf die Begegnung mit Jesus war: »Jeder muss diesen Christus kennenlernen!« Haben Sie jemals dieses Gefühl gehabt? Eine junge Frau aus unserer Gemeinde – sie heißt Susan – kennt diese Empfindung sehr gut. Schon bald nach ihrer Bekehrung ging sie zielstrebig und systematisch den Mitgliedern ihrer Familie nach. Ihr Vater, der aufgrund einer Krebserkrankung im Sterben lag, erkannte Jesus Christus als seinen Retter. Kurz danach bekehrte sich ihr Ehemann. Dann begann ihr Bruder, sich mit einem der Gemeindeleiter zu einem wöchentlichen Bibelstudium zu treffen, um die Ansprüche des Herrn Jesus an sein Leben zu erforschen. Sie selbst kann nicht anders, als immer wieder zu bekräftigen: »Jesus Christus ist der Herr!«, nach allem, was sie von ihm erfahren hat.

Ich habe mich als Kind durch den Dienst einer Kinderevangelisationsbewegung bekehrt. Jesus Christus war mein Ein und Alles. Als ich ins Jugendalter kam, drängte mich Gott durch eine Stelle aus dem Römerbrief, mein Leben ganz dem Evangelium zur Verfügung zu stellen: *»Ich ermahne euch nun, Brüder, durch die Erbarmungen Gottes, eure Leiber darzustellen als ein lebendiges, heiliges, Gott wohlgefälliges Opfer, was euer vernünftiger Gottesdienst ist«* (Röm 12,1). Ich erinnere mich an einen Arbeitsauftrag im Englischunterricht an der Highschool; jeder Schüler sollte einen Aufsatz über eine geschichtliche Person schreiben, die er gern einmal treffen würde. Viele meiner Mitschüler stöhnten, aber ich wusste sofort, ich wollte über den Apostel Paulus schreiben. Er drückte so gut mein Empfinden der Hingabe an Jesus Christus und das Evangelium aus. *»... nach meiner sehnlichen Erwartung und Hoffnung, dass ich in nichts werde zuschanden werden, sondern mit aller Freimütigkeit, wie allezeit, so auch jetzt, Christus an meinem Leib groß gemacht werden wird, sei es durch Leben oder durch Tod. Denn das Leben ist für mich Christus und das Sterben Gewinn«* (Phil 1,20-21). Ganz wie Andreas hatte auch ich die grundlegende Motivation und Qualifikation erfahren, um meinen Mitmenschen von Jesus zu erzählen: Ich kannte Jesus.

Dies ist eine tiefe Wahrheit: Je unmittelbarer und persönlicher Ihr Wissen über Jesus Christus ist, desto natürlicher ist es, anderen von ihm zu erzählen. Das ist der Grund, weshalb viele, die sich gerade erst bekehrt haben, oft so viel von ihm sprechen und andere Menschen erfolgreich zu Jesus Christus führen, obwohl sie noch nicht alle theologischen Argumente für den Glauben gelernt haben.

Möchten Sie ein Herz haben wie Andreas? Wenn Sie den Herrn Jesus Christus kennen, dann haben Sie die wesentliche Voraussetzung des Herzens, von ihm weiterzuerzählen – selbst wenn Sie nicht alle Fragen beantworten können. Der Schlüssel zu einer weitergehenden Wirksamkeit ist eine ständige Frische in Ihrem wachsenden Wissen von Jesus Christus durch das Wort Gottes.

Lernen Sie alles über Jesus Christus!

Ein selbstloses Herz

Andreas hatte ein bemerkenswert selbstloses Herz, wie das Evangelium des Johannes zeigt. *»Andreas, der Bruder des Simon Petrus, war einer von den zweien, die es von Johannes gehört hatten und ihm nachgefolgt waren. Dieser findet zuerst seinen eigenen Bruder Simon und spricht zu ihm: Wir haben den Messias gefunden – was übersetzt ist: Christus. Und er führte ihn zu Jesus. Jesus blickte ihn an und sprach: Du bist Simon, der Sohn des Johannes; du wirst Kephas heißen – was übersetzt wird: Stein«* (Joh 1,40-42).

Von diesem Punkt an wird Andreas sowohl im Johannesevangelium als auch in den anderen Evangelien gewöhnlich nur als »Simon Petrus' Bruder« bezeichnet – nicht etwa andersherum (siehe Mt 10,2-4; Lk 6,14-16; Joh 6,8). Jedermann kannte den großen geselligen Fischer Petrus. Er zog die Leute auf natürliche Weise an, wohingegen Andreas unauffällig in der zweiten Reihe stand – ganz besonders, wenn sein großer Bruder in der Nähe war. Meinen Sie nicht, dass Andreas gewusst hat, dass es so kommen würde? Schließlich hat er sein ganzes bisheriges Leben mit seinem Bruder verbracht. Er wusste, dass nur noch ein Platz für ihn übrig bleiben würde, wenn er erst einmal Petrus zu Jesus Christus geführt hatte, nämlich ein Platz am Rande des Geschehens. Aber Andreas stolperte nicht über diesen Gedanken. Sein Selbstwertgefühl war unbelastet, er konnte Petrus zu Jesus führen – und Petrus wurde zu einer der Hauptpersonen.

Ein wirklich evangelistisches Herz ist ein selbstloses Herz. Es ist unwichtig, wer ein besonderes Ansehen erlangt. Andreas' Herz war vielleicht sonst ganz gewöhnlich, aber es war außergewöhnlich in seiner Selbstlosigkeit.

Ein optimistisches Herz

Andreas hatte eine sehr optimistische Einstellung zu dem, was geschehen würde, wenn der Herr Jesus mit Problemen konfrontiert würde. Während Philippus ganz betroffen war, als es darum ging, fünftausend Menschen mit Nahrung zu versorgen, war es Andreas, der Jesus den Vorschlag machte, die fünf Brote und zwei Fische des Jungen zu nehmen (Joh 6,5-9). Andreas mag manch einem verrückt vorgekommen sein, aber er wusste, dass der Herrn Jesus alles machtvoll gebrauchen kann, was man ihm gibt. Das Ergebnis war atemberaubend – das größte Massenpicknick aller Zeiten! Nach diesem Erlebnis kannte Andreas' Optimismus keine Grenzen.

Unsere Einstellung ist das Entscheidende, wenn wir Menschen zum Herrn Jesus führen möchten. Sehr häufig sehen Frauen nicht, wie Gott sie gebrauchen möchte. Wenn Sie keine offensichtlichen Gelegenheiten zu evangelistischen Gesprächen haben wie zum Beispiel Kinder, durch die Sie mit den Nachbarn und anderen Eltern in der Schule bekannt werden, oder Beziehungen aus Ihrem beruflichen Umfeld, dann erwägen Sie doch einfach Gastfreundschaft!

Meine Freundin JoAnne Cairns schreibt in ihrem Buch *Welcome Stranger, Welcome Friend* (»Herzlich willkommen – ob Fremder oder Freund«): »Kultur und Sprache des 20. Jahrhunderts haben die ursprüngliche Bedeutung des griechischen Wortes aus dem Neuen Testament verdreht, das üblicherweise mit ›Gastfreundschaft‹ übersetzt wird. *Philoxenos* bedeutet wörtlich: Liebe zu Fremden. In der heutigen Gesellschaft ist Gastfreundschaft häufig gleichbedeutend mit Unterhaltung oder Gemeinschaft. Die biblische Bedeutung jedoch hat den Fremden und seine Bedürfnisse im Blick – einen Menschen, der dem Gastgeber unbekannt ist.«[105] Ein Grund, warum viele Frauen ihre Wohnung nicht in christlicher Gastfreundschaft öffnen, ist ihre Unsicherheit in der einen oder anderen Weise.

Andreas sah den Wert der mitgebrachten Verpflegung. Haben Sie schon einmal darüber nachgedacht, welchen Wert die Zubereitung und das Teilen einer einfachen Mahlzeit für das Evangelium haben könnte?

Ein großes Herz

In Johannes 12,20-22 wird uns wie eine Randnotiz eine Begebenheit überliefert, die deutlich macht, wie groß das Herz des Andreas war: *»Es waren aber einige Griechen unter denen, die hinaufkamen, um auf dem Fest anzubeten. Diese nun kamen zu Philippus von Betsaida in Galiläa und baten ihn und sagten: Herr, wir möchten Jesus sehen. Philippus kommt und sagt es Andreas, es kommt Andreas und Philippus, und sie sagen es Jesus.«*

Diese Griechen waren natürlich Heiden und damit nach traditioneller jüdischer Auffassung verflucht. Philippus war unsicher, wie er auf ihre Bitte reagieren sollte, daher kam er zu Andreas. Andreas ging ohne zu zögern sofort zu Jesus. Andreas hatte den großen Verdienst, dass er als Erster der Jünger verstanden hat: Jesus ist die Antwort für jeden Menschen. Andreas war auch der Erste, der den Dienst Jesu allumfassend angewendet hat. Es ist wirklich kein Wunder, dass er der Schutzpatron der Griechen, Russen und Schotten geworden ist.

Glauben Sie, dass es irgendjemanden gibt, den die Macht des Evangeliums nicht erretten kann? Vielleicht ist der kulturelle Unterschied so groß, die Auflehnung so mächtig, dass Sie ganz sicher sind; der Betreffende ist wirklich ein hoffnungsloser Fall. Glauben Sie es nicht! In unserer Gemeinde gibt es eine internationale Studentengruppe für junge Leute, die in Amerika studieren, weit weg von ihrem Heimatland. Familien aus unserer Gemeinde sind bereit, vollkommen fremde Menschen für einen Abend oder ein Mittagessen am Sonntag in ihr Haus einzuladen. Die Gelegenheiten, Ausländern das Evangelium weiterzusagen, sind enorm zahlreich. Menschen kommen zu einer Mahlzeit zu Ihnen nach Hause, die auf andere Weise wahrscheinlich nie Ihren Weg gekreuzt hätten – Muslime, Buddhisten, Agnostiker, Atheisten ... alle möglichen Schattierungen. Jesus Christus, König, Priester und Prophet, ist die Antwort auf die Bedürfnisse ihres Herzens. Man braucht nur ein großes optimistisches Herz, um diese Menschen zu erreichen. Man muss nur die Bereitschaft haben zu sagen: »Ich kann vielleicht nicht alle

Ihre Fragen beantworten, aber ich kann Sie zum Essen einladen.« Gastfreundschaft im Dienst des Evangeliums!

Andreas hatte recht: Das Evangelium ist wirklich für jeden Menschen, und jeder Christ kann es weitergeben.

Außergewöhnliche Ermutigung

Andreas war ein Durchschnittsmensch. Er war nicht besonders gebildet wie Lukas, der Arzt. Er hatte nicht die geistigen Fähigkeiten des Apostels Paulus. Er hatte nicht die starke Persönlichkeit und die Redebegabung seines berühmten Bruders. Doch in seiner eigenen Art gestaltete er die christliche Welt mit – zweifellos zu seiner eigenen Überraschung in der Ewigkeit.

Ist das nicht ermutigend? Das außergewöhnliche Herz des durchschnittlichen Andreas ist ein Vorbild, das wir als gläubige Frauen alle nachahmen können; ein sachkundiges Herz, ein selbstloses Herz, ein optimistisches Herz, und ein besonders GROSSES Herz. Ein solches Herz kann jede normale Christin haben, wenn sie nur möchte, wenn sie sich dem Wirken des Heiligen Geistes überlässt. Das Herz des Durchschnittsmenschen Andreas fordert nicht nur heraus, sondern es heiligt auch das durchschnittliche gewöhnliche Alltagsleben. Die größten Freuden sind nicht die außergewöhnlichen Ereignisse im Dienst für den Herrn, sondern man findet sie in den ganz normalen alltäglichen Möglichkeiten zum Zeugnisgeben – wenn man einen Menschen zu Jesus führt.

»Evangelisieren«

Wenn man das Wort »Evangelium« zu einem Tätigkeitswort macht, dann beschreibt man ganz genau, worum es eigentlich geht. Evangelisieren bedeutet: Menschen das Evangelium weitersagen. Menschen, die sich mit den verschiedenen Formen der Evangelisation befasst haben, fanden heraus, dass die evangelistische Methode des Andreas, nämlich die Freundschaftsevangelisation, statistisch gesehen der wirkungsvollste Weg ist. Wenn man Gemeindewachstum untersucht, so stellen Meinungsforscher fest, dass einige Leute zur Gemeinde stoßen, weil sie ein besonderes Bedürfnis haben oder einen bestimmten Prediger hören möchten; andere werden durch gewisse Veranstaltungen auf die Gemeinde aufmerksam, oder sie kommen, weil sie bei einem offiziellen Besuch von jemandem aus der Gemeinde eingeladen wurden. Manche werden durch den Biblischen Unterricht der Sonntagsschule erreicht, und einige andere kommen zum Glauben durch evangelistische Veranstaltungen oder Fernsehpredigten. Doch 75 bis 90 % – das ist wirklich ein riesiger Anteil – kommen aufgrund von Gesprächen mit Freunden oder Verwandten![106] Hier wird ganz deutlich, dass der persönliche Ansatz eines durchschnittlichen »Andreas« der wichtigste Gesichtspunkt der Evangelisation ist, der in seiner Wirksamkeit bei Weitem alle organisierten Missionseinsätze übertrifft.

Die biblischen Listen der geistlichen Gaben zeigen, dass ein geringer Prozentsatz von Gläubigen eine besondere Gabe für Evangelisation hat, die sich zum Beispiel durch Predigen oder aktive Straßenevangelisation oder Haus-zu-Haus-Aktionen zeigt. Aber die zahlreichen Aufforderungen in der Bibel machen ebenso deutlich, dass 100 % der Gläubigen durch Beziehungen Menschen zum Herrn führen können![107] Alle Formen der Evangelisation sind wichtig für die Gemeinde, aber der weitaus wichtigste Ansatz ist der des Andreas. Jeder Gläubige kann einen Menschen zum Herrn führen. Das ist »evangelisieren«: wenn ein Mensch einem anderen Menschen von Jesus Christus erzählt.

Zeugnis geben

Eine ganz einfache Methode, das Evangelium weiterzugeben, »Zwei Arten zu leben« in Kapitel 2 (S. 28ff.), ist als Hilfe für Männer und Frauen gedacht, die ihr Leben noch mehr unter die Herrschaft des Christus bringen möchten, indem sie sich unter Gebet bemühen, wie Andreas zu werden und das Zeugnisgeben einüben.

Der Wert von Beziehungen[108]

Frauen sind für Beziehungen geschaffen. Aber es ist für uns wichtig zu sehen, dass unser souveräner Gott unser gesamtes Leben in seiner Hand hält – mitsamt unseren vielen Beziehungen. Unsere Freundschaften und sogar unsere »zufälligen« Begegnungen sind nicht nur zufällig. Gott hat uns in eine bestimmte Familie gestellt, wir haben eine bestimmte Nachbarschaft und einen bestimmten Arbeitsplatz, und das hat einen Grund. Er hat uns Leute in unserem Umfeld gegeben, die wir für Jesus Christus gewinnen können.

Susi, die Erzieherin im Kindergarten unserer Tochter, war keine zufällige Beziehung. Ebenso wenig wie Damon, unser Briefträger, oder Jamie und Deby, unsere Nachbarn und lieben Freunde. Jeder Mensch, den wir treffen, ist eine ewige Seele von größtem Wert – eine Person, die wir in gleicher Weise sehen sollten, wie Gott sie sieht. C. S. Lewis, der großartige *Oxford*-Professor, schrieb so einprägsam:

> »Denken Sie daran, dass die langweiligste und uninteressanteste Person, mit der Sie sprechen, eines Tages ein Geschöpf sein könnte, das, wenn Sie es jetzt sähen, Ihnen fast anbetungswürdig erschiene – oder aber ein Schrecken und eine Verderbtheit, wie man sie nur, wenn überhaupt, in einem Albtraum trifft. Den ganzen Tag lang helfen wir einander gewissermaßen, zu dem einen oder dem anderen Ziel zu gelangen. Im Licht dieser überwältigenden Möglichkeiten, mit der entsprechenden Ehrfurcht und der gebotenen Umsicht, sollten wir unseren täglichen Beschäftigungen miteinander nachgehen: in allen Freundschaften, allen Liebesbeziehungen, allem Spiel und aller Politik. Es gibt keine gewöhnlichen Menschen. Sie haben noch nie mit einem einfachen Sterblichen gesprochen. Nationen, Kulturen, Künste, Zivilisationen – diese Dinge sind alle sterblich, und ihre Existenz erscheint uns wie das Leben einer Mücke. Doch diejenigen, mit denen wir scherzen, arbeiten, die wir heiraten, die wir verächtlich

behandeln oder ausnutzen – es sind unsterbliche Seelen, und es erwarten sie unsterbliche Schrecken oder ewige Freuden.«[109]

Beziehungen sichtbar machen

Wir alle haben ein vielschichtiges Netzwerk von Beziehungen. Wir haben unsere Familie und die Gemeinde. Wir haben Kontakte in unserer Umgebung, je nachdem, wo wir leben. Wir haben berufliche Kontakte, Leute, mit denen wir zusammenarbeiten. Und wir haben Kontakte in unserer Freizeit, abhängig von unseren Freizeitbeschäftigungen. Diese ganz natürlichen Kontakte können wir zum Zeugnisgeben nutzen. Wir können sie benutzen, um uns zunächst zu überlegen, wer am Evangelium interessiert ist, und dann gezielt für diese Menschen beten.

In Beziehungen investieren

Wenn wir speziell für diese Menschen beten, dann können wir auch unsere Zeit, unsere Fähigkeiten und unsere Schätze in Beziehungen anlegen.

Lassen Sie sich persönlich auf das Leben Ihrer Mitmenschen ein. Planen Sie eine nennenswerte Zeit ein, die Sie mit den Menschen verbringen, die Sie erreichen möchten, und dann stellen Sie sicher, dass Ihr Vorhaben auch in Ihrem Kalender eingetragen ist!

Laden Sie Ihre Freunde zum Essen ein oder auf eine Tasse Kaffee zu Ihnen nach Hause!

Unternehmen Sie etwas zusammen. Gehen Sie zu einem Spiel oder einer Sportveranstaltung oder zu einer Kunstausstellung! Oder machen Sie zusammen einen Einkaufsbummel!

Denken Sie an »besondere Tage«: Geburtstag, Examen, Feiertage, Hochzeit, Geburt eines Kindes! Machen Sie einen Besuch oder einen Anruf oder schreiben Sie eine Karte!

Werden Sie Mitglied in einem gemeinnützigen Verein, zum Beispiel beim Roten Kreuz, in einem Hospiz-Verein oder in ähnlichen Organisationen! Engagieren Sie sich ehrenamtlich, zum Beispiel bei einem Krankenhausbesuchsdienst, oder belegen Sie einen Volkshochschulkurs!

Haben Sie ein offenes Haus für Ihre Nachbarn – das gastfreundlichste Haus der ganzen Umgebung für Kinder und Erwachsene!

Ich weiß aus eigener Erfahrung, dass es verschiedene Zeiten in unserem Leben gibt; manche Zeiten sind mehr auf Evangelisation ausgerichtet als andere. Als wir noch Kinder im Haus hatten, öffneten sie manche Türen für uns, die wir allein nie hätten öffnen können. Wenn Sie eine junge Familie haben, dann halten Sie es nicht für selbstverständlich, dass die gleichen Gelegenheiten wie im Moment immer gegeben sein werden! Versuchen Sie jetzt, die Lehrer Ihrer Kinder oder den Fußballtrainer mit dem Evangelium zu erreichen! Und was ist mit dem muslimischen Freund ihres Sohnes? Laden Sie ihn doch einfach mit seiner Familie zum Abendessen ein – heute!

Ältere Frauen, deren Gelegenheiten und Kontakte in der Umgebung geschrumpft sind, können dennoch einfallsreich sein. Was ist zum Beispiel mit der Frau, die Ihnen die Haare schneidet, oder mit der Kassiererin im Supermarkt oder mit der Angestellten in der Reinigung? Wie sieht es aus mit dem Nachbarsjungen, der bei Ihnen den Rasen mäht oder das Auto wäscht? Oder mit dem Personal in Ihrer Leihbücherei? Leute, die Dienstleistungen erbringen, werden oft übersehen – es sei denn, wir geben uns die Mühe, sie wirklich zu beachten. Alle diese Menschen brauchen Jesus Christus – achten Sie auf sie!

Vor einem Monat war ich zu Besuch in Philadelphia. Dort traf ich Sinclair Ferguson; er ist Pastor der *St. George's Tron Church* in Glasgow in Schottland. Er erzählte mir seine Bekehrungsgeschichte. Er wurde von einem Mann zum Herrn geführt, der Jahre zuvor in einer großen Firma gearbeitet hatte. Während er dort arbeitete, kam er jeden Tag an einem Büro vorbei, in dem die Stenotypistinnen fleißig bei der Arbeit waren. Eine bestimmte Stenotypistin erweckte besonders seine Aufmerksamkeit. Sie schien sich immer viel gründlicher mit ihrer Arbeit zu befassen als die anderen Angestellten, und ihre Geschwindigkeit beim Tippen war aufsehenerregend. Neugierig fragte er einen Kollegen, ob auch er diese Frau bemerkt habe. Der Kollege antwortete: »Ach, die! Na klar, die ist Christin.« Diese Antwort verwirrte ihn, und er fragte schließlich die Frau selbst. »Ja, ich bin Christin, und alles, was ich tue, das tue ich für den Herrn und zu seiner Ehre.« Dies war der Beginn einer Freundschaft, die darin gipfelte, dass der junge Mann sich bekehrte. Jahre später war es dieser junge Gläubige, der Sinclair Ferguson zum Herrn führte.

Unterschätzen Sie nie die Ergebnisse, die Ihr Zeugnis für den Herrn für die Zukunft eines anderen Menschen haben kann! Gott ist immer gern bereit, aus dem wenigen, was wir ihm geben können, so erstaunlich viel zu machen. Und es ist nie zu spät, das Zeugnisgeben zu erlernen – denn dies ist der Wille Gottes für uns im Evangelium.

Denkanstöße

- Untersuchen Sie das Beispiel des Andreas und seines Zeugnisses für Jesus Christus in Matthäus 10, Lukas 6, Johannes 1,6.12. Was machte sein Zeugnis so wirksam? Warum gab er Zeugnis? Welche Botschaft hat er weitergegeben? Vergleichen Sie nun Andreas' Erfahrungen auf diesem Gebiet mit Ihren eigenen! Seien Sie ehrlich!
- Warum müssen die Menschen, die Sie kennen, die Botschaft von Johannes dem Täufer hören: *»Siehe, das Lamm Gottes!«* (Joh 1,36)?
- »Wenn Sie den Herrn Jesus Christus kennen, dann haben Sie ... die wesentliche Eignung des Herzens, von ihm weiterzusagen – selbst wenn Sie nicht alle Fragen beantworten können.« Stimmen Sie mit dieser Aussage überein? Zögern Sie oft, für Jesus einzutreten, weil Sie nicht alle Fragen beantworten können? Wie können Sie diese Hemmschwelle überwinden?
- Zu welchen Personen hat Gott Ihnen eine Beziehung gegeben, sodass Sie durch Ihr Leben oder durch Ihre Worte ein Zeugnis sein können? Listen Sie diese Personen auf und beten Sie im nächsten

Monat täglich für sie! Achten Sie auf Gelegenheiten, Ihnen von Jesus zu erzählen!

- Was bedeutet »Evangelisation als Lebensstil«? Nehmen Sie diese Möglichkeit wahr, Menschen auf einer persönlichen Ebene mit dem Evangelium zu erreichen? Warum bzw. warum nicht?
- Wenn es Ihnen so geht wie vielen anderen Christen auch, dann finden Sie es vielleicht am schwierigsten, innerhalb der Familie oder Verwandtschaft Zeugnis zu geben. Wie kommt das? Wie können Sie Brücken der Verständigung zu Ihren Angehörigen bauen?
- »Wir müssen unsere Zeit, unsere Gaben und unsere Schätze in Beziehungen investieren.« Sollten wir das nur tun, um andere zum Herrn zu führen? Welche anderen Gründe sollten wir haben? Wie kann man ganz praktisch in Beziehungen investieren?

16

Freigebigkeit

»Geben ist seliger als Nehmen!«
(Apg 20,35)

Haben Sie schon einmal von den *Beardstown Ladies* gehört? Das war eine Gruppe von älteren Frauen, die sich einen Plan ausgedacht hatten, wie man schnell das große Geld an der Börse machen kann – und Tausende von gierigen Leuten rissen sich um ihren Bestseller! Heutzutage sind selbst kleine alte grauhaarige Damen geldgierig.

Die Liebe von Imelda Marcos' – der ehemaligen philippinischen First Lady – zu Besitztümern kam ans Licht, als jemand einmal einen Blick in ihren Kleiderschrank warf und ihre Sammlung von Tausenden von Schuhen entdeckte. Geldverschwendung auf Kosten der Armen war ihre Spezialität.

Es gibt viele Frauen, die in der Öffentlichkeit stehen und von den Leuten teilweise wegen ihres Reichtums und ihrer finanziellen Erfolge bewundert werden. Wer war vergleichbar mit der modischen Prinzessin Diana? Martha Stewart wurde Milliardärin mit ihren »guten Tipps« für Haus und Garten. Und was ist mit Mary Kay, Königin der Kosmetikindustrie, mit einem pinkfarbenen Cadillac und allem Drum und Dran? Oder die unvergleichliche Ikone der Talkshow, Oprah Winfrey. Wir sind ein Volk, das mit Leib und Seele dem Materialismus verschrieben ist.

Die meisten von uns legen natürlich keinen besonderen Wert darauf, große Finanzexperten zu werden oder das Leben der Reichen und Berühmten zu führen. Dennoch kultivieren auch wir ein gewisses Maß an Reichtum, häufig ohne die Fallstricke zu bemerken. Wir sind immer mehr dem Wahn verfallen, dass diese Welt alles sei, dass wir eines Tages zufrieden sein werden, dass wir unserer Familie das meiste und das Beste geben müssten, dass unsere Beziehungen durch Geld und materielle Dinge gefördert werden müssten, dass Reichtum uns zu besseren Menschen machen würde. Haben Reichtümer insgeheim auch Ihr Herz fest im Griff? Der Materialismus hat ganz raffiniert von vielen leichtgläubigen christlichen Frauen seinen Tribut gefordert.

Als arme junge Pastorenfrau versuchte ich ständig auf kreative Weise meinen Kindern das Beste zu geben. Manchmal überschritten allerdings meine Ideen die Grenze zwischen Fleiß und Geiz. Einmal dachte ich mir ein Produkt aus, von dem ich hoffte, es könnte mit den *Pet Rocks*[110] konkurrieren. Während ich eines Tages meinen Mantel aufhängte, überlegte ich mir: Wenn jemand einfache Steine verkaufen konnte, dann könnte ich vielleicht auch gewöhnliche Kleiderbügel mit großem Erfolg verkaufen! Es war während der 1970er-Jahre, als der Ausdruck »immer locker bleiben« im allgemeinen Sprachschatz weit verbreitet war. Ich erfand den Anti-Stress-Kleiderbügel »Immer locker bleiben«. Genau wie bei den *Pet Rocks* sollte eine Art Geschichte mitgeliefert werden und außerdem eine Gebrauchsanweisung, die Hilfe für Leute mit Verspannungen versprach: »Genau das Richtige für den kraftvollen, angespannten Mann in Ihrem Leben.« Ich schaffte es tatsächlich, viele gute Freunde davon zu überzeugen, mich bei der Finanzierung der Produktion zu unterstützen. Ich danke heute noch dem Herrn, dass ich zur Besinnung kam, ehe mein Name für alle Zeiten mit dieser lächerlichen Idee verknüpft war. Geld war mir damals wirklich enorm wichtig geworden.

Heutzutage sind die Christen in unserem Kulturkreis immer wohlhabender. Wie können wir also der Macht des Materialismus entkommen? Es ist sicherlich keine Antwort, sich aus der Geschäftswelt völlig zurückzuziehen oder einer Kommune beizutreten. Der Herr ermahnte die Gläubigen ernsthaft, sich nicht ganz von der Welt abzusondern. Die Bibel bietet gezielt ein Heilmittel gegen Materialismus – die Gnade des Gebens. Der Apostel Paulus weist die Gemeinde in Korinth an, sich bezüglich der Spenden an einer anderen Gruppe, nämlich den Mazedoniern und ihrem wunderbaren Beispiel, zu orientieren: *»Wir tun euch aber, Brüder, die Gnade Gottes kund, die in den Gemeinden Mazedoniens gegeben worden ist«* (2Kor 8,1).

Geben im Alten Testament

Viele sind der Auffassung, dass von einem Christen erwartet wird, er solle zehn Prozent seines Einkommens dem Herrn zurückgeben, denn zehn Prozent sei auch das Ideal des Alten Testaments gewesen. Doch diese zehn Prozent sind ein trauriges Missverständnis. Im Alten Testament gab es einige verbindliche Spendenforderungen für das Volk Israel, die insgesamt auf einen erheblich höheren Prozentsatz kamen.

Der Zehnte für den Herrn

Der grundlegende Zehnte, der sogenannte, diente zur Unterstützung des Priesterdienstes: *»Und der ganze Zehnte des Landes, vom Samen des Landes, von der Frucht der Bäume, gehört dem HERRN; es ist dem HERRN heilig«* (3Mo 27,30). Der Zehnte (zehn Prozent) von allen landwirtschaftlichen Produkten und von den Tieren musste den Leviten gegeben werden. Dies war durchaus nicht freiwillig. Jeder, der nicht bezahlte, beraubte Gott (Mal 3,8).

Der Zehnte als Beitrag für die Feste des Herrn

Zusätzlich zu diesen ursprünglichen zehn Prozent gab es noch einen Zehnten als Beitrag für die Feste des Herrn. Als Israel das verheißene Land eroberte, wurde dieser Zehnte (also weitere zehn Prozent) erhoben, um die jährlichen Feste finanzieren zu können (5Mo 12,10.11.17-18). Der Zweck des ursprünglichen Zehnten für den Herrn war es, den ununterbrochenen Priesterdienst zu gewährleisten, während der Zehnte für die Feste dazu diente, religiöse Feiern zu ermöglichen und die Gemeinschaft des Volkes Gottes zu fördern. Zusammengenommen ergeben diese beiden Zehnten eine beträchtliche wirtschaftliche Belastung – verbindliche 20 Prozent des Einkommens.

Der Zehnte für die Armen

In 5. Mose 14,28-29 wird ein dritter Zehnter als soziale Absicherung für solche angeordnet, die nicht in der Lage waren, für sich selbst zu sorgen. Dieser Zehnte betrug ebenfalls zehn Prozent, wurde aber nur jedes dritte Jahr erhoben. Das ergibt also 3,3 % pro Jahr. Der übliche Zehnte der Israeliten beträgt also insgesamt etwas über 23 % im Jahr.

In 3. Mose 19,9-10 gibt es sogar noch eine weitere Anweisung. Man sollte bei der Ernte das Feld nicht bis zum Rand abernten und in seinen Weinbergen nicht alle Trauben pflücken, sodass die Armen Nachlese halten konnten. Dann gab es außerdem noch gelegentliche Steuern, zum Beispiel für Waren, die beim Tempelopfer verbraucht wurden (Neh 10,32-33). Was bedeutet das unter dem Strich? Es wurde vom Volk Gottes erwartet, dass die Menschen mindestens 25 % ihres Jahreseinkommens spendeten.

Freiwillige Opfer

Über die Abgabeverpflichtungen hinaus gab es auch die Möglichkeit der freiwilligen Opfer. Jenseits der verbindlichen Spendenforderung von 25 % gab es das Opfer der Erstlingsfrüchte, die aus Liebe zu Gott gespendet wurden (4Mo 18,11-13). Die Israeliten konnten die Erstlingsfrüchte ihrer Ernte oder die Erstlinge ihrer Herden dem Herrn darbringen, sogar noch bevor sie geerntet bzw. geboren waren. Sie gaben Gott das Beste und vertrauten darauf, dass er für den Rest sorgen würde. Dies waren Spenden aus Glauben heraus und völlig freiwillig.

Es gab noch weitere freiwillige Spenden, die Mose zum Beispiel beim Bau der Stiftshütte im Auftrag Gottes verwendete: *»Von jedem, dessen Herz ihn antreibt, sollt ihr mein Hebopfer nehmen«* (2Mo 25,2). Es wurden keine Beträge vorgegeben, nur freiwillig sollten die Spenden auf jeden Fall sein, sie sollten von Herzen kommen. In diesem Fall war die Reaktion des Volkes so überwältigend groß, dass Mose die Spendenbereitschaft bremsen musste (2Mo 36,6).

Als Pastorenfrau kenne ich nur zu gut die Klagen der Leute, die die traditionellen 10 % ihres Einkommens der Gemeinde als Spende nicht gönnen. Für viele ist dieser Betrag undenkbar – »Stell dir nur mal vor, eine solche beträchtliche Summe einfach weggeben!« Ich bin sicher, dass die Kenntnis der Spendenbedingungen für das Volk Israel im Alten Testament diese Beschwerden rasch beruhigen würde.

Spenden durch die Gnade Gottes aus einem überfließenden Herzen, ob verbindliche oder freiwillige Spenden; das war immer das Ideal für das Volk Gottes – sowohl in alttestamentlicher Zeit als auch in der Zeit nach Christus. Wenn freiwillige Gaben aus einem überfließenden Herzen kommen, dann wird ein wesentlicher Teil des Einkommens Gott zur Verfügung gestellt.[111]

Freiwillige Gaben durch die Gnade Gottes im Neuen Testament

Paulus stellt das Beispiel der verarmten Mazedonier und ihre reichliche Opferbereitschaft heraus: »*Wir tun euch aber, Brüder, die Gnade Gottes kund, die in den Gemeinden Mazedoniens gegeben worden ist, dass bei großer Bewährung in Bedrängnis sich der Überschwang ihrer Freude und ihre tiefe Armut als überreich erwiesen haben in dem Reichtum ihrer Aufrichtigkeit im Geben*« (2Kor 8,1-2).

Heutzutage halten wir uns schon für arm, wenn wir uns genau überlegen müssen, ob wir zum Essen in ein Restaurant gehen können. Die heutige »Amerikanische Lebensweise« ist die Kreditkarte. Man kauft Dinge, die man nicht braucht, mit Geld, das man nicht hat, um Leuten zu imponieren, die man nicht leiden kann.

Aber diese Mazedonier waren wirklich arm – bettelarm, sie lebten »*in Bedrängnis*« (Vers 2). Die Menschen, von denen sie umgeben waren, grenzten sie aus, und die Gemeindeglieder wurden immer stärker bedrängt wegen ihrer Hingabe an den Herrn Jesus Christus. Ihre Situation war wirklich unmöglich – drückende Armut und schwere Bedrängnis. Aber aus dieser Situation heraus erwuchs eine unfassbare Gnade, und ihre Armut und ihre Bedrängnis vermischten sich mit überschwänglicher Freude, die sich im »Reichtum ihrer Freigebigkeit« zeigte. Das ist die Gnade, freimütig geben zu können, wie Catherine Marshalls es uns im Kapitel über die guten Werke so vorbildlich zeigte.

Paulus bestätigt, dass die armen Mazedonier das Spenden als Vorrecht ansahen: *»Denn nach Vermögen, ich bezeuge es, und über Vermögen waren sie aus eigenem Antrieb willig und baten uns mit vielem Zureden um die Gnade und die Beteiligung am Dienst für die Heiligen«* (2Kor 8,3-4). Sie bettelten geradezu um die Möglichkeit, spenden zu dürfen!

Die Gnade, freimütig zu geben, hat nichts damit zu tun, ob man selbst wohlhabend ist. Diese Gnade ist nicht abhängig von meinen Möglichkeiten. Es geht um den Wunsch und Willen, etwas zu spenden. Ein freiwilliger Spender gibt freudig und begeistert und bittet inständig darum, noch mehr geben zu dürfen.

Die bemerkenswerten Spenden der Mazedonier waren das Ergebnis ihrer eigenen ursprünglichen Hingabe an Gott: *»Und nicht nur so, wie wir hofften, sondern sie gaben sich selbst zuerst dem Herrn und dann uns durch Gottes Willen«* (2Kor 8,5). Es ist ganz einfach. Wenn man alles, was man hat, Gott gegeben hat, dann wird es zu einem ganz natürlichen Reflex der Seele, auch seinen Mitmenschen freimütig zu geben.

Die Mazedonier machten die Sache in der richtigen Reihenfolge. Sie gaben zunächst ihr ganzes Herz Gott, und dann gaben sie sich selbst ihren Geschwistern im Herrn, und dadurch wiederum konnten sie spenden, was notwendig war für das Werk des Herrn. Hier ist der Punkt, an dem jede freiwillige Spende beginnt. Man stellt zunächst sich selbst vollständig Gott zur Verfügung.

Der Einfluss freiwilliger Gaben

Paulus hoffte, dass die Korinther dem Beispiel der Mazedonier folgen würden: *»Aber so wie ihr in allem überreich seid: in Glauben und Wort und Erkenntnis und allem Eifer und der Liebe, die von uns* *in euch geweckt ist, so möget ihr auch in diesem Gnadenwerk überströmend sein«* (2Kor 8,7).

Die Korinther waren eine begabte Gruppe, aber Paulus wusste, dass sie trotz all ihrer guten Eigenschaften nicht alle ihre Möglichkeiten ausschöpfen würden, bis sie die Gnade des freiwilligen Spendens erkannt hätten. Er wusste, dass es keine Möglichkeit gibt, geistlich erwachsen zu werden, wenn man nicht die eigene Spendenbereitschaft vollkommen dem Herrn übergibt. Gott kann zwar dein Geld bekommen, ohne dein Herz zu besitzen, aber er kann nicht unser Herz besitzen, ohne gleichzeitig auch unser gesamtes Geld zur Verfügung zu bekommen. Jesus sagte: *»Denn wo dein Schatz ist, da wird auch dein Herz sein«* (Mt 6,21).

Jesus sprach mit seinen Jüngern häufiger über Geld als über Himmel und Hölle, sexuelle Unmoral oder Gewalt. Nachdem der reiche Jüngling sich traurig abgewandt hatte, weil Jesus ihm befohlen hatte, seinen gesamten Besitz zu verkaufen, erläuterte Jesus seinen Jüngern: *»Es ist leichter, dass ein Kamel durch das Öhr der Nadel geht, als dass ein Reicher in das Reich Gottes hineinkommt«* (Mk 10,25). Was will er damit sagen? Er meint damit, dass es für einen Menschen, der auf Reichtümer vertraut, unmöglich ist, in den Himmel zu kommen. Und Jesus fügt noch abschließend hinzu: *»Bei Menschen ist es unmöglich (das Gerettet-Werden, Vers 26), aber nicht bei Gott; denn bei Gott sind alle Dinge möglich«* (Mk 10,27).

Jesus stellt Reichtum durchgehend als geistliches Hindernis dar, wenn man auf den Besitz mehr vertraut als auf Gott. Am Ende der Bergpredigt empfiehlt er: *»Sammelt euch nicht Schätze auf der Erde, wo Motte und Fraß zerstören und wo Diebe durchgraben und stehlen; sammelt euch aber Schätze im Himmel, wo weder Motte noch Fraß zerstören und wo Diebe nicht durchgraben noch stehlen!«* (Mt 6,19-20). Später warnte er: *»Niemand kann zwei Herren dienen; denn entweder wird er den einen hassen und den anderen lieben, oder er wird einem anhängen und den anderen verachten. Ihr könnt nicht Gott dienen und dem Mammon«* (Mt 6,24).

Einem Mann, der ein Erbe an sich reißen will, ruft der Herr zu: »*Seht zu und hütet euch vor aller Habsucht! Denn auch wenn jemand Überfluss hat, besteht sein Leben nicht aus seiner Habe*« (Lk 12,15). Dann erzählte er die Geschichte eines reichen Mannes, der eine größere Scheune baute, doch noch in derselben Nacht sterben musste. Jesus beendete das Gleichnis mit einer ernsthaften Ankündigung: »*So ist, der für sich Schätze sammelt und nicht reich ist im Blick auf Gott*« (Lk 12,21). Dies ist ein wahres Wort für die heutigen wohlhabenden gläubigen Frauen. Sind Sie vielleicht gerade dabei, das Haus zum dritten Mal völlig neu zu gestalten? Finden Sie insgeheim, dass Ihr Mann der Gemeinde eine viel zu große Summe gespendet hat? Passen Sie auf!

Reich im Blick auf Gott ist derjenige, der nicht nur sich selbst, sondern auch seine Reichtümer Gott übergibt und auf diese Weise Schätze im Himmel sammelt. Der Schlüssel zur Befreiung von der Macht des Materialismus liegt nicht darin, sich von der Welt ganz loszusagen, sondern vielmehr in der Gnade der freiwilligen Gaben. Glauben Sie – glauben Sie wirklich ernsthaft –, dass das Schätze-Sammeln im Himmel sich im Endeffekt tatsächlich auszahlt. Selbst wenn es etwas selbstsüchtig klingt, wir können wirklich glauben, dass das Unsichtbare wichtiger ist als das Sichtbare.

Freiwillige Spenden gibt man so lange, bis es wehtut. Das hat einen Einfluss auf Ihren Lebensstil. Wenn Sie anfangen, aus der Gnade Gottes heraus zu spenden, dann wird es Dinge geben, die Sie sich nicht mehr leisten können, und Dinge, auf die Sie verzichten müssen. Menschen, die um der Liebe Gottes willen spenden, entwaffnen die Macht des Geldes. Sie lassen sich von der Gnade Gottes durchströmen.

Wenn Sie in Ihrer geistlichen Entwicklung feststecken und nicht mehr weiterkommen, dann überlegen Sie einmal, ob Ihre Spendengewohnheiten vielleicht der Grund sein könnten. Wenn Sie regelmäßig zur Gemeinde gehen, sich an der Gemeinschaft mit anderen

Christen erfreuen, wenn Sie sogar regelmäßig in Ihrer Bibel lesen und beten, dann könnte das Problem darin liegen, dass Sie nicht spenden – dass Sie Gott immer noch nicht diesen Teil Ihres Herzens ausgeliefert haben.

Der Apostel Paulus krönt seinen Gedankengang mit einer verblüffenden Erläuterung: *»Denn ihr kennt die Gnade unseres Herrn Jesus Christus, dass er, da er reich war, um euretwillen arm wurde, damit ihr durch seine Armut reich wurdet«* (2Kor 8,9). Obwohl Jesus jeden einzelnen Stern hätte berühren können, gab er seine göttlichen Eigenschaften auf und wurde ein armer irdischer Diener für uns. Das ist das Hilfsangebot des Himmels für uns – und auch unser Vorbild! Das einzigartige Beispiel des Gebens – *»die Gnade unseres Herrn Jesus Christus«* – bewirkt die Gnade der Spendenbereitschaft in uns. Ganz einfach wegen Jesus.

Das Geben

Wir haben nun schon häufig angesprochen, dass das gute Werk, das Gott in unserem Leben sehen möchte, Disziplin erfordert – und auch beim Thema Spendenbereitschaft kommt Disziplin ins Spiel.

Geistliche Disziplin

Wir brauchen ein tiefes biblisches Verständnis des Spendens. Zunächst einmal müssen wir im Gedächtnis behalten, dass das Spenden nicht dazu da ist, uns besondere Ehre einzubringen oder unsere Stellung vor Gott zu verbessern. Wir können damit keine Bonuspunkte gewinnen. Wenn Sie Spenden geben, dann werden Sie dadurch nicht besser als andere Christen.

Zweitens muss man begreifen, dass Spendenbereitschaft uns zwar keine besondere Gunst vor Gott einbringt, aber sehr wohl Gottes Segen bewirkt. Jesus sagt: *»Gebt, und es wird euch gegeben werden: ein gutes, gedrücktes und gerütteltes und überlaufendes Maß wird man in euren Schoß geben; denn mit demselben Maß, mit dem ihr* *messt, wird euch wieder gemessen werden«* (Lk 6,38). Entsprechend schreibt Paulus: *»Dies aber sage ich: Wer sparsam sät, wird auch sparsam ernten, und wer segensreich sät, wird auch segensreich ernten«* (2Kor 9,6).

Diese Segnungen sind von ihrem Wesen her geistlich. Ich hörte einmal von einer Frau, die einen Autounfall hatte, als sie gerade den Gemeindeparkplatz verließ. Später behauptete jemand ihr gegenüber: Wenn sie das Geld tatsächlich gespendet hätte, wie sie es sich während der Gemeindestunde vorgenommen hatte, dann hätte Gott möglicherweise diesen Unfall verhindert. Damit sollte angedeutet werden, dass Gott schon sein Geld bekommt, auf die eine oder andere Weise; und wenn sie ordnungsgemäß gespendet hätte, hätte Gott sie vielleicht sogar mit einem neuen Auto gesegnet. Diese Art von Gerede verleumdet Gott und verdreht die Bibel. Spendenbereitschaft aus der Motivation eines Herzens, das Gott völlig geweiht ist, bewirkt in der Tat Segen in unserem Leben. Aber was möchten Sie lieber haben: geistliche Segnungen oder ein größeres Bankkonto? Innere Zufriedenheit oder ein neues Auto? Die Art, wie Sie Ihr Geld ausgeben, und die Art, wie Sie spenden, zeigt deutlich, was wirklich in Ihrem Herzen vorgeht.

Drittens: Vergessen Sie nicht, dass eine Spende, die Gott gefällt, großzügig und aus einem opferbereiten Herzen gegeben wird! Die Mazedonier gaben aus ihrer tiefen Armut heraus. Denken Sie an das, was Jesus über die arme Witwe sagte, die einen geringen Betrag, aber damit ihren ganzen Lebensunterhalt spendete: *»Diese arme Witwe hat mehr eingelegt als alle, die in den Schatzkasten eingelegt haben«* (Mk 12,43).

Viertens sollten Sie wissen, dass die Höhe Ihrer Spende eine Sache ist, die zwischen Ihnen und Gott ausgemacht wird. Entscheiden Sie nie beiläufig oder gedankenlos darüber, sondern beten Sie ernsthaft über dieses Thema. Fragen Sie Gott, welche Spenden in welcher Höhe Sie geben sollen!

Erstens: Wenn Sie sich in geistlicher Weise durch die Gnade Gottes fest zur Spendenbereitschaft entschlossen haben, dann sind Sie bereit, diesem Entschluss Taten folgen zu lassen und tatsächlich zu spenden. Wenn Sie Ihr Geld spenden, sollten Sie immer auch gleichzeitig sich selbst dem Herrn darbringen, so wie die Mazedonier, die *»sich selbst zuerst dem Herrn gaben«*. Dies sollte aber in aller Stille geschehen, sodass niemand Ihr Handeln im Auftrag des Herrn, Ihren *»vernünftigen Gottesdienst«*, bemerkt. Sich selbst Gott zur Verfügung stellen ist ein vernünftiger Gottesdienst (Röm 12,1).

Zweitens: Bedenken Sie die hohen Spendenanforderungen, die dem alten Volk Gottes auferlegt waren, und betrachten Sie diese ersten 10 % als eine Mindestforderung, einen ersten Anhaltspunkt für Ihre Spenden!

Drittens: Spenden Sie regelmäßig! Paulus wies die gleiche Gemeinde in Korinth an: *»An jedem ersten Tag der Woche lege ein jeder von euch bei sich zurück und sammle an, je nachdem er Gedeihen hat, damit nicht erst dann, wenn ich komme, Sammlungen geschehen«* (1Kor 16,2). Paulus wusste, dass planmäßiges Spenden den Leuten helfen würde, weiterhin ihren Verpflichtungen nachzukommen und auch für Notfälle vorzusorgen.

Viertens: Fangen Sie jetzt an! Man hat immer die natürliche Tendenz, das Spenden erst einmal zurückzustellen, bis man sich in der Lage fühlt, etwas zu geben. Solche Gedanken halten manch einen davon ab, überhaupt jemals etwas zu spenden. Es gibt eine alte Geschichte über einen Prediger, der einen Farmer besuchte und fragte: »Wenn Sie 200 Dollar hätten, würden Sie 100 Dollar davon dem Herrn geben?«

»Ja, was würde ich«, antwortete der Farmer.

»Wenn Sie zwei Kühe hätten, würden Sie eine davon dem Herrn geben?«

»Na klar!«

»Wenn Sie zwei Schweine hätten, würden Sie eines davon dem Herrn geben?«

Der Farmer sagte: »Also, das ist jetzt unfair! Sie wissen genau, dass ich zwei Schweine habe.«

Man sollte regelmäßig spenden, aber ebenso auch spontan auf besondere Bedürfnisse reagieren, so wie die Mazedonier oder Maria aus Betanien, die Jesus mit Öl salbte und dabei ihre Mittel so freigebig verwendete.

Schließlich sollten Ihre Spenden freudig gegeben werden, denn *»einen fröhlichen Geber liebt Gott«* (2Kor 9,7). Das Wort, das hier verwendet wird, bezeichnet eine Freude, die sich über alle Einschränkungen hinwegsetzt.

Ist Geld für Sie zu wichtig geworden? Auf dem Spenden liegt ein Segen. Denken Sie an die Worte des Herrn Jesus: *»Geben ist seliger als Nehmen«* (Apg 20,35). Lassen Sie uns als gläubige Frauen treu und diszipliniert sein, sodass wir uns selbst und alles, was wir haben, Gott übergeben können!

Denkanstöße

- Was bedeutet der Ausdruck »Spendenbereitschaft aus Gnade« für Sie? Was hat Gnade mit Spenden zu tun?
- Wenn Sie der Gemeinde oder verschiedenen christlichen Werken Spenden geben, tun Sie das üblicherweise aus einer Verpflichtung heraus oder freiwillig?
- Was glauben Sie, wie viel Ihres Einkommens Gott von Ihnen als Spende haben möchte?
- Was erfahren Sie in Maleachi 3,8 über Spenden für Gott? Gehorchen Sie im Allgemeinen den Anweisungen dieser Bibelstelle oder nicht?
- Sollte man nur spenden, wenn man sozusagen etwas übrig hat – also in Zeiten, die von Gott »gesegnet« sind? Vergleichen Sie Ihre Gedanken mit 2. Korinther 8,1-2!
- Welche Bedeutung hat Matthäus 6,19-21.24 in Ihrem Leben? Auf welche besondere Weise können Sie diese Verse in Ihrem Leben anwenden?

- Welches Beispiel findet man in 2. Korinther 8,9? Was bedeutet dieser Vers für Sie persönlich?
- Welche Prinzipien stehen hinter dem Thema Spendenbereitschaft in 2. Korinther 8,1-9? Schreiben Sie so viele wie möglich davon auf, und dann schätzen Sie Ihr eigenes Leben danach ein!

Gnade

17

Die Gnade der Disziplin

»Aber durch Gottes Gnade bin ich, was ich bin; und seine Gnade mir gegenüber ist nicht vergeblich gewesen, sondern ich habe viel mehr gearbeitet als sie alle; nicht aber ich, sondern die Gnade Gottes, die mit mir ist.«
(1Kor 15,10)

Erinnern Sie sich noch, wie wir ganz zu Anfang über den Begriff *Disziplin* gesprochen haben? In dem Bibelvers: *»Übe dich in der Gottesfurcht!«* (1Tim 4,7; SLT) bedeutet das Wort »üben« im griechischen Urtext so viel wie *trainieren* – also ein deutlicher Aufruf zu geistlichem Training.

Dieses gleiche Wort *Disziplin* bedeutet auch: bewusstes Vermeiden von unguten Belastungen zugunsten einer entschlossenen Aufbietung aller zur Verfügung stehenden Energien. Eine disziplinierte gläubige Frau bemüht sich aktiv, jeden schlechten Umgang, alle Gewohnheiten und Auffassungen loszuwerden, die ein Hindernis für ihre Gottesfurcht darstellen. Und dann setzt sie alle Energie daran, nach einem Leben in Gottesfurcht zu streben.

Es sollte uns nicht erstaunen, dass eine kraftvolle geistliche Disziplin ein wesentliches Kennzeichen der Gottesfurcht ist. Schließlich ist es eine allgemein anerkannte Tatsache, dass Disziplin notwendig ist, um irgendetwas Wertvolles in diesem Leben zu erreichen. Ich bin oft dabei, wenn meine Enkel auf ihren Musikinstrumenten üben; sie wiederholen die Tonleitern immer und immer wieder. Sie arbeiten an ihrer Technik, wie man den Bogen bei Cello und Geige richtig hält oder wie man die Finger am Klavier richtig setzt. Sie brauchen Disziplin beim Üben, wenn sie irgendwann einmal die Meisterwerke von Bach und Mozart spielen möchten.

Während Sportler oder Musiker ihr jeweiliges Training oder Üben mit einer gewissen angeborenen Begabung beginnen können, hat keiner von uns einen angeborenen geistlichen Vorteil – wir sind alle gleich sündig. Keiner von uns ist von Geburt an gerecht; keiner von uns sucht Gott von Natur aus; keiner von uns hat den Reflex, immer gut zu sein. Wir brauchen Gottes Gnade im Überfluss, und wir brauchen seine Hilfe, um unser Leben diszipliniert zu führen.

Wir gehen also nun daran, jedes Gebiet unseres Lebens dem Willen Gottes zu unterwerfen. Wir ordnen unser gesamtes Leben Gott unter: Gebet, Gottesdienst, Geist, Zufriedenheit, Lebensziel, Ausdauer, Gemeinde, Ledig-Sein, Ehe, das Sorgen für andere, gute Werke, Zeugnisgeben und Spenden. Das ist eine Aufgabenliste, die einen wirklich einschüchtern kann – und das gilt sogar für Frauen, die es gewohnt sind, 16 Dinge gleichzeitig zu tun!

Die Herausforderung annehmen

Diese herausfordernde Liste könnte bewirken, dass Sie am liebsten im Bett bleiben und sich die Decke über den Kopf ziehen möchten. Aber völlige Passivität im »Nichtstun« wirkt lähmend; man fühlt sich dabei nur noch schlechter.

Selbstzufriedene Gesetzlichkeit ist eine ebenso tödlich wirkende Reaktion auf diese Herausforderung. Im Rahmen der Gesetzlichkeit könnten Sie eine nicht enden wollende Liste von Geboten und Verboten aufstellen. Gesetzlichkeit reduziert das geistliche Leben darauf, Regeln zu gehorchen: »Wenn du diese sechs, 16 oder 36 Dinge tust, dann bist du fromm!« Aber Christsein ist weit mehr als eine Checkliste, die man abhaken kann. »In Christus sein« ist eine Beziehung.

Der Herr schütze uns vor selbstgerechtem Richten-Wollen. Nur allzu leicht richten wir andere mit einem strengeren Maßstab als uns selbst.

Bedenken Sie, dass es einen himmelweiten Unterschied gibt zwischen der Motivation der Gesetzlichkeit und der Motivation der Disziplin! Die Gesetzlichkeit sagt: »Ich will dies oder das tun, um

Verdienste bei Gott zu erwerben«, während die Disziplin sagt: »Ich will dies oder das tun, weil ich Gott liebe und ihm gefallen möchte.« Gesetzlichkeit stellt den Menschen in den Mittelpunkt; Disziplin stellt Gott in den Mittelpunkt.

Disziplin mit Weisheit

Ich stelle mir vor, wie meine Töchter und Enkelinnen mit mir um den großen Küchentisch sitzen und über die Disziplin einer gläubigen Frau sprechen. Ich stelle mir vor, wie sie fragen: »Wie geht das? Wie gehen wir damit um? Sag uns, wie man diszipliniert leben kann, ohne gesetzlich zu werden!« Hier sind einige Anregungen:

Prioritäten setzen

Lassen Sie sich noch einmal die verschiedenen Themen durch den Kopf gehen, die wir in diesem Buch behandelt haben, und teilen Sie sie für sich selbst in zwei Bereiche ein! Schreiben Sie auf eine Liste die Gebiete, in denen Sie schon ganz gut zurechtkommen, und auf eine andere Liste setzen Sie die Gebiete, in denen Sie noch Hilfe benötigen! Bitten Sie Ihren Ehepartner oder eine enge Freundin um Hilfe, damit Sie sachgerecht in Ihrer Beurteilung bleiben!

Als Nächstes sortieren Sie die Gebiete, an denen Sie noch arbeiten müssen, nach Wichtigkeit! Zum Beispiel: 1. Zufriedenheit, 2. Ehe, 3. Gebet, 4. Zeugnisgeben, 5. Spenden und 6. mein Geist.

Dann blättern Sie zurück zu dem Kapitel über Zufriedenheit, und wählen Sie einen der drei Vorschläge aus, von dem Sie annehmen, dass er Ihnen am besten helfen könnte, um Ihre Sehnsüchte dem Willen Gottes unterzuordnen. Überfordern Sie sich nicht! Fassen Sie immer nur wenige Änderungen gleichzeitig ins Auge! Falls Zufriedenheit im Moment das Gebiet ist, mit dem sie am meisten Schwierigkeiten haben, könnten Sie mit diesem Kapitel ermutigt werden, die Eigenschaften Gottes in der Bibel zu studieren und Ihre Sehnsüchte genauer zu betrachten, um festzustellen, ob das geistliche oder ungeistliche Sehnsüchte sind. Diese beiden Vorschläge könnten schon wunderbare erste eigenständige Aufgaben sein.

Seien Sie realistisch!

Schauen Sie sich ihre Prioritätenliste noch einmal gründlich an – ganz ehrlich und realistisch! Wenn Sie sich diese Dinge vornehmen, können Sie sie – mit Gottes Hilfe – wirklich erreichen? Nehmen wir einmal an, Sie haben sich dazu entschlossen, viel Disziplin für Ihren Geist aufzubringen, indem Sie das Alte Testament einmal und das Neue Testament zweimal im Monat Januar durchlesen – diesen Vorsatz sollten Sie noch einmal gründlich überdenken. Stecken Sie sich ein Ziel, das der Wirklichkeit näherkommt, zum Beispiel das Neue Testament innerhalb der nächsten sechs Monate durchzulesen! Ihre Vorsätze sollten Sie schon aus Ihrer »Wohlfühlecke« herauslocken, aber sie sollten trotzdem immer noch angemessen und machbar sein. Es ist besser, seine Vorsätze hochzuschrauben, wenn man mit den Anforderungen gut klarkommt, als von vornherein die Ziele viel zu hochzustecken und dann kläglich zu scheitern. Ein wenig Erfolg wird Sie zu größeren und noch besseren Vorhaben ermutigen.

Beten Sie!

Bevor sie Ihre Vorsätze in die Tat umsetzen, überdenken Sie die Angelegenheit ein oder zwei Wochen und beten Sie darüber! Suchen Sie die Leitung des Heiligen Geistes auch für Themenbereiche der persönlichen Disziplin, die in diesem Buch nicht angesprochen wurden.

Lassen Sie sich zur Rechenschaft ziehen!

Bitten Sie Ihren Ehepartner oder eine enge Freundin um Hilfe, und legen Sie ihm oder ihr Rechenschaft über Ihr jeweiliges geistliches Trainingsgebiet ab! Achten Sie darauf, regelmäßig mit ihm oder ihr zu sprechen und zusammen zu beten – notfalls auch per Telefon. Seien Sie ehrlich mit Ihren Erfolgen und Misserfolgen. Nehmen Sie Ratschläge bereitwillig an, und nehmen Sie gegebenenfalls notwendige Anpassungen vor.

Wenn Sie stolpern ...

Es wird Zeiten geben, zu denen Sie hart kämpfen müssen, um Ihre Vorsätze in die Tat umzusetzen – möglicherweise werden Sie auch vollends scheitern. Wenn das geschieht, dann können verletzter Stolz oder Scham bewirken, dass Sie sozusagen wieder ins Bett zurückrennen und die Decke über den Kopf ziehen wollen. Niemand macht gerne mit Dingen weiter, die nicht klappen. Aber bedenken Sie, dass selbst Scheitern ein Teil des Gelingens sein kann, solange Sie Ihr Scheitern zugeben und mit Ihrem Vorsatz gleich wieder neu anfangen. Manchmal geht es drei winzige Schritte vor und gleich darauf einen Riesenschritt zurück. Aber geben Sie nicht auf!

Denken Sie immer daran, dass Sie nicht unter dem Gesetz leben, sondern unter der Gnade. Gott rechnet Ihnen Ihr Scheitern nicht an, und Sie können sich bei Gott auch keinen Schatz des Ruhmes mit Ihren Erfolgen erwerben. Sie versuchen einfach, etwas Disziplin in Ihr geistliches Leben zu bekommen, weil Sie wissen, das ist der Weg, den Ihr himmlischer Vater für Sie vorgesehen hat. Er hat mehr Verständnis für unser Scheitern, als wir es bei unseren eigenen Kindern haben.

Die Gnade der Disziplin

Die größte Weisheit und der größte Antrieb einer gläubigen Frau erwachsen aus ihrem Verständnis der Gnade. Alles im Leben hat seinen Ursprung in Gottes Gnade – allein in der Gnade!

Die Errettung geschieht allein durch Gnade. Wir waren tot in unseren Übertretungen und Sünden, *»Gott aber, der reich ist an Barmherzigkeit, hat um seiner vielen Liebe willen, womit er uns geliebt hat, auch uns, die wir in den Vergehungen tot waren, mit dem Christus lebendig gemacht – durch Gnade seid ihr errettet!«* (Eph 2,4-5). Wir sind errettet durch die Gnade Gottes, durch seine Gunst, die wir nicht verdient haben – nicht durch irgendetwas, das wir getan hätten. Selbst der kleinste Prozentsatz an guten Werken würde die errettende Gnade entwerten, wie Paulus so deutlich ausdrückt: *»Wenn aber durch Gnade, so nicht mehr aus Werken; sonst ist die Gnade nicht mehr Gnade«* (Röm 11,6). Gnade allein!

Auch das Leben als Christ kann man nur allein durch Gnade leben. Ich liebe die Ermutigung des Jakobus, die er jedem Gläubigen zuspricht: *»Er gibt aber desto größere Gnade«* (Jak 4,6a). Hier geht es nicht um die errettende Gnade, sondern um die Gnade, unser Leben so zu leben, wie wir es in dieser gefallenen Welt leben können – er gibt uns buchstäblich »größere Gnade«. Es gibt immer noch mehr Gnade.

Ein Künstler hat einmal ein Gemälde von den Niagarafällen in eine Ausstellung gegeben; er hatte aber versäumt, dem Bild einen Titel zu geben. Die Galerie fühlte sich verpflichtet, einen Titel anzugeben, und schrieb: *Fortsetzung folgt.* Die uralten Niagarafälle, die seit Tausenden von Jahren jedes Jahr Milliarden von Kubikmetern Wasser in die Tiefe stürzen lassen, haben die Bedürfnisse der Menschen nach Wasser mehr als erfüllt, und so sind diese Wasserfälle ein schönes Bild für die Fluten der Gnade, die Gott auf uns herabregnen lässt. Fortsetzung folgt – es kommt immer noch mehr! Der Apostel Johannes bezog sich auf diese Wahrheit, als er schrieb: *»Denn aus seiner Fülle haben wir alle empfangen, und zwar Gnade um Gnade«* (Joh 1,16.). »Für den täglichen Bedarf gibt es tägliche Gnade; für plötzliche Bedürfnisse gibt es plötzliche Gnade; für überwältigende Bedürfnisse gibt es überströmende Gnade«, sagt John Blanchard.[112]

Beginnen Sie heute mit Ihrem geistlichen Training als gottesfürchtige Frau, und behalten Sie stets im Auge, dass das alles von Anfang bis Ende eine Sache der Gnade ist! Betrachten Sie die Worte des Paulus: *»Aber durch Gottes Gnade bin ich, was ich bin; und seine Gnade mir gegenüber ist nicht vergeblich gewesen, sondern ich habe viel mehr gearbeitet als sie alle; nicht aber ich, sondern die Gnade Gottes, die mit mir ist«* (1Kor 15,10.). Sehen Sie? Es gibt keinen Widerspruch zwischen Gnade und harter Arbeit. Vielmehr ist es so, dass die Gnade uns ermutigt, am Ball zu bleiben.

Liebe Schwestern, wenn wir uns bemühen, den Willen Gottes zu tun, dann wird er uns immer mehr Gnade geben.

Wenn wir unseren Vorrat an Ausdauer erschöpft haben,
Wenn unsere Kraft zu Ende geht, bevor der Tag noch halb vorbei ist,
Wenn der Schatz unserer Möglichkeiten verbraucht ist,
Dann hat unser Vater gerade erst begonnen, uns reichlich zu beschenken.

Seine Liebe kennt keine Grenzen, Seine Gnade ist ohne Maß,
Seine Macht ist nicht den Begrenzungen eines Menschen unterworfen,
Denn aus seinen unendlichen Reichtümern in Jesus
Gibt er und gibt und gibt immer weiter.

(Annie Johnson Flint)

Anhang

Anhang A

Das persönliche Zeugnis

von James und Deborah Fellowes

James: Meine Frau Deby und ich freuen uns über die Gelegenheit, die Veränderungen in unserem Leben bezeugen zu können, die eintrafen, als wir Jesus Christus als unseren Herrn und Heiland annahmen. Wir sind für jene Menschen dankbar, die im Glauben lebten und uns zur Entscheidung für Christus führten.

Vor unserer Verlobungszeit und in den ersten Jahren unserer Ehe gingen wir nie in die Kirche. Ich kann mich auch nicht daran erinnern, dass wir jemals über Gott gesprochen hätten oder über das, woran wir glaubten. Wir waren zu sehr mit unseren Karrieren und uns selbst beschäftigt.

Meine Familie ging zur Kirche. Meine Eltern waren wunderbare Beispiele christlicher Idealvorstellungen, und sie sind es immer noch. Sie sind großherzig, liebevoll, barmherzig, freundlich und bescheiden. Aber, so gut ihr Vorbild auch war, in meiner Jugend verstand ich das Leben, den Tod und die Auferstehung Jesu nicht wirklich. Ich dachte, ich sei ein Christ, weil ich zur Kirche ging und versuchte, ein guter Mensch zu sein, so wie meine Mutter und mein Vater.

Deborah: Wie Jamie war auch ich als Kind es gewohnt, in die Kirche zu gehen. Meine Mutter war viele Jahre lang Sonntagsschullehrerin und sorgte dafür, dass mein Bruder und ich jeden Sonntag hingingen. Ich glaube, wir drei fanden Trost und Kraft in der Kirche, um mit unseren Problemen in der Familie fertig zu werden.

Ich erinnere mich, dass ich während meiner ersten Jahre in der Highschool ein starkes Interesse an geistlichen Dingen hatte, inmitten einer Zeit voller Ungewissheit und Unsicherheit. Ich verspürte einen starken Wunsch, zur Kirche zu gehen, aber konnte keine Antworten finden. Ich erinnere mich an ein Buntglasfenster in unserer Kirche, auf dem ein kniender Engel mit ausgebreiteten Flügeln dargestellt war. Wie ich mich danach sehnte, unter seinen Flügeln Sicherheit, Schutz und Frieden zu finden!

Als ich mich in Jamie verliebte, schien es mir, als könnte ich all diese Dinge, nach denen ich suchte, in ihm und unserer Beziehung finden. Wir hatten einander, und ich kehrte Gott den Rücken zu. Wir lebten für den Augenblick und füreinander.

James: Am 23. Dezember 1975 um 14 Uhr nachmittags wurde unser erstes Kind geboren, Jennifer. Die Erfahrung der Geburt im Entbindungsraum war mehr als ein frischgebackener Vater ertragen konnte. Ich weinte unkontrolliert, überwältigt vor Freude, Staunen und Dankbarkeit. Dieser großartige Moment der Geburt löste zum ersten Mal ein ernsthaftes Fragen nach geistlichen Dingen in mir aus.

In den Stunden und Tagen danach dachte ich viel über Gott und die Entstehung eines Babys nach. Nur Gott kann ein Baby erschaffen, dachte ich. Ich möchte Gott kennenlernen. Ich hatte sein großes und machtvolles Werk gesehen.

Am nächsten Sonntag suchten wir nach einer Kirche in unserer Nachbarschaft im *Lincoln-Park*-Bezirk von Chicago, und fanden schließlich eine, die uns zusagte. Ich genoss diesen neuen Bereich unseres Lebens wirklich. Als Erwachsener begann ich, etwas über das Christentum zu lernen. Ich mochte die Menschen, ebenso wie das Gefühl, Teil der Gemeinschaft zu sein. Mit der Zeit wurde ich zum Platzanweiser, dann zum Ältesten und schließlich zum Vorsitzenden des Ältestenrats.

Deborah: Während Jamie einen neuen Lebensbereich und Erfüllung gefunden hatte, ärgerten mich seine neuen Interessen. Es gab jetzt mehr Veranstaltungen und Verpflichtungen in seinem Leben, die mich ausschlossen. Da ich wusste, wie viel ihm die Kirche bedeutete, versuchte ich, mich ein wenig mit ihm zusammen dort einzubringen.

Im geistlichen Bereich empfand ich jedoch weiterhin keine Befriedigung. Allein das Singen von Liedern brachte mich zum Weinen. Ich wollte wissen, an was ich glauben sollte. Ich suchte nach Sinn in meinem Leben – allerdings an den falschen Orten. Materieller Besitz und weltlicher Erfolg waren viel zu wichtig für mich. Und das waren erreichbare Ziele, da Jamies Verantwortung und Stellung in seinem Familienunternehmen wuchsen. Aber trotz unseres materiellen Besitzes empfand ich eine Leere in meinem Leben.

Aufgrund unserer Vergangenheit nahmen Jamie und ich Abstand von evangelikalen Gemeinden. Als wir 1979 nach Wheaton (Illinois) umzogen, suchten wir nach einem Haus, das möglichst weit entfernt vom *Wheaton College* lag. Unser Traumhaus fanden wir aber nur einen Block von dem Bezirk entfernt, dem wir aus dem Weg gehen wollten.

Fünf Monate nach unserem Umzug zog der neue Pastor der *College Church,* Kent Hughes, mit seiner Familie in ein Haus, das uns auf der anderen Straßenseite gegenüber lag. Ich freundete mich mit seiner Frau Barbara an. Sie lud mich zu einem Bibelkreis in ihrer Gemeinde am Mittwochmorgen ein – und ich entschloss mich, es zu versuchen. Von dem Augenblick an, als ich den Raum betrat, bemerkte ich etwas Außergewöhnliches bei dieser Gruppe. Die Frauen schienen ein aufrichtiges Interesse füreinander zu haben. Es war nicht die Oberflächlichkeit, der ich in so vielen anderen sozialen und beruflichen Gruppierungen begegnet war.

Es dauerte nicht lange, und der Bibelkreis wurde für mich zum Höhepunkt der Woche. Ich bewunderte die Charakterstärke dieser Frauen, die ich bei mir vermisste. Ich begann zu begreifen, dass sie aufgrund der Lehren der Heiligen Schrift anders waren. Sie wollten nach den Lehren der Bibel leben und handeln. Sie vertrauten Christus die Führung ihres Lebens an, anstatt es selbst in die Hand zu nehmen. Dies stand so sehr im Gegensatz zu der Art, wie wir unser Leben gestalteten.

In dieser Zeit erhielten Jamie und ich von seinen Berufskollegen eine Einladung zum Essen in einem Country-Club. Ein bedeutender Geschäftsmann und seine Frau veranstalteten dieses Treffen, um davon zu zeugen, welche Bedeutung ihre Beziehung zu Christus in ihrem Leben hatte. Um unserer Freunde willen gingen wir hin. Ich hörte dort, was ich bereits im Bibelkreis gehört hatte, nur diesmal von der Frau eines bedeutenden Geschäftsmannes, einer Person, die mit vielen Dingen zu kämpfen hatte, die auch mir Probleme bereiteten. Ich konnte mich gut mit ihr identifizieren. Ich erkannte, dass Offenbarung 3,20 zu mir sprach: *»Siehe, ich stehe an der Tür und klopfe an; wenn jemand meine Stimme hört und die Tür öffnet, zu dem werde ich hineingehen und mit ihm essen, und er mit mir.«*

Die folgende Nacht war eine der schwersten in meinem Leben. Verzweifelt betete ich, dass meine Freundin Barbara mich am nächsten Tag besuchen würde, um mit mir darüber zu reden. Und sie kam. Nachdem ich ihr erklärt hatte, was am gestrigen Abend geschehen war, spürte sie den Kampf, den ich ausfocht. Sie bot mir an, mich durch die Bibel zu leiten und mir Jesu Ansprüche an mein Leben zu erklären. Mit ihrer Hilfe wagte ich den Glaubensschritt und übergab mein Leben Christus. Ich wusste, dass dies große Veränderungen in unserer Ehe mit sich bringen würde, aber ich war mir auch im Klaren, dass ich es tun musste.

James: Natürlich war ich bei dem gleichen Abendessen zugegen. Am Ende des Zeugnisses wurden Karten an uns verteilt, die wir ausfüllen sollten. Ich kreuzte das Kästchen an: »Kein weiteres Interesse.« Ich misstraute diesen »wiedergeborenen« Typen. Ich dachte, sie seien selbstgerecht und häufig sogar viel schlechter als der Rest von uns. Darüber hinaus war ich Vorsitzender des Ältestenrats und diente unserer Kirche auf andere Weise. War das nicht religiös genug?

Es machte mich krank, dass meine Frau davon so berührt war und sich in diese »wiedergeborenen« Kreise hineinziehen ließ. Vielleicht würde es mit der Zeit ja wieder nachlassen.

Bald schon machte sich ein Bruch zwischen Deby und mir bemerkbar. Ständig las sie die Bibel. Und wenn nicht die Bibel, dann Bücher von Chuck Swindoll, C. S. Lewis oder Kent Hughes, unserem Nachbarn. Sie verbrachte ihre ganze Zeit in Bibel- und Gebetskreisen. Sie nahm Einladungen zu Partys an, auf denen ich mich langweilte. Ich fühlte mich ausgeschlossen und wollte auch gar nicht dazugehören. In mancherlei Hinsicht begannen wir, uns auseinanderzuleben.

Deborah: Im Grunde geschah das, wovor ich Angst hatte. Jamie konnte nicht verstehen, wie sich meine Prioritäten über Nacht ändern konnten. Wie passte er jetzt noch da hinein? Obwohl mir unsere Beziehung noch so wichtig war wie all die Jahre zuvor, wuchs eine neue Beziehung in mir – die Beziehung zu Christus. Mein Wunsch, Christus zu folgen, ihm zu dienen und zu gehorchen, war an die erste Stelle meines Lebens gerückt. Durch meine Entscheidung wollte ich meine Zeit nun anders verwenden. Die Vorlieben in meinem Leben änderten sich. Der Bruch in unserer Ehe nahm zu. Mir blieb nichts anderes übrig, als Christus zu vertrauen.

James: Ich versuchte, verständnisvoll und geduldig zu sein, bemerkte aber, dass ich mich oftmals über Deby ärgerte. Ich fühlte mich einsam in meinem eigenen Haus. Wenn Gott gut ist, wie konnte er dann der Auslöser für die Trennung einer bis dahin erfolgreichen und glücklichen Ehe sein? Ich war sehr verwirrt.

Ich hatte meine eigenen Ansichten über Gott, wusste aber nicht genau, worauf sie basierten. Ich dachte, ich hätte eine gute Chance, in den Himmel zu kommen, weil ich ein recht guter Mensch war. Zweifellos würde Gott die Menschen auf einer Skala einstufen – und dabei hoffentlich großzügig sein. Deby widerlegte meine Argumente mit der Schrift. Sie sprach von der Errettung durch Glauben und Gottes Gnade.

Im Interesse des Familienfriedens entschloss ich mich an einem Sonntagabend, mit Deby zu einem Gottesdienst zu gehen. Meine Erfahrung war der von Deby sehr ähnlich, als sie zum ersten Mal den Frauenbibelkreis besuchte. Ich empfand einen Unterschied zu den anderen Gemeinden, die ich bisher kannte. Ich beschloss, am nächsten Sonntag wieder hinzugehen. Ich spürte die Gegenwart Christi auf eine bis dahin unbekannte und tiefe Weise.

Ich dachte, dass eventuell doch etwas Gutes dran sein könnte – obwohl es mir schwerfiel, das zuzugeben. Trotz all der neuen

Lebensumstände, über die ich mich ärgerte, musste ich eingestehen, dass Deby sich in vielerlei Hinsicht positiv verändert hatte. Allem voran hatte sie Frieden in Bezug auf unsere Beziehung. Ich war derjenige, der unter emotionalem Druck stand. Sie war eine deutlich stärkere, unabhängigere Person geworden. Sie diskutierte weniger, sondern vergab stattdessen mehr. Ironischerweise war sie in dieser Zeit der ehelichen Spannungen irgendwie romantischer geworden.

Ich beschloss, einige ihrer herumliegenden Bücher zu lesen – *In His Steps* (In seinen Fußstapfen) von Charles Sheldon, *Mere Christianity* (Pardon – ich bin Christ) von C. S. Lewis und *Loving God* (Gott lieben) von Chuck Colson. Zusammen mit Kent Hughes las ich *Basic Christianity* (Grundlagen des Christentums) von John Stott. Wir fingen an, uns über den Glauben zu unterhalten. Während eines beruflich bedingten Aufenthalts in San Francisco las ich das Johannesevangelium in einer Gideon-Bibel, die ich im Motel in der Schublade fand. Die Kraft des Wortes begann zum ersten Mal in meinem Leben Wirkung zu zeigen.

Deborah: Jamie hatte sich verändert. Es war keine Erfahrung, die über Nacht kam, so wie bei mir, aber ich spürte bei ihm den langsam wachsenden Willen, den Herrn kennenzulernen. Unsere Beziehung wuchs in einer Weise wie nie zuvor – im geistlichen Bereich. Wir begannen, Gott bezüglich unserer täglichen Entscheidungen zu vertrauen. Wir erkannten, dass Gott souverän war und er unser Leben in der Hand hielt. Wir wurden glücklicher und unsere Beziehung gewann mehr an Tiefe als zuvor. Wenn wir auf die zurückliegenden Jahre blicken, können wir sehen, wie Gott uns sanft und dennoch fest zu sich führte – und uns stärker miteinander verband. Gott tat, was er in Hesekiel 11,19-20 versprochen hatte: *»Und ich werde ihnen ein Herz geben und werde einen neuen Geist in ihr Inneres geben, und ich werde das steinerne Herz aus ihrem Fleisch entfernen und ihnen ein fleischernes Herz geben, damit sie in meinen Ordnungen leben und meine Rechtsbestimmungen bewahren und sie befolgen. Und sie werden mir zum Volk, und ich werde ihnen zum Gott sein.«*

James: Trotz einer großartigen Ehe, Kindern und all den schönen Dingen, die wir uns leisten konnten, war eine Leere in meinem Leben. Wie kann man Leere erklären? Das ist schwer. Die meiste Zeit unterdrückten wir sie oder unternahmen den kläglichen Versuch, sie mit Oberflächlichkeit zu verdecken.

Als ich die Ansprüche Christi zu verstehen begann und weshalb er auf die Erde gekommen und für mich gestorben war, schaute ich auf mein Leben. Es war beschämend, als ich darüber nachdachte, wie Gott mich beschenkt hatte, und ich dies mit meinem Egoismus und der ausgesprochenen Schlechtigkeit meines Herzens verglich. Ich schämte mich.

Ich begab mich häufig zum Kreuz und bat um Vergebung. Im Gebet legte ich alle Einzelheiten bloß, so widerlich es auch war. Je mehr ich las und hörte, desto besser verstand ich, was ich falsch gemacht hatte. Und was noch wichtiger war, ich entdeckte, wie ich den richtigen Weg gehen konnte. Durch Gottes Vergebung und Gnade begann ich, mich frei und auf eine neue Art lebendig zu fühlen.

In diesen ersten Tagen schien Gott mich mit einer neuen Kraft und einem völlig neuen Bewusstsein meines Wertes vor Gott zu erfüllen. Wenn ich ihm vertraute, schien alles besser zu gehen. Irgendwie verschwand der Druck und ich fühlte mich in meinem Leben freier, als ich versuchte, ihm zu gefallen anstatt mir selbst.

Jesus Christus hat all die Veränderungen in unserem Leben bewirkt. Unser Leben ist ein lebendiges Zeugnis seiner Macht. Er hat unseren Weg geführt durch unzählige Prüfungen, Kämpfe und alltägliche Ereignisse. Er hat uns über unsere Erwartungen hinaus gesegnet. Wir sind vielen dankbar, die für uns beteten, sich um uns sorgten und uns in der Jüngerschaft ausbildeten.

Bei einem Geschäftsmann ist eine gesunde Skepsis nur natürlich. Meine Bekehrung geschah langsam und bewusst, anders als bei Deby. Doch ich fand den Weg, die Wahrheit und das Leben – den Herrn Jesus Christus. Ich habe gelernt, in wen ich mein Vertrauen setzen muss. Gott ist treu. Er liebt Sie und er liebt mich. Vertrauen Sie ihm.

Anhang B

Anmerkungen

Einleitung: *Ein Leben in Gottesfurcht*

1. John Wesley, zitiert in *Garden of Prayer* (Santa Ana: Vision House, 1976), S. 45.

Kapitel 2: *Das Evangelium*

2. John Chapman, *Know and Tell the Gospel* (Sydney: Hodder and Stoughton, 1990), S. 19.
3. A. a. O., S. 20.
4. William Tyndale, *Doctrinal Treatises* (Cambridge: Parker Society, 1849), S. 8.
5. *Two Ways to Live: A Brief Look at the Message of Christianity,* eine Kleinschrift veröffentlicht von St. Matthias Press, P.O. Box 665, London, England, SW20 8RU. Abdruck mit Genehmigung.

Kapitel 3: *Unterordnung*

6. Betty Friedan zitiert von Mary A. Kassian in *The Feminist Gospel* (Wheaton: Crossway Books, 1992), S. 15.
7. Kirsten Birkett, *The Essence of Feminism* (Sydney: Matthias Media, 2000), S. 121.
8. Jeremiah Burroughs, *Rare Jewel of Christian Contentment* (Carlisle: Banner of Truth Trust, 1648, nachgedruckt 1998), S. 33.
9. Peter Jensen, *At the Heart of the Universe* (Wheaton.: Crossway Books, 1997), S. 87.
10. John Wesley zitiert in *Garden of Prayer* (Santa Ana: Vision House, 1976), S. 51.
11. Mary A. Kassian, *Women, Creation, and the Fall* (Wheaton: Crossway Books, 1990), S. 33.
12. Robert Coles, »Discipline« in *Family Weekly,* 27. März 1983, S. 4–5.

Kapitel 4: *Gebet*

13. E. Stanley Jones, *A Song of Ascents* (Nashville: Abingdon, 1979), S. 383.
14. Annie Dillard, *Pilgrim at Tinker Creek* (New York: Bantam, 1978), S. 35.
15. J. I. Packer, *Knowing God* (Downers Grove: InterVarsity Press, 1973).
16. Brother Lawrence, *The Practice of the Presence of God* (New York: Revell, 1958), S. 30–31.
17. John Wesley, *Works, VIII* (Grand Rapids: Zondervan, 1959), S. 343.
18. H. G. Haile, *Luther: An Experiment in Biography* (Garden City: Doubleday, 1980), S. 56.

19. Augustinus, *Bekenntnisse,* 9.33.
20. Marilee Melvin, »A Cherished Life of Prayer«, *College Church Fellowship,* Februar 2001, S. 6.
21. Elisabeth Elliot, *Notes on Prayer* (Wheaton: Good News Publishers, 1982), schreibt: »Wenn Menschen Ski fahren – so nehme ich an –, dann mögen sie es, haben Zeit dafür, können es sich leisten und sind gut darin – man machst es, wenn man sich den Aufwand leisten kannt und gut darin ist.«

Kapitel 5: *Gottesdienst*

22. Annie Dillard, *Teaching a Stone to Talk* (New York: Harper & Row, 1982), S. 40–41.
23. A. W. Tozer, *The Pursuit of God* (Camp Hill: Christian Publications, 1993), S. 87.
24. John Stott, *Guard the Truth* (Downers Grove: InterVarsity Press, 1966). Auf Seite 121 zitiert Stott aus der ersten Apologie Justins des Märtyrers, ins Englische übersetzt von W. F. Blunt, Cambridge Patristic Texts, Bd. 1.

Kapitel 6: *Der menschliche Geist*

25. Harry Blamires, *Recoveting the Christian Mind* (Downers Grove: InterVarsity Press, 1988), S. 9.
26. Bob DeMoss, TV: *The Great Escape* (Wheaton: Crossway Books, 2001), S. 67–68.
27. A. a. O., S. 27.
28. J. I. Packer, *Knowing God* (London: InterVarsity Press, 1973), S. 182.

Kapitel 7: *Zufriedenheit*

29. Als »Generation X« werden in Anlehnung an einen Roman Menschen bezeichnet, die in den 1960er und 1970er-Jahren geboren wurden (A. d. Ü.).
30. *The American Heritage College Dictionary,* 3. Auflage.
31. Jeremiah Burroughs, *The Rare Jewel of Christian Contentment* (Carlisle: Banner of Truth Trust, 1648, nachgedruckt 1998), S. 19.
32. D. Martyn Lloyd-Jones, *Spiritual Depression:* Its Causes and Cure (Grand Rapid: Eerdmans, 1963, 1974), S. 278.
33. Phillip Jensen, *Guidance and the Voice of God* (Sydney: Matthias Media, 1997), S. 55.
34. Burroughs, Rare Jewel, S. 109.
35. Margaret Clarkson, *Grace Grows Best in Winter* (Grand Rapids: Zondervan, 1972), S. 199.
36. Lloyd-Jones, *Spiritual Depression,* S. 280–281.
37. Marie Ebner von Eschenbach, Aphorismen, zitiert in *The Quotable Woman,* Bd. 1 (Los Angeles: Pinnacle Books, 1977), S. 140.

38. Douglas Jones and Douglas Wilson, *Angels in the Architecture: A Protestant Vision for Middle Earth* (Moscow: Canon Press, 1998), S. 69.
39. J. I. Packer, *Knowing God* (Downers Grove: InterVarsity Press, 1973), S 147.
40. »How to Read and Study the Bible«, *College Church,* Wheaton. Sechs Fragen zum persönlichen Bibelstudium, herausgegeben von Dick Lucas, dem ehemaligen Pastor der St. Helen's Church, London.
41. A. a. O., S. 27.

Kapitel 8: *Christlicher Lebensstil*

42. Bob DeMoss, TV: *The Great Escape* (Wheaton: Crossway Books, 2001), S. 97.
43. Elisabeth Elliot, »Can Christian Higher Education Cope with Ferninininity?« Dieser Essay ist die Niederschrift eines Vortrags, der am 10. März 1988 vor der 46. Nationalen Versammlung der *Association of Evangelicals* in Orlando gehalten wurde.
44. Zitiert in Wendy Shalit, *A Return to Modesty* (New York: Simon and Schuster, 1999), S. 163–164.
45. *Merriam-Webster's Collegiate Dictionary,* 10. Auflage, 1993, S. 194.
46. Shalit, *Return to Modesty,* S. 172–173.

Kapitel 9: *Ausdauer*

47. Michael A. Lev, »Couple Held on to God in Tragedy«, *Chicago Tribune,* 17. November 1994, S. 1, 18.
48. *Merriam-Webster's Collegiate Dictionary,* 10. Auflage, 1993.
49. Leland Ryken, James C. Wilhoit, Tremper Longman III. (Hg.)., *Dictionary of Biblical Imagery* (Downers Grove: InterVarsity Press, 1998), S. 636.
50. Jeremiah Burroughs, *The Rare Jewel of Christian Contentment* (Carlisle: Banner of Truth Trust, 1648, nachgedruckt 1998), S. 30.

Kapitel 10: *Gemeinde*

51. John Armstrong, *Viewpoint: A Publication of Reformation & Revival Ministries,* Bd. 5, Nr. 2, März–April 2001, S. 1.
52. Robert L. Saucy, *The Church in God's Program* (Chicago: Moody Press, 1972), S. 17.
53. A. a. O., S. 8.
54. Leland Ryken, James C. Wilhoit, Tremper Longman III. (Hg.), *Dictionary of Biblical Imagery* (Downers Grove: InterVarsity Press, 1998), S. 148.
55. J. I. Packer, *God's Words: Studies of the Key Bible Themes* (Grand Rapids: Baker Books, 1998), S. 191.
56. A. a. O., S. 193.
57. Ryken, Wilhoit, Longman, *Dictionary of Biblical Imagery,* S. 148.
58. Ebd.

59. John Piper, *The Pleasures of God* (Sisters: Multnomah, 1992), S. 123–125.
60. Übernommen von R. Kent Hughes und Bryan Chapell, *1 & 2 Timothy and Titus* (Wheaton: Crossway Books, 2000), S. 69–71.
61. Douglas Moo, »What Does It Mean Not to Teach or Have Authority Over Men? 1 Timothy 2:11-15«, John Piper and Wayne Grudern (Hg.), *Recovering Biblical Manhood and Womanhood* (Wheaton: Crossway Books, 1991), S. 186.
62. John R. W. Stott, *Decisive Issues Facing Christians Today* (Old Tappan: Revell, 1990), S. 269–270.
63. Michael G. Maudlin, »John Stott Speaks Out«, *Christianity Today,* Bd. 37, Nr. 2, 8. Februar 1993, S. 38.
64. Phillip Jensen, *To the Householder* (Sydney: Matthias Press, 1996), S. 47.
65. Peter Bolt, »I Don't Like It«, *The Briefing,* 159/160, 10. Juni 1995, S. 4.

Kapitel 11: *Ledig sein – Leben als Single*

66. *Merriam-Webster's Collegiate Dictionary,* 10. Auflage, 1993, S. 360.
67. John Piper und Wayne Grudem (Hg.), *Recovering Biblical Manhood and Womanhood* (Wheaton: Crossway Books, 1991), S. XXIV.
68. Albert Hsu, »Singleness: A Biblical Perspective«, *Discipleship Journal,* Frage 108, 1998, S. 30.
69. Phillip Jensen, *Pure Sex* (Sydney: St. Matthias Press, 1998), S. 97.
70. Ada Lum, »Single and Human«, zitiert in *Recovering Biblical Manhood and Womanhood* (Wheaton: Crossway Books, 1991), S. 44–45.

Kapitel 12: *Ehe*

71. Lance Morrow, »The Hazards of Homemade Vows«, *Time,* 27. Juni 1983, S. 78.
72. Philip D. Jensen and Tony Payne, *Beyond Eden* (Sydney: Matthias Press, 1990), S. 33.
73. Wendy Shalit, *A Return to Modesty* (New York: Simon & Schuster, 1999), S. 139–140.
74. Kirsten Birkett, »Reopening a Window«, *The Briefing,* 159/160, 20. Juni 1995, S. 2.
75. Jensen and Payne, *Beyond Eden,* S. 19.
76. Claire Smith, »Two Commands to Women«, *The Briefing,* 159/160, 20 Juni 1995, S. 16.
77. Wayne Grudem, *Systematic Theology* (Downers Grove, InterVarsity Press, 1994), S. 249–250.
78. Barbara Brotman, »Matter of Roles«, (WomanNews), *Chicago Tribune,* 11. Oktober 2000, S. 2.
79. Colin Brown, *The New International Dictionary of New Testament Theology,* Bd. 2 (Grand Rapids: Zondervan, 1979), S. 256–257.

80. William Barclay, *A New Testament Wordbook* (New York: Harper & Brothers, o. J.), S. 103.
81. A. a. O., S. 104.
82. James Johnston, aus einer Predigt, gehalten in der *College Church,* Wheaton, 13. September 1988.

Kapitel 13: *Für andere sorgen*

83. Charles Krauthammer, »Motherhood Missed«, *The Washington Post,* 12. Mai 2000, S. A47.
84. Susan Hunt, *By Design* (Wheaton: Crossway Books, 1998), S. 136.
85. Elisabeth Elliot, *Let Me Be a Woman* (Carol Stream: Tyndale, 1976), S. 53.
86. Thomas R. Schreiner, »An Interpretation of 1 Timothy 2:4-15: A Dialogue with Scholarship«, Andreas J. Kostenberger, Thomas R. Schreiner und H. Scott Baldwin (Hg.), *Women in the Church* (Grand Rapids: Baker, 1995), S. 151.
87. Barbara Dafoe Whitehead, »The Girls of Gen-X«, *The American Enterprise,* Januar/Februar 1998, S. 54–55.
88. Dieses Zitat stammt aus einem Brief an mich von Steve and Lois Krogh.

Kapitel 14: *Gute Werke*

89. Barbara Dafoe Whitehead, »The Girls of Gen-X«, *The American Enterprise,* Januar/Februar 1998, S. 55.
90. F. F. Bruce, *The Epistle to the Ephesians* (London: Pickering & Inglis, 1973), S. 52.
91. Ebd.
92. In großen amerikanischen Gemeinden gibt es Sonntagsschul-Klassen nicht nur für Kinder, sondern auch für die gesamte Gemeinde (A. d. Ü.).
93. Ethel May Baldwin und David V. Benson, *Henrietta Mears and How She Did It!* (Glendale: Gospel Light, 1966), S. 77.
94. A. a. O., Vorwort von Dr. Wilbur M. Smith.
95. Elizabeth Catherwood, »Selina Hastings, Countess of Huntingdon: An English Deborah« (London: *The Evangelical Library Annual Lecture,* 1991).
96. A. a. O., S. 19.
97. A. a. O., S. 24.
98. Catherine Marshall, *Meeting God at Every Turn* (Lincoln: Chosen Books, 1980), S. 19–20.
99. A. a. O., S. 20.
100. A. a. O., S. 21.
101. Sharon James, *My Heart in His Hand* (Durham: Evangelical Press, 1998), S 39.
102. A. a. O., S. 220.

Kapitel 15: *Zeugnis geben*

103. William Barclay, *The Master's Man* (Nashville: Abingdon, 1978), S. 41.
104. A. a. O., S. 44–46.
105. JoAnn Cairns, *Welcome Stranger, Welcome Friend* (Springfield: Gospel Publishing House, 1988), S. 19.
106. Win Arn, *The Master's Plan for Making Disciples* (Monrovia: Church Growth Press, 1982), S. 43.
107. *Heart for the Harvest Seminar Notebook and Study Guide* (Lutherville: Search Ministries), S. 3.
108. A. a. O., S. 9.
109. C. S. Lewis, *The Weight of Glory and Other Addresses* (Grand Rapids: Eerdmans, 1965), S. 14–15.

Kapitel 16: *Freigebigkeit*

110. *Pet Rocks* waren eine überaus erfolgreiche Geschäftsidee der 1970er-Jahre in Amerika: Kieselsteine mit aufgemalten Augen, die in Pappschachteln mit Luftlöchern vermarktet wurden, als ob sie Haustiere wären (A. d. Ü.).
111. Siehe John F. MacArthur, jr., *Giving: God's Way* (Wheaton: Tyndale, 1979), S. 60–73, wo der Autor kurz die drei geforderten Zehnten und die zwei Arten von freiwilligen Gaben im Alten Testament beschreibt.

Kapitel 17: *Die Gnade der Disziplin*

112. John Bla
113. nchard, *Truth for Life* (West Sussex: H. E. Walter Ltd., 1982), S. 239.

R. Kent Hughes
Mann mit Profil
Das biblische Bild des Mannes

Wie kann ein Mann heute ein echtes christliches Profil gewinnen? Kent Hughes beleuchtet zu dieser Frage das biblische Bild des Mannes in seinen verschiedenen Spannungsfeldern: Beziehungen, geistliches Leben, Charakter und Dienst. Das Schlüsselwort, um in all diesen Bereichen den Gedanken Gottes zu entsprechen, ist Disziplin. Nur so kann Erkanntes bleibende Veränderungen bewirken. Fragen am Ende der Kapitel regen zum persönlichen Studium oder zum Austausch in einer Gruppe an.

Der Autor versteht es, seine Gedanken praxisnah und lebendig zu vermitteln und mit vielen treffenden Beispielen auf den Punkt zu bringen. Trotz Tiefgang eine leichte Lektüre, die sich kein Mann entgehen lassen sollte.

Pb., 256 Seiten
Best.-Nr. 271109
ISBN 978-3-86353-109-6